大家小书

曹雪芹的故事

周汝昌 著 周伦玲 整理

北京出版集团公司
北京出版社

图书在版编目（CIP）数据

曹雪芹的故事／周汝昌著；周伦玲整理. — 北京：北京出版社，2017.7

（大家小书）

ISBN 978-7-200-12959-5

Ⅰ. ①曹… Ⅱ. ①周… ②周… Ⅲ. ①曹雪芹（？—1763）—生平事迹—通俗读物 Ⅳ. ①K825.6-49

中国版本图书馆 CIP 数据核字（2017）第 081964 号

总策划：安 东 高立志　　责任编辑：司徒剑萍 张阔莹

·大家小书·

曹雪芹的故事

CAO XUEQIN DE GUSHI

周汝昌 著 周伦玲 整理

*

北京出版集团公司
北京出版社 出版

（北京北三环中路6号）

邮政编码：100120

网 址：www.bph.com.cn

北京出版集团公司总发行

新华书店经销

北京华联印刷有限公司印刷

*

880毫米×1230毫米 32开本 14.75印张 242千字

2017年7月第1版 2018年5月第2次印刷

ISBN 978-7-200-12959-5

定价：45.00元

如有印装质量问题，由本社负责调换

质量监督电话：010-58572393

序　言

袁行霈

“大家小书”，是一个很俏皮的名称。此所谓“大家”，包括两方面的含义：一、书的作者是大家；二、书是写给大家看的，是大家的读物。所谓“小书”者，只是就其篇幅而言，篇幅显得小一些罢了。若论学术性则不但不轻，有些倒是相当重。其实，篇幅大小也是相对的，一部书十万字，在今天的印刷条件下，似乎算小书，若在老子、孔子的时代，又何尝就小呢？

编辑这套丛书，有一个用意就是节省读者的时间，让读者在较短的时间内获得较多的知识。在信息爆炸的时代，人们要学的东西太多了。补习，遂成为经常的需要。如果不善于补习，东抓一把，西抓一把，今天补这，明天补那，效果未必很好。如果把读书当成吃补药，还会失去读书时应有的那份从容和快乐。这套丛书每本的篇幅都小，读者即使细细地阅读慢慢地体味，也花不了多少时间，可以充分享受读书的乐趣。如果把它们当成补药来吃也行，剂量小，吃起来方便，消化起来也容易。

我们还有一个用意，就是想做一点文化积累的工作。把那些经过时间考验的、读者认同的著作，搜集到一起印刷出版，使之不至于泯没。有些书曾经畅销一时，但现在已经不容易得到；有些书当时或许没有引起很多人注意，但时间证明它们价值不菲。这两类书都需要挖掘出来，让它们重现光芒。科技类的图书偏重实用，一过时就不会有太多读者了，除了研究科技史的人还要用到之外。人文科学则不然，有许多书是常读常新的。然而，这套丛书也不都是旧书的重版，我们也想请一些著名的学者新写一些学术性和普及性兼备的小书，以满足读者日益增长的需求。

“大家小书”的开本不大，读者可以揣进衣兜里，随时随地掏出来读上几页。在路边等人的时候，在排队买戏票的时候，在车上、在公园里，都可以读。这样的读者多了，会为社会增添一些文化的色彩和学习的气氛，岂不是一件好事吗？

“大家小书”出版在即，出版社同志命我撰序说明原委。既然这套丛书标示书之小，序言当然也应以短小为宜。该说的都说了，就此搁笔吧。

目 录

自　序

如果你想要挑选一件最困难而最值得做也最需要做的文化工作，那么我请你挑选做对中国最伟大的特异天才小说家曹雪芹的研究和评介。

我不自量力，早年挑选上这个题目，从1947年起，直到此刻，我一直为这个主题而努力工作。

你拿起的这本小书册，便是我辛苦了四十五年的一点收获。

这实在说不上是一种风调雨顺的五谷丰登式的收获。摆在你面前，你会觉得它很寒伧、很单薄，很不令人满意惬怀。

这是由于我的努力不够，能力也不高之所致。这一点自己是很清楚的，你也会看得见。

但是客观上的困难，你却未必能够立即十分明白，甚至连“想象的翅膀”也是没有多大帮助的。

困难中最大的一个，是历史给我们准备并遗留下来的可靠的文献资料太少太少了——这是因为，曹雪芹在世时、在身后，主要是被一般社会眼光视为不值一齿的“败类”，他氏族中的一个“不肖”子孙。谁肯纪载他的一切？又谁能估量他在中华文化史上的真位置、真价值、真意义？

理解和认识曹雪芹，不过是自从近数十年来极少数几个肯来注意他的学者对他做了研究而开始的。这种理解与认识，毋庸讳言，还处在初级阶段，还很肤浅。

在清代，少数人知道曹雪芹是谁，一般人则一无所知，甚至是否有这么一个人也是不能断言的。

20世纪20年代之初，西方熟知的Dr. Hu Shi（胡适博士）第一次把他当作一个严肃的文学课题来研究，考证出此人的真实存在与家庭历史的最粗略的梗概。此后，对曹雪芹这个人物本身（不是指《红楼梦》这部作品）进行系统深入探讨的，几乎找不见。如李宗侗（玄伯）因发现清故宫幸存的曹氏奏折，而做了《曹雪芹家世新考》，很有贡献，但确实只限于“家世”；他对曹雪芹本身的一切，似乎不曾也无意多下功夫。

此后，大约只有房兆楹先生在《清代名人传略》（*Eminent Chinese of the Ch'ing Period*）中写了“曹雪芹”这个词目。其所依据，即以胡考为主。西方所能知于曹雪芹的，就只有这些。

这种情况，充分说明了考察曹雪芹这件工作的难度是如何的巨大。

追述这件事，可帮助你体会：这本小书还很不理想，可是它的完成也不是轻而易举的小事一段了。

1951年7月至8月初，一份名叫《亦报》的新闻报连载了署名“余苍”（张慧剑）的长篇文章《曹雪芹》。这可能是新中国成立后的第一份关心曹雪芹的论述。虽然那时著者还只能根据胡适、李玄伯两家的材料和见解而撰作，却令人瞩目，因为那时对《红楼梦》的评价如何，还是个不可知数，又焉能谈得到他的作者？——我提起余苍，是为了引他的一段话。他在文章开头不久说：

“像曹雪芹这样的一个最为人民所熟悉的大作家，一部曹雪芹传是不可缺少的，可是捧着这一堆零乱薄弱的资料，谁也感觉到无从下手。”

我相信，你知道了上述情况，然后在读我这本拙著时会倍增兴味和感慨，因为你胸中有了一个历史尺度；没有这个尺度，这本小书也大可不写了。

我用书册的形式来研究介绍曹雪芹，这次已是第三次了（1964年、1980年分出过两种书）。虽然也积累了一些经验，但我始终被一个难题困扰着，很伤脑筋。这就是，除了文献资料极度稀缺外，还有一个写法的困难。

“写法还有困难？那是随著者之意的事，愿意怎么写，就怎么写嘛。”这话对于一般的传记（包括传记文学、报告文学等类）是适用的。对于我们目前的本主题来说，却完全不是那么简单的事了。

很难处置的困难问题是——曹雪芹的生平遭遇，是由于他的家世的特殊与政治内幕的根源所隐伏下的。不叙这些，将无法理解他后来的一切；而一叙这些，则异常的复杂曲折。结果，“家世”部分总在对比之下显得“细致”，甚至“累赘”，给读者一个“喧宾夺主”的感觉。

我很明白读者的心理：“我要看的是你介绍曹雪芹；你讲那么多中国清代历史，我不感兴趣。”你有这样的抱怨是不足为异的。

如上所述，我已努力三次了，到今还是没有找出一个解决这个难题的好办法。

我只能这样建议：

一、务请你以较多的耐心去读那些你认为是“喧宾”的部分；

二、如果你真的拿不出这么大耐心，那么只好请你把它翻过去——就找着你要读的部分，从那儿开始。

我还要说一句实实在在的话，我非常相信：即使你“翻过去”，迟早你还会回过头来，重新补上这一课，因为那时你自己会发现你所“选读”的只是一种极不完备的知识。

请相信，那不是“喧宾”，不是“累赘”，那实际上倒是尽了极大努力化繁为简了。

我写本书，笔调与我向来的文字不尽相同。因为我早先的书，都是只以国内读者为对象的。此次则以海外读者（全世界各国读者）为对象，因此不能不改变素来的笔法，甚至语式，不能纯以汉文文学欣赏的传统要求来行文措语，只可偏于平实铺叙，务求清楚明白，同时照顾一些“可读性”。

外国的读者，除了汉学专家，对中国历史文化、典章制度、生活习俗、器物名词……恐怕都会是十分陌生的事物。如今势须讲到这些，怎么办？不注万难懂得，都变成“概念化”的名称词语，不但做不到，而且等于歪曲或“消灭”历史真实，那是下策。多加脚注，太繁碎可厌……没有很理想的办法解决这种矛盾。我决定不设脚注，只随文循事，在该处以括号加上尽可能简明的解说。我希望这并不打断读者的思绪，你可以把它视为文字的一种组成部分，读下去还觉顺畅。

末后，需要说说年月与岁数的问题。我劝你相信一点：如果我把清代的人与事，都改用西方通行的“公元”与太阳历，表面上似乎对你“方便”，实际上并非如此，都费了很大力气“换算”的结果，会把很多的中国文化重要色彩弄得索然荡然了——如节令的种种特异特色，民俗的丰富情趣意味，离开了中国的古老太阴历（夏历，今称“农历”），那是没法理解与感受的！再如朝代、年号，常常是历史政治变动的重要标志，一概换成“公元”，也就茫然难辨了。

人的岁数，中国习惯是生下来即算“一岁”，第二年是“两岁”……如今俗称“虚岁”。这些，你只要知道了，就没有什么大不了的问题。读中国的历史，应该“服从”中国的历史真实，都改从西方习俗，我看那不是最好的介绍本主题的做法。

对于阴历的月份，你可以暂时粗解为：比如太阳历的二月，大约是阴历的一月——在“数字”上大致相差“一个月”的次序。

本书所引诗文史料，都是真实的。有些近年“发现”的“新资料”是个别人伪造的，我深知其内幕，我不会引用这些东西来扭曲历史真实。在此说明，可免读者认为我是疏忽遗漏。

再一点就是个别地方，我为了使西方读者了解中国的文化习俗，稍稍运用上一点儿推想和文学手法，使内容变得生动一些。细节可以是想象，基本事情是真实的。为了情节的完整性，在“佩刀质酒”这一章（第三十五章）里，我代拟了曹雪芹的一首诗——这是唯一的特例，请读者务必记清。

考古学家掘得几枚碎陶片，运用他们专门的学识与技艺竟能“恢复”成一个“完整”的古陶罐，实在神奇！而我呢，所有的也只是几枚“曹雪芹的碎片”，却要把它“恢复”成为一个活生生的人，而不只是“陶罐”，——你看这难不难？我“恢复”成的，毕竟是个什么？只有请读者给以估价了。只盼望读者勿忘一句话——介绍曹雪芹，其实就是为了介绍中华文化。这才是我这本小书的真正目的。

周汝昌1992年新春

第一章　“贵贱”之间——奇特的家世

（一）

曾有传说，13世纪的70年代，意大利人马可·波罗来到中国，给元朝做了十七年的官员。他谙悉中国的文化及语言，游遍了中国各省——自然他停留最久的还是京城“大都”，即如今的北京。1292年他离开了中国，六年以后，在战争中被俘入狱，狱中追忆东方游历，盛赞中国的物产之富庶与文化之昌明，特别是大都的雄伟、巨丽、优美、精整的建筑与布局，这种东方文明的魅力，使他惊叹得无以复加，表示无法用语言来描写。——这种回忆被笔录后，遂成为一部惊动欧洲的名著：《马可·波罗行纪》。从此，欧洲对中国有了崭新的认识与向往。可是，欧洲对中国大都后来的朝代更替变化，好象就没有第二个马可·波罗做出见闻记述，也很少人知道。四百年以后，大都这地方生活着一位罕见的天才和奇人，直到今日，欧洲似乎也还没有一部介绍此人的书籍。

此人是谁？就是中国最伟大的小说作家曹雪芹。

（二）

奇怪得很，至今在西方文化界并未得到一种介绍曹雪芹本人的著作，但他的祖父曹寅却先有一部专著——这就是*Jonathan D. Spence*的*Ts'ao Yin and the K'ang-his Emperor: Bondservant and Master*（1966）。在中国，一个人的生长培育、熏陶，家世以及“门风”（家庭文化传统）是个首要的条件，所以在了解曹雪芹之前，先了解一下曹寅，不但不是无谓的枝蔓，而且是十分之必要的“准备课程”。

中国有一部群众基础最广泛的小说叫作《三国演义》，此书巴黎的国家图书馆与伦敦的英国博物院，都收藏有多种版本。它讲的是汉朝末年分裂为魏、蜀、吴三国（220—280）鼎立纷争主权的历史故事。魏在北方，建国者名叫曹操（魏武帝155—220）。这个人雄才大略，武能“横槊”，文能“赋诗”。他的两个儿子曹丕（187—226）、曹植（192—232）也都是大诗人，合称“三曹”，在中国诗史上位置最尊。曹植是个特大天才，博通百般技艺，令会见他的客人惊讶佩服得五体投地。——他们就是曹雪芹的祖先，这个曹氏家族的文武全材的“门风”，一直传到了清代的初中叶（17世纪到18世纪之初），是中国文化史上的一大奇迹。

《三国演义》在早有一个别称，叫作《英雄谱》。曹操是群雄中的一位出色的人物。他的子孙有一支封在中山（今河北省正定一带），所以现今的灵寿县，从古就有一族曹姓世家。唐末五代时期（907—960），出过曹荣（后因犯皇帝讳改名英）等武将。曹荣的儿子曹彬，成了北宋（960—1127）开国元勋，是统一全国功劳最大的将军与侯王，他家的女儿也做了皇后，极尽荣华富贵。他征服江南，一人不杀，一钱不取，声誉之高，历史也不多见。曹彬后封武惠王，生了七个儿子，也都是显贵人物。

他的第三子名叫曹玮，官至节度使。曹玮的四传后裔，因在江西做官，遂落户在那里。到了北宋末年，因受金人（女真族，满族的祖先）的侵逼，宋高宗抛弃了首都向南方逃走，成立了南宋朝廷（1127—1279），这时北方大批官民都随从南迁，因而曹氏后裔也有落户于南方的。江西省进贤县曹玮的这支后裔就是曹寅、曹雪芹的上世了。

到了13世纪，蒙古族的元朝把南宋与金国都推翻了，统一了全国。这元朝，就正是马可·波罗来到中国的那个时期了。元朝历时只有几十年（1271—1368），又为明朝所取代。到明初永乐初年（约1410年前），再次建都北京，这时华北地区屡经战乱，人烟已极稀少，于是永乐帝下令全国各地，进行多次大规模的移民，以便充实京都和北方的民力物力以及生产力量。这时，江西进贤县的曹家，有兄弟二人，迁到了京东的丰润县。哥哥落户了，后代成为此地一大望族。弟弟后来却又再次远行，迁到了山海关外的辽东省的铁岭去了。关外的曹，与关内的曹，原是一家，他们并未失去联系。

时光如流水，明朝又到了末年，政治腐败，人民饥馑，天下大乱。这时金国的后裔满族，再次兴起，推翻了明朝，建立了大清帝国。在这种战乱年代，铁岭的曹家，变成了满洲皇室的奴隶。满洲奴隶的命运是十分不幸与悲惨的，他们在严酷的主奴制度下受尽了辛酸苦难。

但是，意外的好运气忽然从天上掉到曹家的头上。

（三）

入关建都北京的清朝，很快统一了全国。在那些大小战役中，战功最大的是清太祖努尔哈赤最年少的三个儿子：多尔衮、多铎、阿济格。他们分封为睿亲王、豫亲王、英亲王，三人都属于满洲八旗制度中的两白旗。八旗制是一种军、政、民合一的编制，八个旗分为八种颜色。其中镶黄、正黄、正白这三个旗地位最尊（正，指旗的颜色是纯一的；镶，指用不同的颜色镶边）。曹家的身份原是正白旗旗主多尔衮的家奴，而多尔衮在入关后的初期，权势最大——他侄儿顺治皇帝年幼，他是摄政王，即实际的掌权人。因此，曹家的处境日益兴旺荣盛。清朝为了避免明朝大太监窃权而致亡国，就将太监的“二十四衙门”废掉，另立了内务府。内务府的官员全部是皇家的家奴，只由一位亲王做总管大臣。这内务府的人，绝大多数是早年汉人被俘、被罪而没入奴籍的“世家”。他们的处境很特别：一方面是奴隶，身份极其低贱，生命、行动、财产……乃至婚姻，都由各旗主掌握，没有任何自由，也不能改变奴隶的身份，子子孙孙都是命定的皇家世仆。但另一方面，他们和皇家关系异常亲切，从物质生活到仕宦出路，都比一般满汉之人要优越多了。他们往往被派遣担任某些经济要职，反而成了皇帝的“钦差大员”，地位非常尊崇。

曹雪芹的家世，就是这么样的一个又贱又贵的奇特的政治、社会地位中的人家。他的祖父曹寅，乃是内务府人员中一个极为出类拔萃的天才诗人、艺术家、文化建设者。

曹寅之得以出人头地，应该是由他父亲曹玺的命运而决定的。

原来，清朝统一后的第一代小皇帝顺治，二十多岁上就因出痘而亡。要知道，那时候还没有种痘的医术，小孩子出天花是一大关卡，大量的幼儿和少年过不了这个关，而满洲人患痘者死亡最多，所以畏之尤甚。顺治一死，决定继位人时，出过痘的第三子玄烨在“竞选”中得到了胜利。因为顺治生前从来不曾重视玄烨，他心中另有宠爱的儿子。可是此子没出过痘，于是终于被否决了。在这件事上，日耳曼籍的传教士汤若望（他当时掌管钦天监，即皇家专设的天文、气象、历法的官署），也起了很大的作用——当时西洋人在清廷很受重视，遇事都要咨询他的意见。玄烨被选中了！这个意外的好运气，使得与玄烨切近的亲属人等大为兴奋，真是“天大的喜事”临头。

在这些人当中，有一家人特别高兴，这就是曹玺一家。

那时的皇子，并不是生母亲自哺养培育，而是由四名乳母、四名保母负责将他抚养成长。因此，皇子对生母只是在特定时日见见面，礼仪性远过于天伦性；而在孩子心间，乳保才是他的真正的慈母，感情深厚。保母比乳母更不同，乳母只管喂奶，并不与孩子一起生活；保母则朝夕不离，并且要教给皇子一切语言、知识、礼仪以及道德、态度、待人处众的法则，所以保母称作“教引嬷嬷”。教引嬷嬷对皇子的品格成长关系极大，所以入选充当这种职务的内务府妇女，都是第一流的好人材。曹玺的妻子姓孙，就是顺治帝皇子玄烨的最重要的教引嬷嬷。她是二十二岁时被选中做了保母的。

当曹玺一家闻得皇子玄烨忽然被选为小皇帝，那他们的意外的特大欣喜兴奋，就可想而知了！

（四）

中国人极重伦理关系，对祖先长辈，尤其是父母，孝敬之道是做人的第一条准则。保母虽然由奴婢身份的人充当，然而却也毕竟是母。还要知道，清初是继承明代的宫廷制度，而明代皇帝的乳保封为“奉圣夫人”，权力甚大，皇室的大事，她也有权干预，主张决断。满洲的风俗还有一个特点，即对有功劳的、伺候过父母长辈的奴婢，特别尊重与优待。这些满汉融合的道德观念，使得小玄烨做了皇帝之后，很快就提拔孙嬷嬷的丈夫曹玺（汉人俗称“乳公”，满洲则称为“嬷嬷爹”）了。

玄烨登上宝座时（1662），年方八岁。他是中国历史上最伟大的几个帝王之一，人称康熙大帝，此人文武全材，英武宽厚，而又聪明勤奋。他在位的六十年是清代中国最为辉煌的时代，全世界都仰慕这个文明昌盛、版图弘阔的大国。他极重伦理感情，为了酬报保母孙夫人的抚育之恩，首先遣派她丈夫曹玺到南京去做江南织造监督。曹家随着康熙朝的六十年盛世，也享受了半个多世纪的人间富贵荣华。

曹玺是从康熙二年（1663）奉派到南京的。织造监督，严格说来，并非正式官员，只是内务府人员的一种临时差遣，暂驻江南办理给皇家织造衣物、缎匹等事，为期仅仅一年，便须轮换他人。但由于康熙大帝的亲信，竟然打破了规例，由曹玺一人一直连任到康熙二十三年（1684），因劳病卒于任上。由这一点也可以看出，康熙帝对曹家是多么亲厚了。

清代教育皇子的制度极严，太子做了皇帝，为了从政，更是需要勤苦读书向学。康熙本身是个极为勤奋刻苦好学之人，对汉文化孜孜学习。他的师傅是江宁名儒大臣熊赐履，小皇帝每日从师读书时，规矩都要“伴读”——就是陪从他一起上学房的亲近小伙伴。这其中，曹玺的长子曹寅（1658—1712），就是最重要的一个。曹寅天姿过人，聪颖异常，学识文才都超过常人十倍。这样，曹寅从小就是康熙的小朋友，身份是“奶兄弟”（他比康熙小四岁）。

不但文学方面如此，在武术骑射上，曹寅同样是个出众的英才。他从少年时又是康熙帝的御前侍卫，两人的关系是“明是君臣，暗如手足兄弟的一般”（一出京剧里的台词）。由此可想，康熙这个最爱人材的皇帝，对曹寅是多么喜欢和看重了。

曹玺一死，康熙就有意让曹寅继其父职，但事情没有那样直线发展，有了一段九年时间的曲折。康熙为了工作上的需要与政治上的安排，召曹氏一家回到北京，将曹寅派任内务府广储司的郎中（掌管皇家财物的副长官）——这是为了使他先取得出任江南织造的必要资历（正如他父亲曹玺，也是由内务府郎中的身份才得简任织造）。而另任他人暂充其织造之职。到了康熙二十九年（1690）夏天，曹寅才得以从北京的郎中兼佐领的身份被差遣到苏州做织造监督，旋即兼管江宁织造事务。那年，曹寅三十三岁。

苏州是什么地方？俗语说：“上有天堂，下有苏杭。”曹雪芹所作的《红楼梦》一开头，就写苏州，说它是“红尘中一二等富贵风流之地”。苏州风景美好，生活富庶，文学艺术十分发达兴盛，很多名流宿学也都聚在此处。曹寅到此，大惬所怀，他与许多诗文老名家和明朝遗民（不给清朝做官、品节极崇的老文学家）交往，成了朋友，在文学园地上得到了丰硕的收获，而且在政治上也无形中起了不小的作用。

（五）

曹家一到江南，为什么立刻受到人们的欢迎和称赞？这是必须了解明代历史方能懂得其中缘故的。明代的织造，例由宫中太监派到东南一方去充当，太监多数是既无文化知识，又贪婪恶劣，到了南方，以“钦差”自居，作威作福，不但搜刮钱财，而且涉及政局，构陷善良，勾结奸宄，无恶不作，因此江南人恨之入骨。如今忽然来了曹氏这家人，简直是与前大不相同，有天地之别！——曹家在关外的几辈祖先，可能还是以武功军事的人材而得用的，但到了曹玺，已经是被江南一位名诗家题诗称为“文章重见波澜阔，骥褭行空更不群”；康熙帝的老师熊赐履也说他之逝世是“云间已应修文召，石上犹传锦字诗”；而且大名士周亮工是他的座上客。可知曹玺已是一位诗文之士，而且擅长诸般技艺。他应该是曹家几代文学事业的开路人。这一点十分重要。可是了解的人从来是极少极少的。

曹玺生有二子，长子曹寅，次子曹宣。曹宣一直在北京当差，曹寅却在江南三大文化都会苏州、南京、扬州生活了二十二年。在这二十二年中，除了织造公务、巡盐御史的公务等等，他的主要生涯是文学艺术的活动。一个最有意义的例子：中国向有“诗国”之目，而中国诗以唐代为最盛，成就也最高，但第一部《全唐诗》的巨编，收集诗人二千八百多名、诗篇近五万首，则是由曹寅主力编印而成的。这部大书一共花费了十年的时力。曹寅本人是一位藏书家、刊书家、书法家，而诗、词、曲（剧曲）的创作，得到了当时高级名家的惊叹和称扬。他的著作有《楝亭集》（诗、词、文）和《续琵琶》《北红拂记》《太平乐事》等（剧曲），显示了他出色超群的才华和风度。

曹寅特别重视“俗文学”，即剧本和小说。有两个故事值得一叙。一个是他对名剧《长生殿》作者洪昇的敬佩和尊崇，一个是对小说作者沈嘉然的知赏与关切。洪昇的剧本写的是唐玄宗与杨贵妃二人生死爱情的故事，曹寅把这位剧作家请到织造署，大会宾客，在署内戏台搬演了全剧，把洪昇尊为最上座，他陪着洪昇一字一句地听赏戏曲、评品曲文及音律，极尽艺坛文苑之盛，震动大江南北。沈嘉然则写了一部描写上古大禹治洪水的神奇故事，曹寅看了，大为击赏，认为远比《封神演义》（写古代神魔斗争的小说）写得精彩，想象力更为丰富，要出一笔钱为他刊刻出版（中国古代是用大量木板，一字一字地雕刻成凸文，然后涂墨印在纸上成一部书的）。可是还未等到实行，作者在坐船回家时不幸船翻落水，书稿全部毁掉，作者也因惊痛得病，不久下世。曹寅为此，深为悼惜。我们如今也还认为这一不幸事故是中国小说史上的一大损失！

由这些事实来看，曹寅的文学事业与他的爱才如命的性情风尚，都对曹雪芹起了不可估量的影响与作用。没有曹寅，也就没有曹雪芹与《红楼梦》产生之可能。

因此，要讲曹雪芹的一切一切，都必须要从他的爷爷曹寅讲起。

第二章　满汉文化的交会

（一）

世居中国东北辽东半岛的满族，是个了不起的民族。他们本来文化是落后的，但自从建立了大清帝国之后，突飞猛进，大踏步地追赶上来。他们的首领（后来则称为皇帝了），很知道文化的重要——不深通汉族的几千年的传统文化，而想来统治这个古老而伟大的国家，那是不可想象的事，失败就必然是他们武力攻打天下以后的悲剧结果。

满族人大抵异常聪明颖慧，他们推举的皇帝，当然是出类拔萃的英秀豪俊之才。他们建都北京（统一全国）的第一代皇帝，俗称“顺治”（1644—1661），就是一个最好的例子。我必须指出，顺治虽然年寿不永，二十多岁即离人世，但他在文化（特别是文学）方面对清代全体官民的重要影响，是不可估量的。可惜的是，这种重要影响，却很少为后来的历史学家们充分重视和明白揭示。

这是一个个人的问题吗？不是的。这是中国历史上满汉两大民族文化相互会面、渗透、融合、生发、变化的一个巨大的问题。正是这一点，才决定了在中国历史上产生了这位伟大的小说家曹雪芹——一位罕见的天才，一颗光芒耀目的文学巨星。

虽然清代的皇帝更为偶像神圣化，无比尊严，至高无上，是个政治的“办公”首领，谁也不敢外传他的私人生活的一切，纪载因此奇缺，可是顺治作为一个“活的人”，给我们留下的点滴印象还是十分重要而且耐人寻味的。这个少年皇帝的性情有几大特点：第一，在政治上，喜欢任用汉人文官，而不重满族武士；第二，在文化生活上，特别喜爱汉文学和汉风俗，而日益抛弃掉了满族旧有的好武、朴实、勤苦、严肃的美德，醉心于汉人的那些享乐、奢靡、声色追求的习尚。他违背满洲最重视的“祖宗旧制”，任性恣情，对人处事，随意而为，而且对他的后妃，也因其喜怒而轻为废立，虽然群臣苦谏，也不能改变他的心意。他喜欢游宴玩乐，喜欢兴建宫苑，宫中的日常花费每年要高达数十万两“金花银”。他的这种行径，引起了满族大臣旧家们的反对与忧虑。当然，从政治角度上讲，这是一个少年无知的坏皇帝。但是在文化艺术方面来看，他的爱好崇尚，却给满族的后代们引领了一条崇文爱艺的不可扼阻的大趋向，使得有清一代的八旗满洲人士中产生了大量的超级文学艺术家。看不到顺治帝这方面的重要作用，就会对清代的许多变化现象发生疑问而无法解答。

曹家是皇家“包衣”（满洲语，世仆），他们这种内务府满洲旗人（旗是编制分类，不单指血统族别，皇家奴仆虽为汉人，但属于满洲旗），经过几辈人的生活实践，早已“满化”了。内务府籍的世家，据说其生活习俗，百分之七十已纯从满俗，只有百分之三十还保留着一些汉人的旧俗。曹家的一切，如果抛开满族皇室的情况与宫内的习尚，那就什么也说不清认不明了。

曹家本来是个有文学远祖的家族，而自从顺治时期起，他家对文学艺术，那是更加十倍的精通与喜尚。没有这个深厚的历史基础，曹雪芹的特异天才也是很难发挥其“神力”的。

（二）

顺治帝在位的第七年（1650）的正月，由官方正式颁布了《三国演义》的满文译本。这原是一部通俗小说、民间的读物（这书在前一章已叙到过，以后还要提及），由此地位日益尊崇。清代这个措施听起来很新奇，但应当悟到其中既有政治含义，又是引导一般满族人家逐步接受汉文化的最聪明的办法。

我们前一章是从马可·波罗追忆中国大都之行而讲起的，那时候是蒙古族统治中国（其版图特大，往西达到了欧洲）。蒙古皇帝只讲武力征服，不重文化，所以元代时期只有几十年便结束了。可是，中国文化的天才家们那时却在创作戏曲上找到了他们施展才华的广阔园地。其时，大都出了一位伟大戏曲家王实甫（生卒年不可考），做了一部剧本叫作《西厢记》，成为万口传扬、千秋不朽的名作。元代与清代虽已相隔四百年，《西厢记》却深深地影响了青年顺治帝与小说家曹雪芹（还有曹寅，这位诗人、剧曲作家）。

王实甫的《西厢记》，不只是写出来供演出用的，实际更是一种文学读本，就在当时，已被评定为“天下夺魁”了。此剧的文词极美，以致曹雪芹小说《红楼梦》中的主角人物称之为“词句警人”，读罢还觉“余香满口”。它写的是一位青年书生在古庙中遇见一位宦家闺秀，二人发生了情感以及种种挫折之后终归惨别的故事。其影响后世小说剧本极为巨大深远，而且也自然影响了古代中国的知识分子对爱情的关切与思索。

顺治帝与曹雪芹都是受影响很深的人。当时有一位杰出的文学鉴赏家金圣叹，把中国历代最好的作品选出数种，依时代评为“才子书”，《西厢记》号为“第六才子书”，金氏并加了详细的批注品评，风行天下，无人不读。顺治帝对这种版本的《西厢记》熟读得能够成段成段地背诵援引，而且对金氏的批注也有他自己的评价。

我们在此对于顺治帝稍作简介，绝不是题外的闲文，可删的赘笔。你读下去就会明白：这对了解曹雪芹是一个重要的参证。抱憾的是，清代官书不敢记录顺治的为人实况真相，私家传述也十分简略稀少。幸好，那时留居北京的欧洲传教士们却记下了他们的亲切而毋庸避讳的见闻，其中如Alfomsvaih. S. J. 所著的《汤若望传》便是一个好例。汤若望是被任命掌管钦天监的外国官员，还是顺治帝的“尚父”，深得崇信。据这些欧洲人的传述，我们才得以了解顺治帝的一些重要生性特征和人生经历。我们在上文指出的他在生活享受上的纵欲奢靡，其实都是年少无知而受太监引诱的结果，除了那些，还应为他表白几大美德，只有这样，方可见其为人的全貌。

一、顺治帝极其好学，而其智慧领悟能力之高，令人惊叹。这就是说，他是一个天赋资质极为高明，颖慧过人的满族少年。

二、顺治帝生性仁爱忠厚，不同于一般富贵纨绔子弟的轻薄儇佻的那种类型。

三、顺治帝极富感情，重情钟情，至其极处。在中国，这种“情到极处”的人往往不为世俗常人所理解，视为“怪物”，而加以歪曲丑化，给加上种种恶名。

我们姑且举此三点，略作说明。你将会发现这对理解曹雪芹与其小说伟著《红楼梦》都具有头等重要的用处。

（三）

1644年，顺治帝登上大清国皇帝宝座时，他年方七岁，是一个“象征君主”，摄政王多尔衮掌握实权。到他登位的第八年（1651），方才正式亲政，是时年龄十五。但当他开始批阅臣僚奏本、处置大事时，竟读不懂那些艰深特异的汉文文件。他并不畏馁，决意发愤苦学。仅仅几年间，他的汉文造诣就达到了令人难以置信的高深程度。

上面刚刚叙及他对王实甫《西厢记》原作以及金圣叹批注的领悟与评议，已足见其一斑了。

他对汉字书法、中国绘画等诸般艺术，也有了很好的表现。至于戏曲、音乐、建筑、工艺等等方面，那就不必另再提出了，因为他喜爱游宴玩赏的“享乐”的深层内核，其实就包涵着艺术审美的因子了。

顺治帝宽厚仁慈，原是他生性本真的实际，但这一面实际却被他病后的放纵、暴躁的坏脾气掩盖了。据考，他亲政后每年要审决一次全国的死刑犯的执行与否（这是中国古老法律的定例：“人命关天”，最后的决断必须由皇帝批示）；每一判决执行时，他总是十分之不忍，最后是非常勉强地才运用他那支朱笔。

这种事例说明，他实在是一位生性仁慈、宽大博爱的软心肠的少年君主。

最末，讲一讲他在“情”字上的若干表现。

顺治帝于1656年把一位新皇妃接进宫中，他与此妃爱情至笃。此妃满洲姓董鄂氏，但原是他的异母兄弟的妻子。他与此少妇相恋，事为本夫所知，责斥妻子不贞的行为。顺治帝闻得此情，便把本夫召来怒笞，加之虐待，以致此人愤懑而死。本夫既亡，顺治帝遂将恋人接进宫中，封为贵妃。旋生一子，顺治决定以此爱子为他日后的继承人。不幸此子夭殇，董鄂妃旋亦亡故。顺治痛不欲生，企图自杀，因太后等派人看守严密，不能如愿。那时满俗还盛行殉葬与焚化亡者一切财物。顺治帝竟将三十名太监与宫女“赐死”以殉其亡主，又焚化了两座宫殿及内中珍宝陈设——用这样的办法来“解痛”。后来，他听了僧人的话，说他的“前身”是个和尚，于是他亲手将辫发剪掉，要到山西省的五台山佛教圣地去出家。后经太后、乳保等亲人苦劝，也包括了汤若望的劝阻，这才没有真去做古寺荒僧。

这个真实的故事，自然会传遍了全中国，因为这是中华历史上从来未有的奇闻异事，极富有传奇浪漫的意味。

这个真实故事在流传中逐渐发生了种种讹变——附会、渲染、走样、编造……这都不足为奇。最奇的是它竟和百来年后的《红楼梦》发生了“关系”。

从清代传下来的一种说法是：曹雪芹小说《红楼梦》，写的就是顺治帝和董鄂妃的故事。更可笑的是又把董鄂妃讹变成了江南名妓董小宛——她比顺治帝足足大了十四岁。

这种讹传与附会，后来被历史学家的严格考证给揭露了，再没有人相信了，即使提起旧话，也只不过成为茶余酒后的谈资罢了。可是，这个误传的真正根源，即其间的文化意义，也一并被忽略和抛弃了。这却是很可惜的，也是文化研究所应引起深思的一大课题。

顺治帝虽然没有真的出家，却已有了一个佛教的法名，叫作“行痴”。他还有一个别名，也用这个“痴”字，叫作“痴道人”。

痴，是“情到极处”的一个表述单字。它与《红楼梦》的关系是极其紧密的。关于这一点，后文还会重提再议。

第三章　与康熙大帝的命运相始终

（一）

给曹家人以巨大影响的，若从顺治皇帝往下举，那么第二个便是康熙大帝。这个名字，不但在东方，即在西方，也早不陌生了。1697年（康熙三十六年）法国传教士白晋（若阿基姆·希凡）写给法王路易十四的那份极为详细的报告，堪称代表，已有多种译文行世。世界公认，这是中国历史上中古以来最伟大的君主。而曹家的命运，紧紧地与他联系在一起。

顺治帝少亡，死因有四：苦学努力太过，受诱惑纵欲伤身，重感情悲痛过甚，三个原因使他健康受损，以致吐血（学者认为染上了T. B. ），最后被天花所袭，很快致命了。不然的话，这是清代开国的很有希望有作为的皇帝。他从未选中过第三子玄烨，只因玄烨出过痘了，可保长命，这才传位于他。谁知这个不为父重的八岁孩童，日后成为一个最了不起的皇帝。他在位六十一年，为国事民生工作不知劳倦，六十年的缔造经营，民享太平之乐，是中国少见的盛世，所以当他薨逝时，民人罢市聚哭，真正悲悼他们的好君主，这在中国历史上也是极少有的情景。

康熙帝理国从政，工作极其勤奋。他也极其好学，对汉文化精习之外，还十分重视西方教士传来的欧洲文化，诸如天文、历法、数学、地理、医药、音乐……他都深感兴趣，但他不同于汉人文士的文弱之风，仍然精于武功军事。在他的统治下，中国版图再一次达到了历史上最广阔的范围。他最重视的是文武全材，聪秀英武之人。说来也巧，他的嬷嬷兄弟曹寅，正就是这么一个杰出的英才俊士。

曹寅天资极为颖慧，自幼被人们称作“圣童”。此时清代皇帝的学习制度已非常严格。康熙帝必须精习满汉蒙三种语文以及汉文化的一切方面，所以也是一个极端刻苦勤奋的学子。那入宫教皇帝的师傅当然是头流的名儒学士。皇帝读书，要挑选若干皇室子弟伴读，而曹寅虽然身份是一名奴隶，却因关系特别亲密，也成了康熙帝的伴读。这使曹寅如鱼得水，使他获得了最高级的培育成材的机会与条件。

在曹寅正式做官之前，他是康熙身边最亲信的小侍卫，有两件事值得一叙，一件是武的，一件是文的。

康熙帝八岁登位，政事由四位辅政大臣代理。其中一个名叫鳌拜，最为霸横。过了六年（1671），康熙正式亲政了，可是鳌拜仍然专擅大权，不把小皇帝放在眼里，并且假传圣旨杀害另一辅政大臣的全家，手段极为残酷。康熙帝早有意除之，但鳌拜势力强大，不敢轻动，于是使身边小侍卫们日日以练武为名，专习“摔跤”术。一日鳌拜又来放肆无礼，康熙遂使小侍卫乘其不备，一下子将他摔倒，擒拿治罪，除了一大祸患。少年的曹寅在这事件中是一个立功者。

大约又过了十年的光景，清朝把各地的大小叛乱都已平定了。全国稳定了，这时康熙帝便得以专心致力于文化方面了。军事的反抗虽然基本结束了，思想的反抗还在，尤其是一些年老的明代的遗民，高层知识分子，他们不给清朝服务，影响很大。于是康熙帝于1678年谕令举行一次特殊考试（名为“博学鸿儒科”），征求这些遗民名士出来，到京应试，给以官衔，这样有利于国家的安定。其时，曹寅正做一种高级的御前侍卫，有引领护送他们入宫的任务以及个别拜访的机缘。与这些高流名士相结交，使曹寅十分高兴。这是他日后文学事业得以发展的重要条件。这次活动中，曹寅的才华学识得到了很多名流的认同与赏识，非常惊叹这位青年侍卫的天姿过人，于诸般文学技艺，都熟悉精通，远非常人所能企及。

不难看出，曹家已经逐步地由武向文的方向发展了。

（二）

康熙二十三年（1684），曹玺因劳致疾，病故于江宁织造任上。他的去世，引起了南京士民的深切哀悼，因为自从他到任后，清除了明代太监掌管织造的弊端，减轻了机户工匠的沉重负担，又不作威作福骚扰地方，多行义事。对比之下，南京人从未见过这样的钦差，大家悼惜，专为他造了一所纪念祠堂。以大学士（宰相级）熊赐履，皇帝的师傅为首，诗文家纷纷撰写了悼词，并且刊印成了书册。这些，说明了江南人士对他的好感，而这种感情对于后来他的儿孙再到此地继任，实在是一种重要的群众舆论基础。

（三）

康熙帝封了曹玺一品尚书——最高级的文官职衔。他的妻子孙氏，皇帝的保母就是一品夫人了。这是了不起的荣耀。

大约康熙帝原来就想派曹玺的长子曹寅立即继其父职，

由于若干原因，改由另一人暂时接任，而让曹家在南京居住二十年之后调回京城。官制规定，要任织造必须先有内务府郎中（副长官）的资格才行，所以就命曹寅在内务府任职，不久，升了广储司郎中，这是此府的最高实任官阶了。到了康熙二十九年（1690），皇帝决定派他到苏州去做织造官。苏州是江南第一名城。曹寅到后，很快与许多有名望的诗文大家结交，成了好友。这时，曹寅除了作诗，已经开始写作剧本（中国剧曲）。

两年以后（1692），三十五岁的曹寅奉命调任江宁织造，他同时还兼管苏州织造之事。这年冬天，中国历十一月，他才得重新来到他父亲居住二十年之久的江宁织造府，也就是他的“老宅”“故居”。

这所老宅对曹雪芹也是很重要的，因为不但祖父曹寅从六岁起就是在这里长大的，雪芹本人也诞生于此。

曹寅隔了九年重到此府，所见景象，已是满目凄凉，他作诗写过：大厅里成了喂马的地方，一口古井，都已要被尘土半掩。他父亲手植的树木，摇落摧残，使诗人下泪。

曹寅重到之后，此府不但很快恢复旧观，而且又经历了说不尽的繁华富贵——世上没有哪位小说家能有这等描叙它的经历的才笔！到了康熙的孙儿乾隆帝的第十六年（1751），这儿干脆变成了皇帝“南巡”用的行宫了。

“南巡”，这是关系曹家生死命运的一种非常特别的历史事件。在曹雪芹的小说里，那些人物的口中还常提到它，说是“恨不早生二三十年”，没有赶上眼见康熙帝几次南巡的盛况。当然，雪芹没有敢说（或者没有意识到），那南巡也是导致他家破人亡的一项主因。

（四）

“南巡”是专指康熙（后来还有乾隆）皇帝几次到江南去巡视的行动。南巡的目的，表面上是为了视察东南富饶地区的水利工程的修治，实际还有更微妙的政治作用。康熙大帝有文武两手，武的主要用于征服平定西北的蒙古诸部，文的则用于长江以南的人文荟萃之区。他为了了解江南的吏治实情，为了与江南士民的感情联通，遂决意南巡。不待言，他也有意乘机一观江南自古著称的“佳丽”之地，所谓“江山如画里，人物更风流”。生长北土的康熙，致力汉文化，心驰神往，想去一开眼界，这是很自然的事情。

康熙帝一生举行了六次南巡，除了一次中途因故折回，一次另住别处，在江宁都以织造府为行宫。曹家从几个不同的角度与关系，都是迎接圣驾的主领人物——超过了地方高级官员。

这“接驾四次”的奇缘，在雪芹小说中也竟提到过。

这四次中的三次是：

康熙三十八年（1699），

康熙四十二年（1703），

康熙四十六年（1707）。

由于皇帝的励精图治，那时确已达到了一个从明代中期以来罕见的民丰物阜的繁荣时代。南巡也只有在这样的物质条件下才能实现。这样一来，江南官民几次“接驾”的盛况，实在是千古未有、百世罕逢的！也许马可·波罗若生在彼时而来到南京，会给我们留下另一部“行纪”。而我在此时，只能以几句空洞的词句来做介绍了。

那时皇帝的南巡是乘坐龙舟，带着大队的官员侍从和太后宫眷的船，沿着那条名闻世界的南北大运河（可由京郊直达浙江杭州）而南行。沿途两岸，到处有数万人众跪迎，欢声震天。最要紧的场面却不在隆重盛大的官仪礼教，而在于民间地方的装饰建筑。那些五步一楼、十步一阁，都是临时的材料与工艺搭成的，但却精美绝伦。每一楼阁都是令人惊叹咋舌的超高级工艺品装成的景子，或者是真的人物在歌舞奏乐。那种色彩缤纷、旗帜如林的节日盛装，使人如置身于锦绣乾坤，珠宝世界！中国民间的工匠役人的智慧与灵巧，他们制作的热情与自得，让西方的读者去“想象”，我看那是无用的——他们没有这样的历史文化背景。

接驾中，也有西洋教士跟随，还进入过织造府。他们也曾记下过当时目击的盛况。不过要记住，这些表面的盛况背后，还有很多事情，对我们理解历史更为重要。

在四次接驾中，要数康熙三十八年（1699）这一次对曹家最为要紧。那年的夏历四月中，康熙帝又一次以江宁织造府为行宫而居住其中。他的老保母孙氏夫人，年已六十八岁，参见了皇帝及宫眷等，照规矩，先叙国礼（君臣主奴），后叙家礼（母子尊幼）。康熙见了她，非常高兴，说：“这是我们家的老人哪！”其时正值庭中萱花盛开——这种花在中国文化中是慈母的标记或象征，因此康熙特为孙夫人手题一巨匾，是“萱瑞堂”三个大字。毫无疑问，这是暗寓双关，表面似为曹寅颂其寿母，实则是为了表达自己对这位辛劳慈爱的嬷嬷的尊敬的感念。

这件事，江南人传为佳话，很多文士写作了赞辞。

这件事，标志着曹家的荣华富贵，达到了一个新高峰，——以后，我们将会看到他家的由盛趋衰的巨大变故。

（五）

在中国，从上古的哲人起，就最注意体察宇宙万物、人生社会的盛衰递变之理。在《易经》和《老子》里，充分显示了盛极必衰、祸福倚伏的大规律。万物皆有盛衰，盛衰带来荣辱和悲欢哀乐。曹家的历史是如此，曹雪芹的一部百余万言的小说，也还是以盛衰二字为全部书的纲领和脉络。了解曹家的盛衰的梗概是理解《红楼梦》的必要的或先决的条件。

“萱瑞堂”三个字巨匾，是用上好的木材雕成的，木板是平的，底色是石青色；字是凹下去镌刻，乌漆圆亮。四周是九条龙围绕缠护，龙是一色赤金箔包成的。龙头还能微微摇动（因为有弹簧螺旋丝连接），活像是有生气的神物——龙是皇帝和帝国的象征，神圣无比。

这匾说明了康熙帝对他老保母一家的恩眷还在有增无已。曹寅的宠遇，有三件事应当叙明：一是因为他接驾之事办理得好，皇帝将他擢升为通政使——三品大臣，位在“九卿”之列了；二是除了织造，又派他兼管两淮巡盐御史。盐是百姓日用必不可少的，国家专卖，成本很低而利润丰厚，所以巡盐的官吏都是官俸以外收入极富的，被公认为是头等的“美差”“肥缺”；三是曹寅生有一子二女，康熙帝特将曹寅的大女儿指配给了宗室平郡王讷尔苏作为王妃。这是一件非同小可的特别恩典，因为这等于让曹家与皇室结成了姻亲，政治地位大大提高。实际上也就是把原是“包衣（奴隶）”身份的曹家提高到了与贵族平等的地位（在清代，把低级旗的人提升到高级旗，叫作“抬旗”）。康熙帝对这件婚姻的安排，十分满意，还特赐了筵宴，以表祝贺。

这一切，在当时来说，自然都是曹氏一门的锦上添花的荣耀光华。可是谁会料想到，康熙帝的恩宠，几乎每一件都成了曹寅身后家破人亡、子孙流落的原因。荣华富贵的中间，竟然隐伏下了无穷的祸根和罪累。

（六）

中国有句古语：“天有不测风云，人有旦夕福祸。”曹寅忽然于康熙五十一年（1712）的七月二十三日，染病身亡。他的后期，许多事务是要在扬州办理的，其中包括监刻一部大书《佩文韵府》，因此他病故之地是在扬州书馆而不是江宁织造府。

曹寅的病情据说像是疟疾。因此他特遣专人飞马到北京去向皇帝讨求西洋特效药奎宁——那时西洋的药品，像其它贡物一样，只有皇宫之内才有，是极为珍稀的。康熙闻报，也立遣飞马送药回去，并亲笔嘱告，如非痁疾，则万不可服。不想，药还没有送到扬州，曹寅已经去世了。

曹寅之死，过于突然，他那时也不过是五十五岁的“中寿”之人。江南人士，对他的逝世尤其惊讶悼惜。这种情感并不是偶然的，我们可以举一二件事情看看这位身份奇异的非凡人物（八旗奴隶、钦差大官、诗词大作家、文化事业家、艺术鉴赏家……）的点滴侧影。

曹寅在苏州时，一位名诗人曾有诗句赠他，开头就说：“开府清风满洞庭，早衙人散阁常扃。”这是写他清廉雅静，闭户读书，绝不干扰地方事务。他到江宁，凡要出门时，须坐“钦差”级的“八抬”大轿。人却见他在轿中也拿着一本书低头而读。有人问他：“您太好学了！出门坐轿的那一刻时光，也忘不了读书。”他答道：“哪里是好学，我是为了‘遮眼’——民众见我过来，都起立示敬，我心不安。我又非地方官，为何要受人们的礼敬？”这件事江宁人传为美谈。

另一件就是他不顾一切解救江宁知府陈鹏年的义事。

原来这陈鹏年是江宁地方最受人爱戴的一位清官，大家送他的绰号是“陈青天”——青天是中国百姓比喻为最明察最正直无私的人。正因如此，陈在“接驾”中却开罪了那些跟随圣驾南来的层层官吏、侍从人等。这些人要吃要住，要玩要乐，还要“馈送”（财物），种种勒索。稍不如意，就谗构陷害。陈鹏年正是不肯屈服于这些人。结果，告到随驾的皇太子，说他接驾的准备工作太坏，是对皇帝的大不敬。这种诬陷，激怒了皇太子，定要杀了“陈青天”。事在危急的一刻中，曹寅奋不顾身，叩头力救陈鹏年，为他辩解。叩响头——这是清代满洲八旗官员向皇帝或主子请求（或谢罪）的唯一方式，因为他们的身份都被视为奴隶。曹寅把上额叩得流了鲜血，有人怕这会触怒了太子，暗地示意拦劝他，他毅然不顾，坚持到太子受了感动，终于赦免了陈鹏年的性命。

这样的事可非同一般人的胆识所能做到，特别是人们又都知道：曹陈二人本来是素不和睦的，这就尤其难能可贵。为此，人们极为钦重曹寅的人品。就连陈鹏年，后来也作诗表示感激他的救命之恩。

曹寅在江宁一带所做的好事很多。这就无怪当他一死，士绅民众，纷纷集力为他建筑了一座祠庙，以表感念之情。

更令人注目的是下面的这一段实事：

八月二十七日，江西巡抚（地方大吏，江西与江南合称“两江”，当时是一个大行政区划）郎廷极，给皇帝呈上了一份报告。内中说：曹寅于扬州书馆病故后，如今江宁省省会士民并机户经纪、经纬行车户，缎纱诸品匠役、丝竹行、机户以及浙江省杭州、嘉兴、湖州的丝商人等，纷纷集聚于郎廷极的公馆四周，呈递呈文，称颂曹寅生前的许多善政，恳请郎廷极题奏，请求派曹寅之子曹颙继任织造。

郎廷极是八旗大臣，这时正暂署江南总督的重任，他的奏本中也很尊重舆情，为曹寅之事说了好话，这奏本当然是很有分量的。

到八月，内务府请补派江宁织造时，康熙帝就命以曹颙继任，并命曹颙的舅舅李煦（曹寅的妻兄，苏州的织造）代管巡盐一年，以补曹寅任内所亏欠的公款。

曹家这时处境十分可怜。曹颙在奏折里曾说："伶仃孤苦，举目无亲，负弥天之罪戾，万死何辞！"

那真是令今日之读者也会感到凄惨万分的。

可是，曹家的厄运，还不到此为止。

（七）

曹颙那时恐怕只有十八九岁。他于康熙五十二年（1713）正月正式补放了江宁织造之职，二月初二到任，谁知只过了两年——到康熙五十四年（1715）正月初，不知何因，忽然一病而亡。

此时曹寅的家庭成员只剩下婆媳二人：寅妻李氏，颙妻马氏，两世的孀妇。

康熙帝见他家的情况过于不幸，于心不忍，便又特下谕旨，命将曹寅之弟曹宣的诸子中选一最合宜的过继给李氏作为嗣子，而且还特命此子再次继任江宁织造，以维持这一个几乎濒于绝境的门户不致全部散亡。

这个被选中的小孩童，名叫曹頫——他后来就是曹雪芹的父亲。

第四章　非凡的新型人材

（一）

曹颙像他父亲，也不是一个凡材。康熙帝称他是文武全材，死得十分可惜！那么他这堂弟曹頫又是如何呢？曹頫是曹宣的第四子，曹寅称赞曹宣的诗和画，又说他的儿子能继承父亲的材艺，他特别重视其第三、第四两子，说日后会成为人材。但是曹頫的特点却被人称赞为“好古嗜学”，能继其世业，说是曹氏一门辈辈皆出异样人材。

然而曹頫是一个命苦的世家公子。他自从被选中充当了曹寅的继子后，几乎没有一日不在忧愁恐惧、公私交困的境况中。

他从康熙五十四年（1715）继任江宁织造后，勉强支撑了大约十年的光景，一种十分特异而巨大的变故和灾祸便降临到他头上。

（二）

康熙帝的晚年，遇到了一件十分不幸的事件，就是皇太子的立而废，废而立，最后终于废掉的政治问题。这件事，实际上也就是曹家惨遭败亡的原因。

皇太子名叫胤礽（1674—1725），是康熙帝的次子。这是清代历史上的头号悲剧性人物。

康熙帝英才大略，识度非凡，他选中的太子，不会是一个庸碌平凡之辈。可是他被嫉羡者诬陷折磨，以至于精神失常，因而使他的父皇伤心、烦恼、苦痛……以至愤怒。

据《指严说萃》纪载，事故的起因是发生在畅春园里。畅春园坐落于北京城西郊海淀，是康熙帝后期经常居住的地方。在北京为皇家服务的欧洲教士马国贤对此园有所描叙。畅春园的西邻，又扩建了一座附园，称为西花园，就成为皇太子胤礽的住处。因为胤礽诞生的当日其母皇后即死，所以康熙帝特别怜爱此子，自幼亲自教他读书，并遴选了几位品崇学富的大臣做他的汉文师傅。皇太子勤于学业，又善骑射——这是康熙帝培育人材兼重文武的一贯要求。据说当时皇家大抵宠信喇嘛佛僧，尊为“国师”之位，亦居园内。佛教徒等，诸般行径，时有不端，汉师傅们很不以为然。皇太子尊信师傅，遂向父皇揭发其劣迹。由是佛僧等深忌汉师傅与皇太子，而思图报复。他们利用幻术，制造假相，诬陷太子，激怒康熙：他们用幻影制作冒充太子做坏事的影像，让康熙帝误以为真。于是皇太子逐渐受到父亲的疑惑，以至有失宠的趋向。

在此情况下，很快引发了其他皇子乘机想争夺嗣位权的野心，并酿成了皇室内部无穷的惨祸——当然，这就波及了与胤礽关系密切的父皇保母曹家。

修盖西花园，是曹寅到江南去做织造以前的差使，由他一手主持经办的。而畅春园的总管则是他的妻兄李煦（后来到苏州去做织造）。在后来清查曹寅的公款亏欠时，内中单是胤礽一次遣其奶公凌普向他索去的银子，就多达二万两！

（三）

胤礽的事件，里面牵涉着他的一位外叔祖名叫索额图。此人在西洋教士记录中，通呼“索三”（因他行三）。他是皇亲国戚，又是康熙帝幼年时的四位辅政大臣之一，权势非常。他家豪富，能鉴别古董，也招罗文士，与康熙朝的另一大臣明珠先后齐名，都是京城里的大豪门势主。他也掌管过内务府，因此与曹寅、李煦两家不能不发生关系。

索额图有过功劳。一件是支持少年康熙智擒鳌拜。一件是征讨厄鲁特噶尔丹的叛乱。但最值得一提的还是他充当过外交使团的首要大臣，和俄国订立了《尼布楚条约》。

索额图为此两次远行，带领随从兵士家奴等多达数千人，其势派使俄国使臣大大吃惊！（当然，因故伤亡者几乎有九百人，耗银数百万两！）索三因功劳而加官晋爵，日益骄纵。他的使团内还有一名重要人物叫马齐，他家日后与曹雪芹之间有很多层次关系与事故。

但这个年高位崇的人物，最后因为支持胤礽而被下狱，以至死于狱中。胤礽终于被废了，也被软禁起来，一直到死。

胤礽的变故，对曹家来说也是一大不幸，一种即将到来的厄运的不吉之兆。

（四）

曹家的厄运已然隐隐藏伏于政局的复杂的变化之中，但我们此刻还想先说明一个问题：清初的贵族门内诞生了几个特异的悲剧性人物，一个是顺治帝，已如上文所述。一个是胤礽。

这都是天赋极高的头等人材，超级的智慧，却都有他们自身的缺点短处，以致为奸佞之辈所侵蚀利用，不得展其才智，而陷于惨境。同时期另一个值得提起的就是纳兰性德。

巧得很，性德也正如顺治帝一样，曾长期被误为是曹雪芹笔下的主人公的原型。这种俗传，从科学的历史考证角度来说，都是荒唐可笑的，但是从另一种角度看，其中却隐含着一个满汉文化交会而产生的人生哲理的大问题，这就是曹雪芹在他小说中开头不久即提出的一个崭新的、反传统的、震惊了俗士的哲学命题——“正邪两赋”，“一路而来之人”。

这句话，也许你此刻还不能领会是何意义。这也无妨，因为我们后面会有专节来解说它。

性德是曹寅的同僚和文友。他们一同做康熙的亲近侍卫，都跟着皇帝的师傅读书。性德是清代的第一位大词人，在文学史上的地位超过了明代所有的同类作家，一向评价很高。

性德的父亲名叫明珠，是又一位势倾一代的大学士（宰相级）和太傅。家赀之富居京师之首，喜欢收藏古董书画——后来清宫的珍品，大抵都是他的原藏上品，每一件都是稀世珍宝，价值连城。

这种风气也许会被人批判为贵族的奢侈享受的寄生生活，应受唾骂。但从另一角度看历史，则你会惊讶地发现：在东北边荒的叶赫族那拉氏，入关后没有多少年，他们竟然被璀璨瑰奇的汉文化所整个儿地“迷”住了，陶醉得神魂颠倒了，父亲还只是个文物收藏大鉴赏家，儿子却成了头流上品的诗词作者。汉文化的神奇魅力，完全征服了原是武士的满洲豪杰们!

满汉两族文化的交会，一方面是清建国后人民生活的必然趋向，但是皇帝和执政者早已悟到，不向汉文化学习，不珍崇汉文化，满族进入中原，想统治全中华，是不可能的。武功可以胜利，文化必然要惨败。

这样，从上到下，对汉文化文物的搜罗，争先恐后，对全社会造成了一种规模巨大的文化风气。没有这一风气，也就没有像曹家这样的家族门第和文学造诣，也就没有曹雪芹的《红楼梦》产生的可能。

我们认识历史，不仅仅是要懂得个别的历史事件与个别的历史人物；历史不是琐琐碎碎的堆砌品，我们更要看到其中的中华文化的血脉的流动运行的神奇轨迹。文化落后的少数民族征服全国而国祚很短的例子不止一个，在众多的原因中，轻视汉文化，加以破坏践踏，是一个很重要的原因。清朝立国三百年之久，竭力崇重汉文化，不是没有所见的。

我们感到奇异惊诧的，则是满洲人对汉文化的领悟力的敏慧超常，难以置信。他们的汉文化造诣，往往是一般汉人所难以企及的。比如单讲书画鉴定，就是佳例。没有极高的学力眼力，那就什么也谈不到，而文化审美能力则更是首要的条件。

我们如果不能了解清初满汉的学风、文风，知识分子的文化水平之高，社会风气之重，那么我们必然会被“通俗文学——小说”这个一般观念所误，而无法真正认识《红楼梦》的价值所在，自然更不能明白它的作者曹雪芹是何等样人，就会拿一般的眼光去看待这部伟大作品与伟大作家。

（五）

性德，叶赫那拉氏，原名成德，字容若。他是大学士明珠的长子，学者、诗人，是极有名气的“饮水词人”——他的词集题作《饮水词》。“饮水”是取古语“如鱼饮水，冷暖自知”的涵义。

明珠是叶赫族首领之一的孙子，其祖被努尔哈赤征服，由仇敌而逐步变成了姻亲。这个那拉氏，也就是后来导致清朝灭亡的慈禧太后的那个氏族。

明珠得势，身为吏部兵部尚书，而深得康熙帝的倚重，则是因为他力主撤掉吴三桂等手握重兵的明代降将（号称三藩）。少年康熙毅然下令撤藩，引起了一场范围九省、历时八载的大战乱，祸及全国。清朝还是胜利了，从此除了隐患，获得长期的太平，方能形成“康熙盛世”。但因此明珠像鳌拜、索额图一样，结朋树党，任人唯亲，势倾朝野。他结交汉文士名流，倾全力培养他的儿子性德，精通了汉文化典籍诗文。

性德和曹寅同是康熙帝的侍卫，又同科中了举人，但性德后来中了进士，曹寅却未能。他与曹寅都酷好诗词。康熙十七年（1678）举行“博学鸿儒”特种考试，汉名儒学者集于京师，他与曹寅同为青年侍卫，而且往往给汉士以帮助。他们的才能词采，令那些老名家惊叹称奇不已。

性德的词，文品甚高。所谓词，是一种为曲调歌唱而制的歌词，这种音乐文学，虽然本体也是诗的一种，但音律节奏有更大的特色，句法变换极为丰富。它起源于唐代后期，盛于宋朝，出了很多大词人。但宋以后逐渐流为消闲的小品，堆砌词藻的应酬，风格日下。性德的词，一反俗调，几乎恢复了唐五代时期的高级词人的风格，而且感情深厚，感染力甚强，因此赢得了声誉。

性德是一位非常显贵的少年公子，却无一点纨绔富盛的俗气，词中表现的常是一种带有幽忧的深情境界。据传，他原与一个表妹相恋甚笃，不幸此女被选入宫，从此再无法谋求一面之缘。性德为此极为悲恨。他死时才只有三十岁，人们把他比作唐代短命的天才诗人李贺。

我们前文讲到过，顺治帝也是一位天才少年，不幸早亡；他同样是感情丰富、不顾世俗富贵，几乎为一个爱妃而殉身的“诗人型”人物。这在中国有一个特殊词语：“情痴”“情种”。性德自然不会是与顺治完全一样，但是这种满洲贵族子弟的特点中，他们显然有某些共同之点。要想了解曹雪芹的为人一切，首先必须了解那个产生了他的“大环境”，即时代文化背景，否则一系列的历史问题都将成为难懂的事物。

前面恰巧也提到：清代很多人认为曹雪芹小说的主人公贾宝玉，就是隐写顺治或性德。这并不正确，纯系附会，但若从广阔的历史眼光来看，那种附会或误传中却也恰好包含着一种历史文化的真实感受与反映。

这就是我们必须先从曹雪芹的祖辈、父辈的时代面貌讲起的重要原因之一端。

第五章　突变——厄运临头

（一）

曹家的命运，与康熙帝紧紧地联在一起，但是祸害了曹家的，也正是康熙帝的一群皇子。

康熙生了三十多个儿子，成长而有活动能力的至少也有十来个。当皇太子被废黜以后，这些皇子们争夺皇位继嗣权的明争暗斗变得十分激烈起来。其情形非常复杂，大致说来，可分为三大派系：

一、胤礽（皇二子，太子）

　　支持者——其弟胤祉

二、胤禩（皇八子）

　　同党者——胤禟、胤䄉、胤祯等

三、胤禛（皇四子）

支持者——胤祥

这些皇子中，以胤禩的活动能力表现得最为明显，势力也最可观。但是，起先不甚惹人注目的胤禛，却是一个远比别人野心更大、居心更险恶、手段更巧妙而残酷的政治阴谋家。他在父皇面前“表现”处处讨好，但最后害死他老子并夺得宝座的，正是这个阴险毒辣的人。

可怜的曹家，身为世仆家奴，对这些皇子，都得打交道、支应、效命、周旋于那种复杂而危险的境势之间，其难可知，其苦可想！最不幸的是，曹家万没想到最后胤禛夺位，而他家恰恰不是胤禛的亲信，却与胤礽、胤禩等派系的人更为关系密切。一切灾祸就由此而生。奴隶家世的曹门，是无法自主自己的身家性命的。

在这场角逐中，有几家特大的豪门贵戚，都卷入了这个险恶的旋涡，他们是索额图、明珠（及其子揆叙）、佟国维、马齐。这几家，下文还要稍稍补叙，因为他们与曹家都有关联或交谊。

康熙帝为此极为烦恼震怒，惩治了很多人。他得知诸皇子祸陷太子并妄想争位之后，在畅春园召集他们予以严厉训斥。这个事件，西洋教士也有目击纪录者。可是那些皇子并未因此停止争夺的活动。

胤禛之所以成为最后“胜利者”，完全出于阴谋诡计，他的见不得人的私密，伤天害理的勾当，唯恐人知——其实大家都知。他“登位”后的连篇累牍的“谕旨”，动辄万言，强词觍颜地巧为辩饰，中伤他人，又带着流氓式的威吓的那些言词，令人读了就感到恶心——整个中国历史上皇帝的发言，都没见有这么下流气味的！这不待考证，就能嗅着其中有鬼了。（可是世上还有人相信他的假话，还把他描绘为一个“好”皇帝。）一个为了自己掌权，而极端残酷杀害骨肉手足的人，他能仁民爱众，为百姓天下造福吗？

胤禛的最后“胜利”，除了阴谋，还有两大因素：一是喇嘛僧人的帮助；一是掌兵权的两个大人物支持了他——一个是年羹尧，一个是隆科多。

要讲年、隆的事，还得从头再讲康熙帝既废太子后，又暗中属意秘立胤祯为嗣位人的这件大事。

胤祯是康熙帝的第十四皇子。他倒是胤禛的同母胞弟兄，可是他看不上他哥哥的为人，是坚持胤禩那一派系的一个年轻的皇子。康熙帝把他派到西北去，做抚远大将军，守卫国疆，历练干材，积累资望，以为嗣位创造良好的条件。

要记清：在汉字上，禛、祯不但读音极为接近，而且字形也很相似。就从这一点上，胤禛便想出了一个妙计：把父皇传位密诏中的“祯”，很容易地描改成为他自己的那个“禛”字！

胤禛真的用这一诡计实现了他的“登龙”梦想。他得位后，为了彻底灭迹，把“胤祯”这个名字都改掉了——变成了“胤禵”。所以清代的官方文献里就再也找不见胤祯了。（可是，仍然有漏洞留下，在康熙帝分封皇子时，分明是胤祯二字！）

胤禛的这个鬼把戏，还得有实力的人物支持他。年羹尧是大将军，控制了镇守西北的胤祯。而在京城，则由隆科多这位步兵统领控制了全部局势，使得敌对党的诸皇子无法反抗。于是胤禛就把真正预定的嗣位人胤祯的地位篡夺了。

（二）

据有人纪载，康熙帝病危，临终前召见亲信大臣传示确定嗣位人的诏命时，却见胤禛在此，震怒之极，拾起手边一物，投掷过去，为了打击他。狡猾的胤禛却将掷物拾起，跪下谢恩——说是父皇赐他此件以为传位的信物！康熙气死了［有说法是胤禛进献一碗药（表面是人参汤剂）而毒死他父亲的］，于是胤禛便命在场的隆科多宣读了描改过的假诏旨，使得胤禛成了合法的新皇帝——胤祯时在西北军营，做梦也不会想到京城内出现了这一桩奇闻异事！

西洋教士意大利人里巴，中文名马国贤，在京为皇家服务十三年，曾记下了事变那一天的异象：街上骑兵飞驰，远处喊声震动……

隆科多这个人物，关系着曹家的生死命运，我们必须在下文来讲述他的事情。

此刻，曹家的人闻知老皇帝撒手而去，把他们丢下不能再照顾了，却由胤禛做了新皇帝，这真是晴天的霹雳，这翻天覆地的大变故，使他们意识到即将到来的会是一连串的苦难和灾祸。他们寝食不安地、惴惴战栗地等待着厄运的临头。

（三）

胤禛的封号是雍亲王，所以夺位后，用的年号是“雍正”，而且将他原来的王府赏给了陷害胤礽而帮他大忙的喇嘛僧，作了巨大的佛寺，称为雍和宫——至今尚存。他做了皇帝后所作的第一件事就是给鳌拜（他父亲康熙惩治过的）翻案，并且封了鳌拜的后裔。他最紧张的“工作”是一个一个地惩办和削除他的政治对手，主要是那几位弟兄：胤禩、胤禟、胤䄉、胤禵……及其无数的附属的党羽人员，没有一个能够幸免。他用的手段极其残忍。他的对手受尽了百般的刁难、挫辱、折磨、毒害……以至于死。胤禩曾说：我受的屈辱折磨，非人所能忍受，远不如一下子死于他的刀剑之下！

雍正二年（1724），篡位的新皇帝就把他的一个反对者弟兄敦郡王胤䄉治了罪，撤了封爵。胤䄉的王府坐落在北京的北城偏西一点儿，有名的什刹海（前海）的岸边，那一带老居民世代相传：敦王府就是《红楼梦》里的“东府（宁国府）”的相应的地点；它的紧邻人们叫做“西府”——关于这，我们后文还要较详地讲及，因为十分有趣，耐人寻味。

同年，曹寅的妻兄李煦［苏州织造。李家一切经历身分都与曹家差不多，关系至为密切，李煦先人本姓姜，是山东昌邑的望族。明崇祯十五年（1642）腊月，清兵万余围攻昌邑，城破，其先人被俘，入旗下为奴。后从养父之姓改姓李］，便因为获罪名而被下于狱中。李煦的罪状先是“亏空公款”的名义，但随即转为“政治犯罪”——被发现他曾买过苏州的女子送给胤禩。其实，这就是我说过的，诸皇子都向织造索要钱财、物品、珍玩，还有“人口”（美女）。当织造的不能不应付，可是到了此时，却成了家破人亡的滔天之罪行了！七十多岁的李煦，最后的命运是远远充发到极东北边境苦寒之地（名叫打牲乌拉），仅仅有一个最忠实的仆人跟他去受冻饿折磨之苦。

曹頫（曹雪芹的父亲）就是李煦支持维护他，得以入继于曹寅并任织造的。李煦的惨状，使得曹頫这个青年人的精神受到了难以承担的打击和重压。这时雍正还没有公开惩办曹家，但是他的亲信已有人从江南密报，说曹頫年少无才，不成器，诸事委于一个家人代管，而雍正则说：岂但不成器而已！他的更大的可恶处是“行为不端”。

要知道，“行为不端”乃是那时候皇帝所用的“政治语言”，指的就是他的亲友交游都是曾与新皇帝敌对的那一方。这句话在清代是皇帝特用语。

中国有两句俗语：“沸釜之游鱼”和“热锅上的蚂蚁”。这大约可以比喻曹頫此时可怜的处境和心情。

但是雍正真的动手惩治曹頫，是延到了雍正五年（1727）的腊月。

这个年月不是偶然的，内中的缘故，要讲年羹尧和隆科多这两位帮助胤禛夺位的大功臣的下场。

第六章　文星的诞生——甘霖霑霈

（一）

胤禛在他父亲康熙的第六十一年（1722）的十一月夺得了皇位，次年改元，年号“雍正”，这因为他原来的封爵是雍亲王，已见上述。从雍正元年起，他全力地控制局面，巩固地位。这些复杂的事情，写一部很厚的书也是难于尽述的，只是无暇也不必去细讲那些了，我们急于要告诉读者的是：就在雍正二年（1724），中国的文学天空中，忽有一颗光芒四射、璀璨夺目的巨星，正冉冉升起。

这颗巨星，就是中国的最伟大的小说家曹雪芹。他的诞生，是中华民族的极大骄傲——当然也是全人类的骄傲。

那是雍正二年的夏天，闰四月的二十六日下午二时左右，南京织造府的内院传来了喜讯：“皇天喜赐麟儿”，曹家有了新后代！

我们运用一点想象，来帮助说明清代中国满洲旗人家庭的情景，是不妨的吧？

内院走出几位大丫环和高等仆妇，来到外书房，曹頫日常办事和休息的地方，求见，得到允许后，恭身进入。双屈膝请安（行礼）。

“回禀老爷，天大的喜事！给老爷叩喜！”

“什么事？”曹頫有点儿惊讶。

“回老爷，未时二刻，太太生了一位哥儿，母子平安。这是咱们全家的大喜事！”

“噢，知道了。新来的嬷嬷都齐了吗？”

“回老爷，都齐了。老爷一切放心。太太吩咐，等哥儿七日后，请老爷再赐他名字。”

“知道了。你们去吧。等取名的那天赏你们。”

“是，是！谢老爷的恩赏。”

曹頫心头起了一个小小的波澜，又得一子，也觉可喜；可是十分镇静，面无多大喜色。他心里不自禁地发出了一个问句：

“这孩子——偏生赶这日月下生？来的怕不是时候！”

他的微喜被堆在心头的焦虑给压倒了，他直觉地感到这个孩子是“生不逢辰”，未必是个通常值得庆贺的好兆头。

曹頫的焦虑，非止一端，京城里不断传来催逼款项的讯息。本年岁首的一件奏折，有一段话，可以表明他的处境与心绪：

江宁织造、奴才曹頫跪奏：为恭谢天恩事。切（窃）奴才前以织造补库一事，具文咨部，求分三年带完。今接部文，知已题请，伏蒙万岁浩荡洪恩，准允依议，钦遵到案。窃念奴才自负重罪，碎首无辞，今蒙天恩如此保全，实出望外。奴才实系再生之人，唯有感泣待罪，只知清补钱粮为重，其余家口妻孥，虽至饥寒迫切，奴才一切置之度外，在所不顾。凡有可以省得一分，即补一分亏欠，务期于三年之内，清补全完，以无负万岁开恩矜全之至意。谨具折九叩，恭谢天恩。奴才曷胜感激顶戴之至！

曹頫所说的“亏空”，究竟有多少？据康熙帝生前询问，大臣回奏，曹寅、李煦两处织造亏空（还不包括两淮盐务的亏空）共达八十一万两之多！

尤其增添曹頫烦恼的是，这时偏赶上江南罕有的大旱。从雍正“改元”，到二年的春夏，雨雪皆无，田禾枯焦，蝗蝻孳生，民心浮动，险象环生……要知道，在皇帝的时代，大家信奉的一条是：如果皇帝好，君明臣贤，政治清平，那么上天就赐予好气候，风调雨顺，五谷丰登，民丰物阜。反过来，天时不好，水旱成灾，就表明皇帝的施政不善，有以致之。因此，这场大旱灾，对新登位的雍正来说，面上很不光彩，特别是他的夺位并不能得到全国臣民的心服口服，舆论也正处于不利之时。而曹頫身为织造，职责中有一项是要按期随时报告江南的“晴雨”，即天时气候的情况及重要的变化。这么一来，曹頫的报告措词就越发为难得很：报灾轻了，罪名是不实；报灾重了，像是给新皇帝脸上“抹黑”。

这就可知，闰四月二十六日生下的公子，并不能减轻他焦灼的心境，实在感到这是一种“不吉之兆”。这大约就是曹頫对于此儿不太喜欢的根由吧。

可是说来奇怪，这个孩子下世三日之后，到了五月初一日这天，忽然阴云密布，天降大雨，遍地甘霖！万众民人与田中禾谷一样，从极端焦渴中忽然得到了滋润和苏醒！

织造府的曹頫，也是如此。

（二）

大雨从五月初一日陆续下到初五。这场雨是中国重要节令“端午节”（五月初五日）即将到来时降落的，给人以加倍的喜庆感。曹頫赶忙命书文相公（今之秘书）起草呈报的奏折。因此文献又留下一段重要纪载——说它重要，是因为它与新生公子（雪芹）的取名直接相关。请看这一段：

……江南因去冬雪少，今年闰四月间，蝗蝻生发，幸在二麦登收之时，不能为害。今自五月初一日至初五日，连得大雨，淋漓霑霈，蝗蝻僵灭大半，百姓俱现在插苗，及时播种，人心慰悦，太平无事。

曹頫必须亲笔书写非常恭敬的“小楷”汉字，方能驰送京师。他一笔一划地写着。这时，内院的大丫环、体面仆妇、保母等又来求见。

“什么事？”

“回老爷的话：太太说哥儿已过七日了，须求老爷赏他名字了。打发奴才们来请示老爷。”

“哦——”曹頫停笔沉思着。

他一眼回到奏折里的几个突出的字：“淋漓霑霈。”

他又想起《诗经》里那两句名言：“既霑既足，生我百谷。”

这个“霑”字跃入了他的眼帘，引起了他对中国经典文学的丰富联想，觉得这个字很有意味。

“就叫霑哥儿——上边雨字头，下边是个‘三点水’的沾。你们回太太，人们都说这场喜雨是这孩子带来的，就从这雨上起名字。”

“是，是！这好极了，好极了！”

原来，这中国汉字霑原是雨雪水量充足，灌溉稼禾的意思，但是官场上俗气的用法，也把它移到“霑（皇家的）恩”这层词语上去。

曹頫的内心深处不敢告人的话，可能是：“这孩子霑的是‘天恩’，老天的恩惠，哪里是什么皇家的恩赐？”

果然，等那件报雨的奏折从北京城飞马返回时，曹頫“恭接”“捧读”了雍正的朱笔指示：

蝗蝻闻得还有。地方官为什么不下力扑灭？！二麦虽收，秋禾更要紧。据实奏！凡事有一点欺隐作用，是你自己寻罪，不与朕相干！

这真是一派的歪词威逼。地方官如何扑蝗，秋禾如何植种，与织造官何涉？岂不是刁狡之辞？历来的皇帝的语言，也没有这流氓气味的。曹頫看了，不仅仅是战栗，从心底里泛起一种绝望的预感，已知不管怎么样，也讨不来胤禛的欢心了，自己不“寻罪”，罪已注定了。皇帝要治一家奴隶，先声明“与朕无干”，可嗅出一种“有干”的实质了。

曹頫又不禁转念：霑哥儿，这孩子大约不会是个吉兆。

复杂矛盾的心绪，在折磨着这位无辜的好学嗜古的青年曹頫。

（三）

在《红楼梦》里，曹雪芹为自己的降生，为这个日期的意义，都曾用了巧妙的文笔加以暗写，留给细心而颖慧的读者去寻绎。

比如，这小说开卷就写那块石头如何投胎下世。这段故事充满了神话色彩，显示了作者的超妙的想象力。但是你如果只从一般神话故事的角度与趣味来理解它，那便“受骗”了。曹雪芹自己再三声明：他的小说所用的手法是表面上看似离奇荒诞的“荒唐言”，背后却隐盖着他满腔的“辛酸泪”。他换个方式又说：他借“梦幻”之外形，来写有意（必须）隐去的真事。他的小说其实是一部“伪装”了的写实小说，而绝非一般的虚构作品。

荒古时代，洪水为灾。中国古老的神话传说是天穹的西北角崩坏了，因而不停地落雨。有一女神名叫女娲，她用火锻炼了许多块大石头，把损坏了的天重新补好，雨停水退，人类才得重新生活和繁衍。她补天偏偏剩下一块石头没有用上，弃在大荒山中青埂峰下，自悲自叹，很是可怜。后来它得神仙之助，变成一块美玉，而且把它携往人世去经历人间的美好生活——所以这部小说也名为《石头记》，英国Hawks的译本，就采用“石头的故事”这个译名，原由在此。

石头的下凡入世，就是作者自己暗写自己的诞生。

他在何时降世的呢？请看——

甄士隐夏日午眠，梦中见僧道二人且行且谈，说是要携一物，使它下世投胎。甄士隐上前行礼，请问，要求看看这件东西。于是僧道将一块（大石幻化的）美玉让他一见，即行夺回。甄士隐惊醒时，只见窗外——

“烈日炎炎，芭蕉冉冉。”

这八个字，标志着古老中国农历的夏季景色和旱年的气氛。要知道，中国另一部极负盛名的小说《水浒传》，其中有一首歌，道是：

赤日炎炎似火烧，野田禾稻半枯焦。

农夫心内如汤煮，公子王孙把扇摇。

那“赤日炎炎”四字，正是大旱之年的典故。

这就是说，曹雪芹以巧妙的笔墨，所写石头的降世之时，实即暗寓他自己出生的时日。

再有一点，说起来更有趣。

《红楼梦》里的第二十七回，写四月二十六日芒种节日，众女儿在花园中举行“饯花会”，给花神送行，这又是用一种特笔点明了“四月二十六日”是个非常奇特的日子——它也就是小说主人公贾宝玉的生日！

第七章　那个时代

（一）

曹雪芹降生于清代雍正二年（1724）的闰四月二十六日。这在整个中国文学史上说，确确实实是一颗超级巨星在青空升起，光芒夺目。但在世俗意义上看，他被视为一个不祥的“异物”。“这孩子来的不是时候！”所谓“生不逢辰”，是他们一家人的看法。曹雪芹在小说中时常强调的是书中人物的生不逢时，生非其地，说那时的贾氏荣国府第，已处于“末世”。此是这部小说的一个“基调”。

怎么理解这一点？当然不能离开清代历史来另寻启钥。他家是跟随着康熙大帝经历了整整六十年真正的盛世的人。雍正的阴谋夺位，在全中国制造了空前的骇人听闻的大变乱，一下子改变了太平盛世的气氛境界，而且人们的心理状态、道德观念上的严重打击和破坏，无比沉重。在当时人的心里，确实有一种“末世”临头的恐惧和悲哀的普遍感觉。若从历史学上看，那么尽管清代从雍正事变后还有过六十几年的“第二全盛”时期（它已远远比不上康熙时代了），可是毕竟是：以雍正为转折，清代历史已从盛时的上坡路开始向下坡路移步了。

东方的中国从15世纪起，经历的变故并非很小，如用一句话概括之，那就是：明朝的腐败与覆亡和清代的建立与兴盛。但与西方相比，似乎变化还不算大。

欧洲从15世纪起，已然经历了文艺复兴、宗教改革等巨大变革的运动，无论语言文字、学术思想、文学艺术，都起了翻天覆地的巨变——从宗教的“神”解脱出来，走向了现实的“人”。而到17、18世纪之际，更是转入了一个思想革命的时期：即“百科全书派”的诸多学者的出现，他们的伟著纷纷问世了。在中国，并没有这样性质的与这样规模的事态发生。这是因为，现象上似乎中国是一个多神偶像崇拜的国家，实际上若讲中国的宗教，却绝不能拿西方的中世纪教会凌驾、统治一切，文学艺术已成为宗教服务的点缀品那样的宗教观念来比附，那会招来很大误解。真正统治中国的“精神之主”仍然是孔子、孟子、老子、庄子……这些古代的伟大思想家。但那并不是一种宗教。

在欧洲，那时殖民战争是一个时代的标记。然而在中国，康熙时代的清帝国还是辽东地区受沙俄侵蚀的国家，重商主义的若干欧洲国家正向康熙请求开放经商港口。康熙没有举行过明代那样的“三保太监”（郑和）下西洋（东南亚诸岛国），大清国可以说是一个“开明的保守政策”的国家。

粗略地对看一下东西方的年表吧：

曹雪芹的出生时期是在欧洲沙皇俄国等国家瓜分瑞典的“北方战争”（The Northern War）终了和俄国彼得大帝死亡之际；他的去世的年头就是与英、法的美、印殖民地战役紧密相关的“七年战争”（The Seven Years' War）终了、巴黎条约订成之次年。曹雪芹几岁的时候，牛顿（Newton）逝世；他死去的那一年，瓦特（Watt）发明了蒸汽机。曹雪芹二十多岁的时候，孟德斯鸠（Montesquieu）、狄德罗（Diderot）、伏尔泰（Voltaire）以及其他“百科全书派”学者和文学家的著作正在纷纷问世；他去世的前二年，卢梭（Rousseau）出版了他的《社会契约论》（*Le Contract Social*）。雪芹死后十一年，美国独立战争兴；他死后二十五年，法国大革命起。

在欧洲，这正是资产阶级革命前夕，各种反对封建、专制、教会等旧制度的新思潮正在汹涌澎湃、历史上的伟大著作正在产生的“转折”的年代。

那时候的中国，还是一个基本上闭关自守的强大的封建皇权国家，社会结构当然也是封建的古老社会。在这时，却产生了曹雪芹这样的具有清新的思想的小说家。上面的几笔粗线条的勾勒，是想把曹雪芹的生活时间放在“世界大事年表”上比照着看一下“位置”“坐落”的意思。不消说，我并没有暗示曹雪芹的思想是否曾受欧洲资本主义上升时期“启蒙”思潮的影响的含意。我们了解，在此前阶段，从明末到清初，天主教徒来华所输入的“西学”，一点也不曾包括16、17世纪欧洲的新科学、新思想，完全是代表封建教会的正统经院哲学；这因为那时的耶稣会本身就是捍卫旧势力、旧传统而迫害“异端”改革的堡垒，它不会也不可能把当时进步的自由思想传入中国。至于当18世纪初，即使有了海外商人到中国口岸来，是否就可能马上及时地把当时的新思想传播过来，而且发生了相当的影响，恐怕也是尚待研究的问题。探讨曹雪芹的思想根源，首先还要从解剖清初时代中国的社会结构下手。但是，我们这里把目光放大些，先对照东西两方的情况看一看，也饶有意味。

特别有趣的是，卢梭也曾写过小说，以小说的形式来传递他的思想学说。也许这可说是东西遥遥辉映成趣吧？

但是，无论如何，在欧洲还是牛顿、瓦特刚刚露面的工业革命还隐在地平线的下面的暗影中，更新的思潮当然还未到产生的时候，何况东方的中国？——在那里，手工业还是唯一的生产方式。因此，东西两方的历史情状，文化背景，还有民族特点，都是如此的不同，我们如果轻用“对称”“比附”的办法来寻找像曹雪芹这样的文化巨人“在西方的相应地位或射影”，那肯定是不会有什么意义的。这也就是向世界介绍曹雪芹为何十分不容易的缘故之一。

（二）

要想了解曹雪芹降生的时代，要想了解这位异样天才作家的思想，一般的办法是先要寻其脉络根源。我们也不能例外。这样，人们常常讲到的是明、清两代之际确实出现了几位特别不同寻常的大思想家，他们开始反对封建专制、反对宋理学（专名曰“理学”“道学”）的伪善，——当然也反对满族的统治。他们并不止于言论讲学，还有著作。这些大儒者，通过何等渠道才会把自己的思想真正传达到八旗人士的心坎里并发生作用，我看还是一个很需要研讨才能论定的问题。因此，我不想在此详细介绍他们（如顾炎武、黄宗羲、王夫之这些人物）。我认为，要想探寻曹雪芹的思想之源，先介绍李贽才是可取的办法，也是饶有趣味的事情。

为什么这样说呢？

第一，李贽是一位奇特的小说研究、鉴赏和评论的大专家。他与《红楼梦》的直接的、间接的关系都很重要。

第二，他是一位极大胆的反传统的英雄斗士。

第三，他不但有政治、文学各方面的独特见解，并且还有他自己的哲学见解。

仅仅就这三点来说，曹雪芹都和他有千丝万缕的联系（关于李贽，我们将在后文再作较详的介绍）。

再有一条思想之源，就是明代大剧曲家汤显祖。汤先生一生最有名的四大剧本，总称为“四梦”（因为每一本都包含着一段梦的故事）。汤先生的一个重要思想内容是重“情”而贬“理”，他把“情”提升到最崇高的地位。

我们此刻先举这两位奇人，只是为了简捷地说明：明清之际，文学及思想领域已经显示出巨大的变化。曹雪芹的诞生，可以说是为了接续他们而来的另一位开创新境界的巨人或“造化之神”。

明代中叶末期，文士、知识界确实发生了极大的变化。与以前比起来，他们的思想特别大胆、言论特别自由，而文风也特别清新、活泼、尖锐、犀利、泼辣，更富有人情味和生活情趣。这种变化，同样是对传统古文的一个脱离和创新，它和欧洲的文艺复兴的“复古”式“再生”很不一样。欧洲是从“神”回到“人”，中国是从“理”回到“情”（童心、情欲、人性、人际关系）。但只要不牵强附会，混为一谈，还是不妨相提并论的，文化现象上的东西差异，可资比照。

本节的目的，就是试图说明，在曹雪芹降生的时候，中国的智慧、精神上的新活动已经揭开了序幕。这种时代，如果一定要仿照欧洲的方式来称呼，那么它并不是文艺复兴，而应该是文艺新生。曹雪芹是这个时代的超级巨星——他比汤显祖、李贽、金人瑞等一大串杰出人物来得晚些，可是他的价值是最伟大的。他并不写“理论”著作（如李贽），他是用一部一百多回的篇幅和几百个人物（最少的统计也有四百几十人，宽些的统计可达七百多人）的小说来体现他自己文艺理论和人生哲学思想的，而他的文学艺术的成就，早已被人评为自古罕见、千秋独步的，实在是中华民族的灵智的最高表现。

（三）

曹雪芹虽然生于一个文艺新生的时代，他的政治、经济、社会的处境却如上文所述，是一种“末世”了。既是末世，必然暗中又孕育着更新更大的变动。

夺位的雍正费尽了心机，只维持了十三年的统治（1723—1735），就被刺身亡。他传位于第四子弘历，是为清代第二大皇帝乾隆。乾隆也统治了六十年，文治武功，都是值得表彰于史册的。乾隆虽然尽一切努力摹仿效法他的祖父康熙，却“小巫见大巫”了。乾隆朝的后期，贵族豪门、大臣巨吏，奢华与贪贿的恶风已达到了令人惊骇的地步，人民的处境早已无法与康熙时期相比。人的品质的下降，道德的败坏，一切坏事的滋生，都日益显露，引起了有识之士的忧心和愤慨。这一切，虽然曹雪芹并未来得及目击身亲，但他那“末世”的预感预言，并非无的放矢。

我们目标是讲述曹雪芹所处的时代面貌的梗概，而不是讲清代全史。我在此处只能引一个简便的例子，来说明他所处的年代，正是一种新旧交替，即将有变的历史转折点。

比如，著名书法理论家包世臣，在他的《艺舟双楫》中，就说过这样的一段话：

> 世臣生乾隆中，比及成童，见百为废弛，贿赂公行，吏治污而民气郁，殆将有变：思所以禁暴除乱，于是学兵家。又见民生日蹙，一被水旱，则道殣相望：思所以劝本厚生，

于是学农家。又见齐民跬步即蹈非辜（老百姓一迈步就会陷入本来并无过错的犯“罪”之灾），奸民趋死如骛而常得白金（坏人纷纷干可犯死罪的坏事，却能发财享福）：思所以饬邪禁非，于是学法家……

包世臣实生乾隆四十年（1775），不过是曹雪芹卒后十一二年。你看，这就是那时候的文人记下来的亲切感受，他似乎不会无缘无故地去污蔑他自身所处的那个盛世，（至少有一部分）应属可信。那么再拿曹雪芹写在《红楼梦》开篇的那段话“偏值近年水旱不收，鼠盗蜂起，无非抢田夺地，民不安生，因此官兵剿捕”来对照看，又何其不无相似之点。

在这个盛世之中，有头脑的人，或者说“有识之士”，当时就感到“殆将有变”。这种变，大约在包世臣说来不过还是只指那些揭竿而起的“暴乱”而言；然而“民气”既“郁”，必然会包括着思想的问题。我们为了理解曹雪芹，特别注意的倒是侧重在这后一点，在这个即将有变的时代，伟大的文学家——首先是思想家曹雪芹，他的感受不会反而不如包世臣这一类型的文士。

查“历史年表”，看到的是：在曹雪芹卒后的二十八年，乾隆作出他的《御制十全（武功）记》，而此记做成的第四年，自湖北开始，后来遍及数省的白莲教也就正式起来了；接下去，“海盗”蔡牵，云南回“乱”，川陕兵变，北方的八卦教（天理会），陕西的“箱贼”（木工），河南的“捻子匪”，云南的“夷乱”……在一二十年间，相继起伏。这时，“禁烟章程”已经提出——作为中国近代史的开篇的鸦片战争已经在望了。

当然，曹雪芹寿止四十，只活到乾隆朝的开头二十八年。如果他当时能活到八十岁，即多了一倍的寿命，那么他就会看到清代统治基石已在动摇了。他表现在小说中的“末世感”，其层次意义上还是比较简单的，他未必意识到他生活的那个朝代的历史命运，确实已进入了末世，不但清代，就是整个中国的君主专制时代，也一步步走向崩溃了。

因此有人说，曹雪芹是那个时代新思想的先驱者，也可称为是一种启蒙思想家。“这孩子来得不是时候”，“生不逢辰”，表明了他的降生是一个盛世与末世的交道口，新旧交替的历史咽喉点上。

对他的诞生，也许还可以做出多种不同的历史的哲学的宏观解释。但不管怎样解释，一颗超级巨星毕竟是升在东方上空了。

第八章　阴谋——残酷的迫害

（一）

曹雪芹降世的年月，无论他家庭内外，还是朝廷上下，都是正处在一个异样的前所未有的恐怖局面之下。胤禛自从康熙六十一年十一月夺位之后，颁布了数不清的紧急命令，对政治、军事、宫廷，各地方人员都进行了周密而严苛的清洗、变改、防范、警告。总括地说，他一方面宣扬他对亡父康熙的“孝”，一方面做出反对康熙的具体措施。例如宫廷之内，康熙生前最眷爱的宜妃（生有两位皇子：胤祺、胤禟），受到了刁难，她的亲信太监们都分散充发到南北最边远的地方去受折磨。康熙帝自己最亲信的大太监梁九功，心知万不得活，与其受胤禛的惩治，不如自寻一死——他悬梁吊死了！宫廷之外，诸敌对皇子及其党羽亲朋，无不遭到残酷的对待。最令人惊奇的是，这个最“孝”的新皇帝，一旦掌权，首先释放了康熙圈禁的犯罪宗室。尤其惹人注目的还有他立即解除了鳌拜的罪籍，而且将他的子孙加以封爵。

很多的“政治措施”，不能在此细列。我们关心的是对曹家有生死关系的人物在此时的处境与遭遇——这讲起来也就不是几句话所能说清的了。

雍正新朝，首先遭难的就是曹家的至亲，曹寅的妻兄、曹頫的舅舅兼“监护人”李煦。

李煦，祖籍山东，但从明末起，父亲被俘，归入了满洲，做了皇家奴隶，几乎一切身份和经历都和曹家相同或相似。李煦先是继曹寅做苏州织造，然后又与曹寅轮换交替做两淮巡盐御史。为人极好，多做慈善之事，几十户贫困饥寒之家，几十个穷苦无依的孤儿孤女，都是他一力养活。其他救困济人之事更不胜数。因此人称“李佛”，意即如同佛的大慈大悲、救人苦难一样（这是那时中国人对佛的观念）。他和曹家一样，要应付诸皇子的勒索，应付皇上的多次南巡，同样“亏空”了官款。等到胤禛得势之后，心知李煦也是敌对者胤禩一派的附属人物，便借“亏空”的罪名，先下手要惩办这个年老的内务府奴隶——康熙帝的亲信之一。

对于“亏空”公款，应当说明一下：康熙帝后期，由于多次出巡，地方官皆因应付这种巨大的场面而欠下了公款（即挪用了库银），康熙帝明知其故，不好认真追查，又素来为政较为宽厚，恩多罚少，官场风气也乘势出现了弊端，这是事实。如他曾屡次告诫曹寅：两淮盐务亏空甚巨，关系重大，也会累及子弟（本人死了，也要子弟负责清缴），嘱他万分小心！但是雍正新朝的查亏空，明是为了澄清吏弊，暗里却是借此打击敌对党羽，并收获惊人数量的金银珠宝。可谓一举三得了。

举一个例子：胤禛刚夺了位，就责令秦道然缴出白银十万两！秦道然是名士秦松龄的儿子，官居翰林院编修，不幸因教皇子读书成为胤禟的师傅，这就给以罪名，说他教导无状，且代管家务，骗诈外人，勒令交银十万两充军饷。结果，两江总督查弼纳仅仅追得现银一千七百两，田产折变，也够不上勒缴的十分之一，总督要斩首，雍正“开恩”，不让立斩，命令监起来继续追银！

雍正“改元”，新朝第一年，就大张旗鼓地让查弼纳查办李煦的亏空了。

等到夏天六月，内务府做了报告，其内容是：

（1）李煦亏空共银三十八万两。

（2）其家产估价十二万八千余两。

（3）尚欠二十五万余两。

（4）家属十五名口，由总督逮捕。

（5）协助李煦办事人沈宜士，一并解送到京审办。

沈宜士是一位诗人，也是救困扶危的善德士人，被人称为“笃行君子”，而不幸受到牵连。

到八月，雍正又命将李煦“家物”折银补欠，将房屋（后来还又加上家口奴仆）都赏给助他夺位的大功臣年羹尧。

李煦下了狱。

曹、李两家，实如一家人，骨肉相连，筋脉一体。曹家人此时看到李家的事态，早已明白：这也就是自家不久即将临头的命运。

李煦此案的审处，一直延续到曹雪芹降生以后，方见发落。

（二）

第二年，闰四月二十六日这天，曹雪芹呱呱落地。

此时此际，这小婴孩的舅爷李煦一家，正在火坑里挣扎。那么这一天他父亲曹頫正在做什么呢？说来真巧，历史文献竟有记录。那天，曹頫又在恭楷缮写奏折，向雍正报告，江南三处织造曾奉康熙之命将宫中存积人参共二千三百余斤，命在江南出售，至去年三处已将售银缴齐。在京城内，内务府也有新皇帝谕旨的档案纪载：雍正认为，人参售价太低了，其中必有隐瞒弊端，责诘内务府，命令严查！

确实的，这个新生婴孩的来临，并没有给他一家人带来可以缓解焦愁恐惧的任何可喜的兆头。

（三）

这年，从七月二十四日，国舅、太保、尚书、步兵统领隆科多——帮助雍正夺位的两大功臣之一，特为审治李煦一案题奏请旨。

原来，雍正因见江南总督查弼纳呈报了一份极其详细的长篇奏折，报告严查李煦的一切结果。雍正于二十二日下令，命大臣会议商办如何处置。隆科多领衔题奏会议的结果。

这一大案，不但内情与曹寅息息相关，其实也展示了曹家的景况与命运。对此，我们是不能视同题外之事而无动于衷的。

隆科多根据查弼纳所报，转奏详情要点，今日讲起来，犹觉令人不寒而栗，而且深深慨叹——大略有以下几点：

一、苏州织造署的两侧，李煦建造了行宫两座，共房屋五百二十间。因为这是为了康熙帝南巡而设，雍正等人不好指为罪名。

二、康熙帝赐给李煦御稻米，李煦买地种植，查获二百八十石。暂时无罪可定。

三、李煦父子、家人等名下的田宅、器物、香炉、古董、字画等，抄没折银十万九千两。

四、抄没真正家口一百五十人。

五、但雍正于元年六月，仍批责查弼纳，说他查办不严，责令连已死家人也要审办其子弟——认为都是“富户”。

六、雍正称言李煦是“行止不端之人”。前文已述，这是政治语言，已暗示李煦在皇子争位事态中，不属于雍正一党。

七、责令再行严办。结果，京、苏两地一切财产合折十二万八千余两，尚欠亏空二十五万余两。

八、雍正又以为李煦之家人及盐务商人等皆为李煦隐匿了财产。

九、遂又严刑夹讯李煦之子李鼎、重要办事助手人员沈宜士、重要家下人等多名，备及苛细！——这要追忆李煦几十年间的数不清的各种帐目，而李鼎等人的记忆力之清楚过人，真可惊佩。结果，他们主仆等多人在严刑下的供词，完全一致，使得审案人员别无计策可施。

这一群被捕的无罪人在折磨下所供实情又是如何的呢？请看——

（甲）康熙帝之所以特派曹、李轮任两淮盐务，原是知道他们织造任务内应差事多，亏累甚重，故此以盐务每年例有盈余银用以补织造亏空。除补亏外，最末一年以余银一千万两捐献，以充国家的巨额军饷。

（乙）从此以后，自家生计窘困，还要时常应急要的官差。

官差是什么？就是我上文说的宫中、诸皇子、权贵等都向江南曹、李二家索要款项、珍物，甚至人口。还有其他种种差使。

（丙）不但如此，李煦也得替盐商们代补拖欠的巨款（该交纳的未缴足，虚报的实未有实款入库）。历年达一百万两之多。这都是康熙帝知情并批准的。

（丁）亏空的另一重要原因是局外人难明的——原来盐商们缴款，向来以七十、八十、九十两充一百两，而且，缴银时过秤，向例是短秤。而李煦向京中户部交银，却需足银足秤。这样，公事账目上的银子是错不得的，李煦只好自负亏累。

（戊）严讯家人，众口一词：主人李煦生计困难，拆东补西靠典当维持。

（己）主人李煦绝无财产可交家人、商人隐匿之处。

这样的一个清代皇家奴隶，外表赫赫扬扬，内中苦不堪言而不敢明言！到此，一家大小，还要遭受如此的对待。

再看看江南总督抄家的清单，那更是令人伤心惨目！

（四）

被雍正在他改元的头一年正月就先下手收拾的李煦，在江南做织造、盐政三十年之久的“肥缺”“豪富”之人，其家中物事，竟然如此，几乎没有一件真正够上品级的贵重之品，这在当时的权贵之家看来，简直是一堆“破烂儿”。没有当时奏进的清单，谁能相信呢？

估量李煦这样人家的家产问题，我想历史学家都会有一个比较，不能用一般人的“标准”来看事情。乾嘉之际的和珅的抄家清单，不用说了，连和珅的家人，也比李煦阔得多。至于满汉大官们的房地产、金银、宝器，那就更没法比拟。年大将军除了被“赏”的二百多间房之外，只挑了一些缎匹、珐琅陈设以及硬木家具，别的就再无可要的东西了！这一点最能说明问题了。

查抄李煦的奏折内，最后还列入了一项极特别的“人口”，是那“跟随李煦之孤儿十五人”。对他们处置发落，是“此等男女孩童既在苏州，可暂留于李煦处”，以俟总督的下一步奏折来时再议。

既言“孤儿”“跟随”，显然既非奴婢（家生子），亦非优伶，而是无依无靠的儿童，为李煦所收养者。李煦在江南，有“李佛”之称，可见能做好事，为人所念颂。诚悫朴讷的江南文士李果，说李煦除了尽一切心力照顾所有弟侄的困难之外，他的手下的笔帖式等身殒而欠下库银的，都为代偿，并且“故交子弟，单门寒畯，待以举火者，更数十百家，贫者给絮帱（御寒衣被），死而不能殓者助葬殡……”李果为了表一表李煦的为人，冒着风险，撰文悼念，自言为了使后人考信不诬，不敢有一言之溢!、十五名孤儿跟随李煦的缘由，不是也就得到了说明了吗?

李煦的家人“鲍子”夫妇，其子“四贵”夫妇，及婴儿一名，列明“折银五十两”。这就是“人”的价格和命运。史料不“说话”，我们同样也是不会相信的吧?这十五名孤儿，身份不同于奴婢，但又是未成年的孤童幼女，“价格”何似?不敢妄揣。另有档案也曾说明，李煦获罪，“人口”变卖，在苏州年余之久，“无人敢买”！这又是何等的恐怖气氛！这十五名孤儿，后来如何?读史至此，令人为之掩卷以思，废书而叹。

（五）

但是，最让人感叹的，还是隆科多等大臣们奏报的结论，那就是：李煦的亏空，除抄家折价外，尚欠“公款”二十五万一千五百二十三两，也全是商人历年少缴、虚报的拖累。商人们见李煦落到如此惨境，天良发现，都愿替李煦偿补。

七月二十四日隆科多正式题奏的主要内容是盐商等情愿承担赔偿三十七万八千八百两。雍正也批了“依议”。但到了十月中，内务府奏报李煦家口，并看不出罪名有何显著轻减。请看李煦家下诸人的命运：

一、李煦家属并其附属人等家口共二百余人，在苏州变卖，因南省人民知是旗人，无人敢买，已经一年之久。

二、经请旨，着解送内务府变卖。全数到京二百二十七名口。

三、解送途中，男、妇、幼女各一名，因病死亡。

四、将李煦本人家口十名交李煦。其余拟交崇文门监督变卖折价。

雍正批示说：大将军年羹尧人少，着年拣取，其余变卖。

不但如此，到十一月初，内务府又据现任江宁织造胡凤翚查出：李煦承种早熟红稻积至三千石，现存一千石有零，其一千九百九十三石为李煦用过，也要追赔。

由以上残存的史料可以看清：李煦原是一个无罪可指的好人，雍正咬住他不放，首先是政治原因，其次是想借此“豪富”之家发一笔私财——做了皇帝，虽然“富有全国”，却也是很有私房积财之欲的。李煦无辜，处在历史给他安排的绝境里。

中国有句古话：“欲加之罪，何患无辞？”曹、李两家的“加罪”于身，雍正自然是“振振有辞”的呢。

（六）

至少从本年起，曹頫已被交与怡亲王胤祥看管。他因恐惧焦灼，便向京中有力的亲友中求门路，企图托情。

已失落月份日期的一件曹頫“请安折”的末尾，雍正朱笔批道：

> 朕安。你是奉旨交与怡亲王传奏你的事的，诸事听王子教导而行。你若自己不为非，诸事王子照看得你来；你

若作不法，凭谁不能与你作福。不要乱跑门路，瞎费心思力量买祸受。除怡王之外，竟可不用再求一人托（拖）累自己。为甚么不拣省事有益的做，做费事有害的事？因你们向来混帐风俗贯（惯）了，恐人指称朕意撞你，若不懂不解，错会朕意，故特谕你。若有人恐吓诈你，不妨你就求问怡亲王，况王子甚疼怜你，所以朕将你交与王子。主意要拿定，少乱一点。坏朕声名，朕就要重重处分，王子也救你不下了。特谕。

要懂得这份“特谕”的“意义”，我们就必须对怡亲王先有一点儿了解。

胤祥（1686—1730），康熙帝的第十三子。此人似乎在皇子争位诸般矛盾中不甚活跃，没有野心，也没有依附胤禛的敌对党，所以特受雍正的亲信荣宠——雍正也需要拿一个弟兄做榜样，以便粉饰他毒害手足同枝的罪恶，希图堵塞舆论之口。胤祥封了怡亲王，并特赐世袭爵位。胤禛做了皇帝后，不但“禛”字是万万写不得的，连“胤”字也不许人写，而独下令允许胤祥可用原字原名。胤祥一生，以治河出名。他的老府后来舍给佛门改为贤良寺——此寺在北京东城煤渣胡同内，我本人旧年常常路过此寺，看得见寺庙特有的红墙；可惜近两年已被拆掉，改建了一座豪华的大饭店了。胤祥家富有藏书，多有善本，誉传海内驰名。

胤祥的第七子名叫弘晓，袭了王爵，却是位有名的满族诗人，以别号“冰玉主人”闻名。他家也是一门风雅。弘晓的四兄弘晈，封了宁郡王，此人十分重要。

看来，曹頫一家似乎明白胤祥向来躲避政治麻烦，对曹家虽然还有关注之心，但遇重大关节上，也未必肯真正出力来保护他，因而并没有一心投靠怡府门下，而是急切地想走另外的得力之大权在握、正受宠任之门。

这是谁的门路？

答案将在后文揭晓。

（七）

雍正的这个特谕，言辞不多，内涵丰富。我们既然不能“破译”他的全部含意，但至少可以从中悟到三点：

第一，曹頫此时既然被撤销了直接向雍正呈递密折的权利——像曹寅向康熙帝奏事那样，那简直是家人骨肉一样的亲密关系（清制：官员向皇帝有所陈请，须正式呈文，叫做“题本”。曹寅那样的奏折，是皇家“内部”的事，不与一般官员的公开性“题本”相同），曹𫖯如有奏折，须由怡亲王转递，而且性质自然也等于半公开的了。这说明雍正眼中的曹家，与亲信家已大相殊异。

第二，从雍正上台，对曹𫖯百般苛责、刁难、威吓，自然有谀附雍正的爪牙向曹𫖯施以压力，希图得到“好处”。这个，精干的雍正心里明知，可是他还得百计维护自己的名声——这名声很不妙，就是他专门“整”人害人，抄人的家，使人家破人亡，陷于绝境。因此，雍正在刁难曹𫖯的同时，还要表示他的“宽厚”的恩典，说是提防有人假借他的名义去撞骗曹𫖯的“财富”。

第三，“坏朕名声”，其内容实际包括的还要多得多。这个自然牵涉到曹家本是皇家奴仆，对康熙老皇帝及诸皇子争位的勾心斗角的一切内幕都了如指掌。这种“包衣下贱”“卑鄙小人”（雍正骂曹、李等人的使用语言），虽然身份不啻泥土之贱、芥豆之微，却十分麻烦，须小心对待，百计提防——他们会有意无意地把他的不可告人的私密“泄”于世人。

（八）

曹雪芹出生的这一年，实在不是一个寻常的年头。

这一年里，发生了很多的大事。

这年，曹頫的大姑丈傅鼐升了汉军镶黄旗的副都统，不久又擢升兵部右侍郎（副长官）。傅鼐是曹家的一门至亲，也很得雍正的重用，以后还要讲到他。也许由于这些人的关系，曹頫没有像李煦那样立即遭到更大的灾难。

曹雪芹出生的这个月份（闰四月），雍正下令建立左右翼（八旗分为两翼）宗学各一所。这是为了“教育”宗室子弟的专门学校，雍正的目的是借此控制宗室的反对思想。有趣的很，到了大约三十年以后，曹雪芹竟然与右翼宗学发生了关系，我们将会讲到这些故事。

本年的大事中，与曹家直接有关联的，就至少有三件特别重要的需要叙明：

一是敦郡王胤䄉得罪的事件；二是大将军胤禵的境遇；三是废太子胤礽的“病故”。

胤䄉是康熙帝的第十子。他封爵是敦郡王。他的王府坐落在北京地安门外什刹前海的岸边，是一座规模弘阔的明代老府邸。本来是给吴三桂的父亲吴襄住的——吴三桂是明朝武将，降了清朝，打败了农民军李自成，农民军走后，北京才得为清朝占用的。但吴三桂后来又叛变了，这座府当然就成了空着的废府。但是清代皇家的后裔和附近老居民都说：这儿就是曹雪芹小说所写的“东府”（宁国府），往西隔着一条小巷就是“西府”（荣国府）。

这就有趣极了，奇妙极了！

自从康熙四十七年（1708）太子胤礽初次被废又行复立，他父皇十分高兴，就同时分封了诸皇子，胤䄉的敦郡王，就是此时所封，封后即行分府——就把吴襄的废府给了他做郡王府。但这“敦郡王府”的寿命不永：它只存在了十五年，到1724年就又“消失”了。

胤䄉是雍正下手严惩的他的第一个弟兄。

胤䄉本来也是胤禩一边的人物。雍正对他们一群人的手段首先是分散隔离，就派胤䄉到长城口外去。胤䄉知道这是毒计，不肯前往。这当然就构成了抗旨的大罪名。

雍正单单命令胤禩来议处胤䄉之罪，要验看一下胤禩如何处置——处置不好，当然可以就势加罪于胤禩。胤禩为雍正两次逼迫要定胤䄉之罪，无奈只得拟议：革郡王、撤佐领（所属兵丁实力）、籍家产、永远禁锢。雍正故意不依，又命诸王、贝勒、大臣议拟。众臣为了逢迎他，所拟之罪惩与前议一致，雍正又明言胤䄉与胤禩、胤祯一党，故特交胤禩办罪，以观其如何处理。及诸臣所议罪责太重，却又说：“惟欲朕将伊治罪，以受不美之名！”

雍正的这种“谕旨”，词意刁狡的程度，叹为观止！——当然，这除了表明这个政变阴谋家的手腕恶毒以外，也正反映他的害怕天下舆论力量的阴暗心态。

还有，从这种事态也可看清：此时在雍正权势之下做“官僚奴隶”的人们，是怎样地惴惴惶惶，左不是，右不是，动辄得咎，朝不保夕的灾难性处境。

第二件，雍正夺位后，立即将胤祯从西北军中召回，至此，遂命他到康熙陵墓去“守陵”——这等于远远地打发到一个冷僻荒凉之地去变相软禁，使其丝毫不能作为，但是名义正大堂皇，试阅其谕旨一段妙文：

> 皇考陵寝，关系重大；若照定例，止派总管等守护，朕衷实切不安。朕意于朕兄弟内酌令一人，封以王爵，子侄内二人封以公爵，用代朕躬，居守山陵。

这真正是使人哭笑不得！这是七月的事，以后还有下文，但我们须留待后章再叙。此时应当指出的则是：胤祯的府邸，很可能就是与胤禨府紧邻的那座“西府”。胤祯的孙儿名叫永忠，后来还住在这一带地方，并且他为曹雪芹的小说题了诗——也是自有《红楼梦》题诗（其数量惊人的多）的第一位诗人。此外，前文已经提到过：曹雪芹的姑丈纳尔苏，就是胤祯军中的副手，而纳尔苏的长子福彭（小平郡王）日后对曹家的命运关系极其重要。

第三件，本年的腊月，废太子胤礽在禁锢中“病故”了。雍正消除了又一件“心事”，但为了做给人看，特封其子弘晳之母为理亲王侧妃，照顾眷属子女，又要亲往祭奠。诸王大臣“合词恳请”皇帝不要亲祭（礼数太重了），雍正却说：“朕今往奠，乃兄弟至情不能自已，并非邀誉也。”哎哟！这可真是“此地无银三百两”，哪个不怕死的人说过“万岁爷”是借死人（仇敌）来装蒜骗鬼呢？！

可是要记住：弘晳这个人，对曹家也是个生死攸关的祸首。

这一切，在襁褓中的曹雪芹，自然不会“梦想”得到，但他父亲曹頫，虽然还很年轻，可也会在关严了房门时，思前想后，不禁对这新皇帝的丑恶表演，狠狠地向地上吐一口鄙夷恶心的唾沫吧。

落在这样一个恶魔掌中的奴隶之家，寝食难安地等待着随时可以临头的大祸。这新生的霑哥儿，虽然带来了一场甘霖透雨，可是没有发生任何别的好兆头。

“不祥之物！”婴孩的父亲心上罩着一万重浓厚的阴影。

第九章　“来历不小”

（一）

古老的中华民族，有自己独特的人生哲学观，也有自己独特的生活习俗。这个东方文明古国，由于立基于农耕生产，男子劳动力极其重要，因而也极受重视。他们又是重实际的民族，不尚空想幻想，对人的诞生与去世，视为最重大的事情，古语即云：“死生亦大矣！”因此，男孩之诞生，之成长，是一个家庭或家族的头等要事。一个男孩出世三日，家里便要举行全家与至亲的“汤饼会”，名曰“洗儿”。汤饼会就是今日所称的“面条儿”的宴会，其意义是象征和祝颂新生儿的长寿。等到小孩长到一百天，又要举行“百晬”的庆贺节日活动，今日“百晬”都写成“百岁”——因为谐音的关系，这个名词便有“寿永百年”的吉庆意义了。

但是，更重要的还是“周岁”，即小孩活到了生辰一周年的日子，要隆重庆祝，亲友齐集，热闹非常。在这一天，有一个很有趣的风俗，叫作“抓周”——这是用一个花纹美丽的漆盘子，内中盛着各式各样的器物（小型玩具式的模仿品），放在孩子面前，让他抓取。据信，这孩子抓的东西，就预示着他日后长大成人的志趣和事业。到了雍正三年的四月二十六日这天（闰四月生人，只能以次年四月为周年期），曹頫家里自然也给周岁的霑哥儿举行“抓周”礼式。

在此时，曹家的人们都会追想一桩历史佳话：他们的宋代祖宗，开国元勋武惠王曹彬，曾留下一段美谈，以至正式载入了《宋史》官书之内。人们都知道：曹彬幼儿时，举行抓周礼，大家只见这小孩对那百般物件一概不顾，一手抓起一支戈来（古代长柄兵器），跟着另一手便抓起一个金印（高官的标识）！家人大为兴奋，说这孩子将来是武功盖世，官居极品。也许是巧合吧，曹彬后来真的成为宋朝第一位大将军，官做到枢密使——最高军政长官。

那么，这样不凡人物的后裔，应该尚有“祖风”，至少小孩的父母是如此企望的。在座的亲朋，也一齐睁大了眼，静观此孩（曹雪芹）会抓起什么来。

《红楼梦》的作者曹雪芹很了解他祖先的那段故事，因而便在小说中用上了这个典故。什么叫典故呢？中国的文学家十分喜欢的一个独特的艺术手法：借用古代的某人某事来比喻当前的主题情景；由于中国文化历史特别悠久，杰出人物的名言懿行事例特别丰富，而中国文学家没有一个不是读书万卷、博闻强记的高智者，所以他们喜欢用典——只须运用几个字，便能显示或含蕴非常复杂而有味的内容。用典，又有明用、暗用、正用、反用之分。

我们的曹雪芹，就在他小说中叙说主人公贾宝玉降生一年“抓周”时，暗用反用了他祖宗曹彬的典故！

……雨村笑道：果然奇异，只怕这人（指贾宝玉）来历不小。子兴冷笑道：万人皆如此说，因而乃祖母先爱如珍宝。那年周岁时，政老爷（宝玉之父贾政）便要试将来他的志向，便将那世上所有之物摆了无数与他抓取。谁知他一概不取，伸手只把些脂粉钗环抓来。政老爷便大怒了，说将来酒色之徒耳。因此便大不喜悦……

你看，这就是曹雪芹在暗用反用他自家祖宗曹彬的典故，巧妙地暗示了大家对他的误解与冤枉——说他是曹门的不肖子孙！不肖，就是中国语文里说一个人不像他祖父先辈，败坏了门风。

这个“不肖”，就是当时世俗社会对幼少时的雪芹所加的“定评”，也是他一生为人的特色。你看《红楼梦》在贾宝玉初次出场时的那《西江月》词：

天下无能第一，

古今不肖无双！

这“不肖”，里面包含着这部小说伟著的基本因子和色调。

（二）

按照满洲风俗，小孩下生七日，他的外家（母亲的娘家）就要送来贺礼，礼品包括摇车、衣袜……小儿用品。但是也还有一种更有趣的东西，即金银麒麟。

这就需要知道中国对幼儿的装饰的风貌；那衣服鞋袜（如虎头鞋），女子手工，工艺之精美，可以使人瞠目咋舌，惊叹不已！还有佩饰——小孩的脖项上、身上，常常佩戴着几种物件，又是装饰，又有“保护”作用。曹雪芹这样家庭，给孩子戴的至少有项圈、寄名金锁、护身符等物件。那时候怕孩子长不大，病恙夭亡率很高，圈、锁是取其能够圈住、锁住，不被死神夺去生命的意思。锁和符，这是花了钱由僧道寺观中赠送，名义上把小孩看作是他们宗教中的挂名的弟子（因为多病而难保成长的孩子甚至是真的去寺庙里“出家”的，以为这样就能保住性命）。

除此之外，当然还会有某一家庭个别的习俗，比如小孩的父祖长辈赐给一件珍贵佩饰，也是常有的情形。曹雪芹项上，大约还有一块小小的玉佩。

玉是古老中国最为珍视的一种宝石。中华民族是一个有高级审美和艺术创造的民族，她从远古就能观察到玉的多种美：本质的美、纹理的美、色泽的美、声音的美、触感的美，甚至能体会出玉具有高尚的美德。因此身边佩玉是中国特有的高雅风俗。

古时有一种玉饰，形体不太大，上面镌刻着吉庆和避邪除灾的字句——也就是一种“符咒”的性质。把这样的小玉饰挂在孩子的脖颈上，当然是最好的打扮与祝愿了。曹雪芹幼儿时，正有这样的玉饰作为他心爱的小“伴侣”。

这件事，从《红楼梦》中所写的贾宝玉的“通灵玉”来寻其意味，就可以晓然了。十分可能的实情是：幼儿雪芹时常喜欢把这块佩玉含在口中（幼儿总是喜欢把他手中的东西往嘴里放）。带养看守他的嬷嬷、丫环等，为了增添讲话的趣味性，就凭想象编了一个“故事”说：这块玉是你一下生就从你口中带来的！它是一件奇品，也是一件神物，代表着你的好形质好品德以及好命运！你万不能丢了它，丢了就要发生不祥的事，或是灾难。

这种话印在了幼小的雪芹的脑中，由此才产生了他长大后写小说时的一个奇异而美妙的神话性的开端：贾宝玉是由一块大石变小玉而投胎入世，幻化为人的。

最不幸的是，曹雪芹的这块意蕴丰厚的玉佩，后来果然因为事故离开了他的身边。这个不幸的“兆头”，无疑使他心底里泛起更丰厚的文学联想，成为他写作小说的一个极为重要的象征和表记。

石头——通灵宝玉——贾宝玉——曹雪芹，这四者之间的极微妙的关系，如果不明白古老中国的小儿佩饰文化，那就很难理解，也无从欣赏其间的意味了。

（三）

当这个小孩在“抓周”那一天，即雍正三年（1725）的四月二十六日，恰巧赶上也正是芒种节日。中国古老的农历，把一年分成二十四个节，芒种乃是立夏以后的第二个节。这时从进入夏季已经过了一个整月，可是天气还不算很热，麦子已成熟或收割中，各种果蔬都在“换季”“荐新”的时节，连人们的衣装也正是刚换夏衣，到处一片清新（而不是酷热）的感受。这是一个美好的节气。小孩生在闰月，照规矩他的第一个生日就是四月二十六日了，而这个芒种节，却无形中成了他的生辰的特殊标志。

在中国，尤其是北京，晚春的花，如芍药、牡丹，往往要连上初夏，还在盛开。但到芒种，重要的名花却都开过了。一时显得相当地寂寞——正如诗人所说的，那是“绿盛红稀”的景象了。因此，在曹雪芹日后自己想来，似乎芒种节是花神离退的日子，而他的生日，有点意味着是给花神饯行的时刻。

这一点想法，当然很有些奇特，可是在他自己的（诗人式的）感觉上，确是如此，并且这也就是他的命运的解说：美好的春光已逝，百花凋谢已尽，他是以一个专来“饯花”的悲剧性角色而降生到人间的——这也正是他的“末世感”的另一表达。

在《红楼梦》中，那第二十七回，写的正是四月二十六日，芒种节日，众女儿在花园中举行饯花盛会，其实这是与他的生辰相关的重要情景。

（四）

周岁的小雪芹，有相当的时光还要在满洲式的摇车里度过，听着嬷嬷给他说唱悦耳的儿歌，将他引入温馨的梦乡中去。他还不能感受到，在他梦乡以外的人世间，正在经历着一个接一个的惊涛骇浪。

他父亲曹𫖯的奏折，除了照例的没有多大意义的晴雨、米价报告外，几乎不见再有了。这似乎说明了我在上文推断的：他已无权直奏给皇帝，没叙“家常”的情分了。他有一个伯父叫曹颀，在宫内充当茶房总领，不知怎么当差当得对了雍正的心意，使“万岁爷”龙颜大悦，在五月末传旨赏给房屋五六间——这几间房，坐落在现在东安市场北边的一个“烧酒胡同”之内，这一带属于东安门外，多有包衣人居住。看来，本年的曹家一族，还平安无事。

但是，朝野上下，风波险恶，雍正正在为他的统治宝座费尽心神，忙得日夜难安。

一方面，他要控制知识分子的反抗思想。在这方面可举二三事例：

曹雪芹出生的次年，浙人汪景祺以所著《读书堂西征随笔》获罪，书中诗文“讥讪圣祖仁皇帝（康熙），大逆不道”，立斩，妻子发往黑龙江为奴，期（jī）服亲的兄弟侄儿等，俱发遣宁古塔（今黑龙江宁安县属），五服以内的族人，俱革职交地方监管。又次年，礼部侍郎查嗣庭，典试江西，出题有“维民所止”四字，竟被解释是取“雍正”二字而“去其首”，又搜查出日记两本，多有直议时政之文，因此加上了“逆天负恩，讥刺咒诅，大干法纪”的罪名，革职拿问，瘐死狱中，还要戮尸示众；儿子处死，家属扫数放流。又隔了一二年，已故的陈人吕留良所评选、著作的诗文日记被指有“夷夏之防”“井田封建”等思想，并讪议时政，父子皆剖棺剉尸枭示，孙儿一辈发往宁古塔为奴，牵连者都获重罪。同时，革职遣戍的工部主事陆生柟因著《通鉴论》论封建、论建储、论兵制、论隋炀帝而“罪大恶极，情无可逭”，即在军前正法；革职遣戍的御史谢济世因注释《大学》有“拒谏饰非，必至拂人之性，骄泰甚矣”的话，指为“讪谤”，亦几乎被军前正法（后赦回罚充苦差）。雍正并“御制”《大义觉迷录》，颁发全国，“教化”官民人等。

这个《大义觉迷录》是一篇又臭又长的绝世妙文。当时以为凭这能“教化”官民人等，可是后来发觉它所起的作用很不美妙，以致又偷偷地将它“收”起来，密令地方官销毁，禁止流行。

另一方面，雍正的政治军事措施，也忙得不可开交。

这年的正月，派了都统楚宗到西宁去监管已然流放在彼地的廉亲王胤禩，胤禩表示已将出家离世。二月，一道冗长的谕旨"数落"胤禩、胤䄉的"罪行"，透露他们秘密通信，曾拟举事未成。三月，雍正颁了一道上谕，说是廉亲王胤禩每事都专门要烦扰他的"心思"，阻挠他的"政事"，"惑乱"众心，"专欲激朕杀人"！这已逗出消息：皇帝在制造"舆论"，为杀胤禩做准备了！到年底，胤禩革去亲王，严行禁锢。再到第二年，胤禩、胤禟都被废除皇族，革为平民，并在秋天相继死在禁所（只隔十余日），一在西宁，一在保定。世人皆知，这并非病卒，皆是死于非命。

还应提到，忠诚支持胤禟，一同流放到西宁的，却有一位葡萄牙传教士名叫穆敬远，教给胤禟用西洋字母密码通信。

这二人的"一党"之人，没有一个幸免于难的，即使二人已被害死之后，整治铲除余党也并未停止——这就又牵连上曹家、李家了。

这个方面是雍正死敌的大事，已经叙之难尽，谁知另一大事发生，同样是天翻地覆的变故，也同样是曹家灾难的根本因素之一。

这要回到“年大将军”和“国舅”两人的身上来讲。

这两方面的两种大案，在清史上是有名的，学者称之为“禩、禟之狱”与“年、隆之狱”。但是向来的清史学者们很少有能想到这一切会和《红楼梦》的作者有着不显眼的然而却是所关非细的联系。

（五）

年羹尧被小说家注意过。比曹雪芹晚些年的另一位八旗小说家名叫文康，受了《红楼梦》的影响，写出了一部《儿女英雄传》，其目的是处处事事都“反”那享名的曹氏巨著。文康把年大将军写进他的小说中去，化名为“纪献唐”。文康这部书中最有魅力的女主角十三妹，是位武艺超群的女侠客，她却是年大将军的仇人——年害死了她的父亲，她誓要报仇雪恨。可见当时骄横欺人的大将军，也做了不少坏事。这十三妹正和中国民间盛传的另一位入宫刺杀仇人雍正的吕四娘一样，反映了中国妇女中的一个不凡的类型。

年羹尧，镶黄旗人，虽以“大将军”闻名，其实也是“进士出身”。父兄都是巡抚大吏。他家与雍正的关系是：康熙年间分封皇子时把他家所属的那个佐领，拨给了胤禛（雍亲王），成为主子与奴仆。清代制度，奴仆的女儿往往做主子的姬妾，或被选入宫成为妃嫔。年羹尧的一个姐妹，就是这样而成了雍正的侧妃。这关系就不一般了。

雍亲王制造政变时，年羹尧正做川陕总督，掌握西北大兵权，对全国政局举足重轻。但胤禛要用他，又对他深怀猜忌，因为深知他是个很复杂的人物：他对收复被侵的西藏和平定边境吐蕃叛乱属有功绩，康熙帝是重用他的；但他实际一度倒向在甘肃的抚远大将军胤祯，背叛了旧主胤禛。胤禛在夺位前后，为了监制敌手胤祯，利用了他，因而不断用甘言蜜语来麻醉他——那些令人肉麻"灌迷魂汤"的话，简直是市侩都不说的丑词，完全丧尽了中国历来的君臣之间的那种严肃、庄重、儒雅、谦退的传统。封了他一个男爵，令他儿子袭爵。昏聩的年羹尧，哪里是狡猾阴险的胤禛的对手，中了他的计策，日益骄纵起来，连王公大臣们都为之侧目了。

雍正正好借此把他除掉。

因为年的奏折上一句颂圣的夸语给写颠倒了，雍正一下变了脸，指斥他是嘲讽。从此一变过去的肉麻赞词为严酷的斥责、讥嘲和恐吓！

年羹尧方知不妙，开始种种卑词乞怜，表示效忠，希图苟免于罪，但毫无用处了。结果，众臣（包括至交）为了预防连累，纷纷弹劾他。这样，雍正便将他从大将军一直贬降到普通旗人，“收集”成“九十二条大罪”，把他逮捕来京，最后囚在胤禩的废府——“东府”里。

年的大罪是：贪污受贿，强占蒙古王公之女为妾，秘与胤禟通信，怀有“逆谋”……这件大事，牵连着西洋教士穆敬远。（顺便一提，年之兄年希尧，是受教士影响，成为数学家，有多种著述；又从意大利人郎世宁学西洋画法透视学，也有专著。这都属于康熙时代中西文化交流的内容之一。此外，他在官时监制的瓷器，特别精美，有专称叫作“年窑”，现在已成了稀世珍宝。）

年的结局是新皇帝夺位成为“天子”的第二年年底，特别“洪恩”，不用刀杀他，勒令他自尽了。袭爵的儿子问斩了，别的儿子都充军远地去受罪了。

这年十一月，年的姊妹的那位雍正侧妃，也“病故”了。大约是难以活下去吧。

（六）

年羹尧的下场，对我们的主题有何干涉？

你应该不会忘记：曹家至亲李煦一家的若干“人口”，赏给了年大将军的事吧？

这些可怜的无辜者，从李家到年家，又一次尝到了“地狱是多层”的滋味。

但是，在这同一年之中，雍正的另一大功臣隆科多也开始失宠了，他的步军统领——俗称“九门提督”的极其重要崇盛的职权（凭它控制北京城，帮胤禛得逞阴谋的），也被解除了。隆对曹家的关系更是重大。不过对于他的事，我们将在后文再叙。

至于从年羹尧之大案而影响到一家宗室的命运，其事更奇！这家宗室后来出了一对兄弟诗人，都是此时周岁小儿曹雪芹将来的至交好友。这更是新皇帝所梦想不到的“后患”。

历史在捉弄文学巨星曹雪芹的命运，可是曹雪芹的出生历世，使其成为向那个“历史”挑战和揶揄的英豪、深思与高翔的哲士。

第十章　满洲旗下的内务府人

（一）

曹雪芹周岁那年的腊月，内务府所属的一大批人，胆敢“造反”，闹出了一桩大事故。这使得雍正对内务府的奴隶们，更加怒恨交加。

落世才一年多的曹雪芹，怎么也不会明白：他一下生，就命中注定了一个“奴籍”，因为他家世世代代是内务府人。他是长大以后才体会什么叫“奴才”，什么是内务府包衣的。

因此，我们要讲曹雪芹的一生，实在不能不先把内务府的来历和性质再加讲解。这对于今日不明清代制度的读者，特别是欧美西方的读者，尤为必要。

（二）

照旧日的俗话来说，曹雪芹是个“旗下人”，也可以叫做是“在旗的”；稍“文”一些，叫作“八旗人”，或省称“旗人”。这种历史名词的具体涵义是什么呢？这就得对“旗”先有个大概的认识。

旗，这语词还是明朝汉语，满语本是“固山”（译音）。旗，这物件本身原就是旗帜、旗纛的旗，可是在清代，这种作为军伍分队标志的旗，已经引申其义而变为军队编制上的一种代称了。明朝已有“总旗”“小旗”的名目，其性质已经是一种编制等级了。象农民军领袖闯王李自成，立号为“奉天倡义大元帅”的时候，曾自建白髼大纛，而于左营立白帜，右营立绯（红）帜，前营立黑帜，后营立黄帜：这制度在形迹上已和满洲的分旗极为相似。所不同的，满洲的固山（旗），又不仅仅是一种军队编制，而是合军政、民政、“家政”三者而为一的整体制度，极有其特点。满洲的贵、贱、军、民，后来都编入“固山”，受旗制的严格约束。

满洲旗制共分八旗，各旗身份地位不尽相同，我们也必须稍加了解。这种身份地位的不同，是由一系列的历史根源和发展而形成的。

最初，满人由于出猎行围（这是他们当时的主要生产和生活方式），每人出箭一支，每十人择一人为之率领，维持队次秩序，叫作“牛录额真”——所以到万历二十九年（1601）努尔哈赤（清太祖）本着旧有的习俗，分编每三百人为一“牛录”，设“牛录额真”为长官（后用汉名，称为“佐领”）。后来，以每五牛录为一“甲喇”，设“甲喇额真”（后有汉名“参领”）；每五甲喇为一“固山”，设“固山额真”（后来的“旗”和“都统”）。这就是“旗”的雏形和基本编制。又由于行围时队形本来也有组织：中间为“围底”，犹如中军、大本营；左右分二“围肩”，犹如左右翼；两肩末端为“乌图哩”，犹如所谓前哨；四处各有旗帜：中立黄纛，两翼立红、白二纛，翼尾立蓝纛，以为标志，便于指挥——所以到万历三十四年（1606），努尔哈赤便将军队在上述基础上正式编立了四旗制。到万历四十三年（1615），因人数日增（以满人为主，也包括着蒙、汉、朝鲜、俄罗斯等各族人），于是又由四旗扩充为八旗。旗的旗帜颜色分别是上述四色正旗、外加以四种原色为底而围以异色镶边的镶旗。后来，又迭加增编“蒙古旗”和“汉军旗”，原来的本部遂因区别上的需要而专称为“满洲旗”。实际是三类军旗各八旗，共有二十四旗。

曹雪芹家所隶属的，是满洲正白旗。

一般说来，非满洲血统而隶属于“满洲旗”而又是“正旗”的，都是资格很老的“旧人”。——这道理，看了上面的叙述就不言而喻，因为这种旗内都是归旗极早的人家。这种人家，由于和满洲关系密切，历年久远，其生活习俗，都“满化”得很深了，除了一两点表面标志之外，有时就猝然难以分辨了，——这种从辽东入关后的老汉姓旗人，如果渐渐改用汉人的习俗，会被指斥为“纵欲丧心”的。

曹雪芹家，正是这样的一户“老旧家”。

（三）

了解了上一点，还必须了解曹雪芹是所谓“上三旗包衣人”或“内务府包衣旗人”。

上三旗是：镶黄旗、正黄旗、正白旗。八旗中的其余五旗，相对地称为“下五旗”。上三旗由皇帝自将，下五旗为王公分领。这种区分，其历史内容说来话长，如今只简单地说明一点：满洲（那时国号还叫作“金”）初期，虽亦有“汗”为总酋长，但全体的军、政大事，实由各旗旗主共议公决；旗主在各本旗固然是各方面的最高统治主，即在整个旗集体中，也是和“汗”平起平坐、身份不甚悬殊的首领，因为实力（即所拥有的本旗兵丁）既然全等，所以威权自亦相当；后来随事势演变，“汗”的权力地位日益增高，统治集团内部的矛盾也随之而日益加深，于是出现贵族们自相残害、兼并的丑事，本来分领于三个旗主的三个旗，竟然为皇帝（由“汗”发展而成的）一手所集中掌握，就是这等情事的结果。因为这三旗既然是归皇帝直接管领了，所以特称为“上三旗”。

正白旗，本来并不在上三旗之数。早期正白旗的第一代旗主本来先是努尔哈赤自己兼领，后归多铎率领。崇德四年（1639）多铎获罪，此后多尔衮逐步掌管了此旗。曹雪芹的始祖，名叫曹世选（“世选”后又作“锡远”，又单名一个“宝”字。本名是曹宝，世选是改名或表字），后来可能是居住东北铁岭卫（今辽宁铁岭）到辽阳这一带地方。一种推断是约于万历四十七年（后金天命四年，1619）或略为先后，被满洲军队俘掠，另一推断是后来由于别的缘故成为奴隶，不久就跟了多尔衮。从此，曹家世世代代做满洲奴隶，隶属于正白旗。

多尔衮（1612—1650），是努尔哈赤的第十四子，却排行在九，人称“九王”（现在北京城东还有“九王坟”这地名）。他带领的正白旗兵，是八旗中最强大的一支大军，东征西战，多立首功。因此他很为努尔哈赤所钟爱，有意立为嗣子。及努尔哈赤一死，帝位却被其第八子皇太极（清太宗）谋得——由这里种下了很多皇室内部矛盾事因。到明朝的京都为农民军所破，满洲兵乘机进入北京的时候，第一个占据了“龙位”的满洲皇帝，名义上虽然是皇太极的幼儿福临（顺治帝），实际上掌权的是这位“摄政”的九王。他才是满洲入关前后之际的大清帝国的真正“创业主”，掌握一切实权，顺治称之为“皇父”“父王”。入关后以顺治的名义第一次赏赐多尔衮即为黄金一万两、白银十万两！

曹世选是跟着这样的“主子”进了关，而他家遂由“包衣下贱”一跃而成为“从龙勋旧”。

多尔衮的威势，以他意外的早亡（顺治七年）而告结束。清统治集团内部矛盾演变发展的结果，使他在死后不久即获罪名，削封典籍家产，“九王系”的势力全部败覆，顺治才得“亲政”。他遗下的正白旗这一支实力，未再另派旗主，遂归顺治系自己占有。正白旗之所以独得“拔乎”诸旗之表而与镶黄、正黄两旗（皇帝系的实力）并列，成为“上三旗”之一，即由于此。

曹家，自然因此也就入于上三旗。这就是说，他家和实际掌政的皇帝派系，始终不由己地“凑合”在一起，而且关系十分特殊地切近。

（四）

不过，曹世选的奴隶身份不能改变，他家世代都是“包衣”人。“包衣”是满语音译，意思是“家里的”“家下人”，就是家奴。满洲贵族把这种人是看得极为“下贱”的，但又非常需要他们，离开不得。

明朝的皇室，没有另外的家奴，只有宫廷里的特种供役人：太监。太监本是极劳苦的好人家的子弟，被残害了身体（连带着精神）而送入牢笼去受苦服劳的最为可怜的一种受压迫者，但他们往往受了帝王统治者的毒害，却变为穷凶极恶的爪牙，无恶不作。明朝的腐朽败亡，太监们特别“与有力焉”。清朝皇帝有鉴于此，所以，在承袭明朝各种制度的同时，却先将太监们管事的“二十四衙门”加以删并，最后撤除，而改设“内务府”，以皇家家奴——上三旗的包衣人来代替了太监的各项执事。

内务府于是就成了管理皇家的财产、收入、饮食、器用、玩好、各项日常生活琐事、各种有关礼仪等等的“管家衙门”。从这一点讲，特别是和明朝的二十四衙门以及司礼监干政和东厂掌刑比起来，内务府完全限于皇帝“私家”的事务，和刑、政等国家大事分清了，不能不说是一件好事，有它的改进性和可取之点，但它也还是由太监制那里承袭来了一些“流风余韵”，例如一些重要税收，象盐政、织造、窑、矿等项，仍旧要由作为太监之“后身”的内务府人员来全部掌握或部分干预。

由上所述，就可见内务府包衣人是一种身份极为特殊的清代封建社会的畸形产物，也是满洲早期比较原始性阶段的社会的遗迹。内务府包衣，在最高统治集团之内，是被压迫、被剥削的受害者，而在那集团之“外”，却又是进行压迫、剥削的害人者。一方面，他们的身份至微极贱，而另一方面又“呼吸通帝座”，反而可以比别种人更容易地升官发财、假权作势，他们的“富贵荣华”，实际享受，比之一般大官巨卿，有时并不逊色。

曹雪芹的家世，就正是如此。我们上面所谓曹雪芹的“特殊身份”，就是指这点而说的。

要讲曹雪芹的一切，不由这里说起，就无法讲下去。这是决定曹雪芹的特殊生活经历的第一层关键，同时也可以弄清楚，有些人说曹雪芹家是“权要”、是“豪门贵族”，那实在是一种并不十分正确而很易滋生误会的提法。我想如果稍微了解清代康、雍、乾时期的真正权要豪门，如明珠、隆科多、傅恒等人家的情形毕竟何似，就不会把曹家提到这一行列中去，同时也正好说明：《红楼梦》里所反映的贾、史、王、薛等（有些评论家习惯称之为“四大家族”“贵族”，其实是不对头的），都是些属于什么等级、地位的人家，在清代史上也是一清二楚，不会有发生错觉之余地的。

（五）

满洲人在辽东时经济生产及社会制度比汉族的明朝要落后得多，甚至可以说还保留着古代“奴隶制”的遗风。他们更讲等级、讲尊卑、讲主奴、讲贵贱等等之分别，非常严格。他们早期以兵力征服辽东各族以及多次侵入山海关时，到处掠获马匹及“人口”——人口即充作奴隶，数量之多，十分惊人。这风气后来当然会带进北京城，满洲、八旗贵家的奴仆，动辄一二百多口，多的可达数百。

那等级是森严的，做了家奴，世代为奴，不得解脱，主子对奴仆有绝对的生杀、处置的权利，包括婚配、财产，以及一切家事（如子孙后代的废立）。

满洲贵族的奴隶大致分为两种，一种是“披甲”当兵的，叫“佐领下人”，一种是不当兵管理庶务的，叫“管领下人”。还有一种名曰“旗鼓佐领”的人，即曹家所属的一种。这大约原是军中的“奴下奴”，为正式军兵当差服务之人。那时的制度，出征时一个普通士兵要带一名个人的家奴，高级官长所带更多。因此队伍人数特大。这些随主远征之家奴，替主子服劳效忠，出生入死，其艰险劳苦万状！有迹象表明，曹雪芹的上世，虽有的做文官，但起先也都是随征服役，以生命血汗换来的待遇。

主子心目中的奴隶，是下贱卑微之人，可以任意宰割，并不犯法。有一个盛传的故事：某大臣官已居于极品，因他曾是某家的奴籍，所以不管他现在官位如何高贵，他旧主家有了丧事，他还必须到此家去充当“吹鼓手”——丧家门首例设一队吹奏哀乐以助祭礼的鼓乐班子，当时是由下贱人去干这个行当的。

因此，雍正多次指明像曹家、李家这种人是“包衣下贱”“卑鄙小人”，不值一文钱。——这倒也不足诧异，就连曹寅向康熙帝谢恩，追述身世，也还得自称其先人为“包衣老奴”。

这是一种染满了血和汗的悲剧名词。

你只有了解了这些，方能理会曹雪芹在他的书里写“贾府”宗祠的对联，中有“功名贯天”“肝脑涂地”的文词。曹家的上世，从在辽东，入关以后征山西之叛将，征厄鲁特的叛乱，诸般战役中，大约都有“肝脑涂地”的惨痛经历。

曹雪芹在他书里借了贾府的奴仆的口，说出“你知道‘奴才’那两个字是怎么写的”？！

这其中包涵着多少的血泪，却不是每一个读者都能领略得到的。

（六）

且再说这年的十二月发生的内务府人“造反”的事。这真是整部满族史、清代史都没听说过的“奇闻”。

这年十一月，雍正责令政敌廉亲王胤禩处理内务府裁减人员的新措施。雍正认为，内务府佐领、管领人等，康熙时用银三十多万两，如今增至七十多万两，着将披甲人及家下人裁减，每佐领只留甲五十副（兵50名）。这一来，以致数百名内务府“无赖之人”齐集廉亲王门首，“妄行嚷闹”，还抢了管理内务府官员李延禧的家！

这事非同小可。这显然反映了雍正对内务府人员的憎恨歧视而引起了罕见的反抗。

结果，总管内务府大臣庄亲王胤禄获谴，罚俸（不给薪水）三年，另两名总管革职。闹事的人，重要者被正法，斩、绞、监、候处决的，共达四五十人之众！

尤其耐人寻味的是胤禩在此事件中所得的罪名是：“市恩惑众”“奸恶已极”。

显然，尽管这是有意加罪，但内中所透露的却是：内务府这些人对胤禩有好感，或者说关系较切——这也正是雍正要削弱内务府实力的真正原因——所谓费用太大，不过是借口之词而已。

满洲的传统风尚，主奴之分虽严，但他们把世仆当一家人看待。奴仆对主子绝对服从，也真诚为主家效忠服劳，谋求利益。因此，当时的一般实际“各为其主”是普遍的，而反覆背叛的是个别的。这种历史情况后世不太知道了，以为奴仆必然是怨恨和报复主子的。殊不知当时的法律惯例，主子犯了法，首先锁拿、刑审、受罪的都是该主犯的重要奴仆，无有例外。当时的社会道德观念，如果一个当奴仆的，背叛了主家而欲图别就，那他的“声名”扫地，是谁家也不肯再收留信用的了，等于自绝了生路。

雍正正是深知“各为其主”的老规矩，使得他的篡位恶行在奴仆层中也是不得人心的。他要迫害他们，是必然的“政策”。

第十一章 “老宅”——金陵织造府

（一）

曹雪芹诞生在何处？有一个传说，说这个孩子是生在苏州织造李煦的家中，那时他怀孕的母亲正在李家“走亲戚”。此说恐未必可信。临近产期的少妇，是不大可能允许远行的。他就生在南京的织造府的内宅，这应该没有多大疑问。

小说《红楼梦》里，把这座官署称作“老宅”。大门前已冷落无人。宅后一带，还有一座花园。行人隔着院墙，还可以望见墙上露出来的厅殿楼阁，依然“峥嵘轩峻”，后园的树木山石，也都还有“蓊蔚洇润之气”。

这就是暗写金陵（南京）的织造府了。

最有趣的是：当小说写到“后一带花园子”时，有一条批语（参看前几章）说：

"后"字何不直用"西"字？恐先生堕泪，故不敢用"西"字。

——《甲戌本》第二回

这像是两个人的批注，一问一答。要知道，南京织造府的花园，正在后面（北边）的西侧。此园中间有池塘，所以曹寅诗中称之为"西池"。

（二）

这座"老宅"，还能在今日的南京寻到吗？不能了。已经荡然无迹，片瓦不存了。

它大约毁于清军攻陷太平天国的"天京"（南京）时的战火中。

今日，只能找到"大行宫"这个地名——因为织造府在乾隆十六年（1751）改为皇帝南巡的行宫了。有一所"大行宫小学"，是仅存的名称遗迹。

前几年，这小学地区因建筑施工，从地下掘出假山太湖石和颜料（织造缎匹必用极品染料），因此被认为此即曹家"西园”遗址。最近，又发现了府东侧的一座古寺，是曹家的家庙，见于文献。这样，织造府的位置，仅能粗略地划定。

此府坐落的老名称是：利济巷大街，早已改名。现今只“利济巷”还可寻见。

（三）

这座老宅旧貌何似呢？它在南京的会城之内，江宁府治东北、总督衙院的前边，地名利济巷大街。曹家在时，只叫织造署院。曹頫合家离职北返之后，又过了十八九年，这处老宅就变成了乾隆的大行宫，再与织造无涉了。

那是一座外围墙略成正方形（西北面多出一些来）的衙署，署内屋宇，除执事“群房”不计外，基本是东中西三路的布局。东路是衙署正院，有六进院落之深。中路是内宅，也有五进。西路是最别致的一路，前面东为戏台，西为射圃，而后面又是一座花园。这座园子，雪芹的祖父曹寅在日称之为西园，因为园中有池，又叫西池。

这所老宅，自从雪芹的太爷曹玺在康熙二年（1663）春天就来到了，一直住到二十三年（1684）夏天，已然经历了二十多年的岁月。雪芹的爷爷曹寅从六岁起，就是在这里长大的，如今雪芹又是生活在这座宅院里，回溯起来，这已经是六十多年间的事了。

太爷在世时候，已很有文名，但看来他对庭园景物不曾多加经营，只是在刚到任后不久亲手种过一株楝树，及至此树长大成荫，乃在其下筑一草亭。爷爷为此特别给自己选定了“楝亭”二字作为别号。太祖母姓孙，康熙老皇帝就是她抚养带大的，当康熙三十八年（1699），她已六十八岁，皇帝南巡，就以织造署为行宫，见了孙夫人老保母，十分高兴，因见庭中萱花已开，古人正是以萱喻母，于是亲书“萱瑞堂”三个大字赐她，就悬挂在内院正厅上。这一亭一堂，乃是曹家的家世历史文物，子孙对它们怀着深厚的感情，雪芹自不例外，从小就听家人讲述它们的来历。

雪芹的太爷卒后六七年，从康熙二十九年（1690）起，爷爷曹寅又由京城外任，派到苏州去做织造官，《楝亭诗钞》卷第二，就是从这里开始。等到康熙三十一年（1692），这才又从苏州移任江宁，在《诗钞》卷二中的那两首《西园种柳述感》五言律，就是祖父当时的心情，历史的见证：

在昔伤心树，重来年少人。
寒厅谁秣马？古井自生尘。

商略童时乐，微茫客岁春。
艰难曾足问？先后一沾巾。

再命承恩重，趋庭训敢忘？
把书堪过日，学射自为郎。
手植今生柳，乌啼半夜霜。
江城正摇落，风雪两三行。

这是整整隔了九个年头又回到江宁老宅时的情景，那时正是仲冬十一月间。

自从这时起，被别人胡乱住了将近十年的故居，在曹家人看来简直已成十分“荒寒”了的样子，很快便开始改变了光景。迨到幼年的雪芹在这里生活的时候，那又已是三十几年的光阴过去。爷爷半生的经营，移竹添花，汲地种草，处处留下了丰富而深刻的痕迹。老楝婆娑，自不待言，出坳的高柳，也格外潇洒；梨花玉兰，一时数之不尽；几处亭馆，一经高手点缀，自有无限风华。雪芹对爷爷特别喜欢的外署文酒宴会的西堂，内院萱瑞堂一侧的西轩，和整个府院半偏的西园，也是格外感到意味深长，心怀亲切。他当时虽然还不能懂得其中的种种事故，但到他长大一些，能读懂爷爷的诗卷时，句句引起他的回忆和感慨。“把书过日，学射为郎”，意思是读书就是最好的生活，不要追求享乐；生为男子，应当习武——是祖训，也是“家法”。爷爷把年小的子侄都带到南京同住，一面“命儿读《豳风》，字字如珠圆”，一面“绳量马道不嵚斜，雁字排栽筑水沙。世代暗伤弓力弱，交床侧坐捻翎花”（《射堂柳已成行命儿辈习射作三截句寄子猷献》）。

儿女们都在这个宅院里长大，他们嘴里无法避免地带上了渡江以南的口音——这件事雪芹从他爷爷的诗里也能找到感慨的笔迹。还有太祖母的形象，也仿佛能在祀灶诗里看到了：

封羊剥枣竟无文，祈福何劳祝少君。
所愿高堂频健饭，灯前儿女拜成群。

当此流年急景，腊鼓频催的大年底下——

楮火连街映远天，岁行风景倍凄然。
江城爆竹声何据，一片饧香三十年。

至于府后的西园，那从爷爷因丰润族兄来访而写的诗句就更能得见它的历史：

西池历二纪，仍爇短檠火。
簿书与家累，相对无一可。
连枝成漂萍，丛篠冒高笴。
归与空浩然，南辕计诚左。

今夕良宴会，今夕深可惜。
况从丱角游，弄兹莲叶碧。
风堂说旧诗，列客展前席。
大乐不再来，为君举一石。

闲居咏《停云》，遽若恋微官。
行苇幸勿践，税驾良匪难。
寸田日夜耕，狂澜无时安。
恭承骨肉惠，永奉笔墨欢。

…………

伯氏值数奇，形骸恒放荡。
仲氏独贤劳，万事每用壮。

平生盛涕泪，蒿里几凄怆。

勖哉加餐饭，门户慎屏障。

雪芹到后来才明白，这座西池，对他家来说，并不单是一处“外面好看”的游玩之地，里面包含了一部辛酸的家世史，无限的难言之痛。他爷爷从一回到这里来就写出了“艰难曾足问？先后一沾巾”的痛语，不但是回顾，也是预言了他家的命运。

须知，到雪芹作书、脂砚批书的时候，那老宅果然已就是“空宅”了——因为从乾隆十六年（1751），曹家住过六七十年、诞生了雪芹的这处宅院，变成了乾隆皇帝的“大行宫”，长年封闭，不得擅入，那“大门外”确实是“冷落无人”了。

第十二章　窃听洋人讲故事

（一）

古老中国的道德观念中包含有一条：极其重视氏族家世，重视子孙的绵延不绝，重视血统的纯洁，重视继承选择的严格。这种无形的条文，严重影响着家庭的结构、婚配的安排、子女的命运。中国伦理道德的第一条是孝顺父母，不孝是最大罪恶，而不孝的一条是“无后”——从他这里绝了子孙，断了宗祀。因此，需要千方百计避免它。康熙帝眼见曹寅短短的一生最终独子早亡，这才命令李煦协助曹家审慎选取了他弟弟的儿子曹頫为“过继”的后一代。

中国古语又云：“假子真孙。”这句话是说：实在没有真儿子了，只好认一个假的；但这“假”一到他生了男孩，就成了真的孙儿。那“假”只存在于那一代，而且十分讳言它——

过继来的本族的侄儿，亲戚朋友的孩子“转让”，甚至从育婴堂“抱养”来的不知姓氏的孤儿，都只“假”一代，下一代便当“真”的看待了。曹雪芹在这个意义上说，正是曹寅的假子真孙。

曹寅早年丧偶，后娶续妻，就是李煦之妹李氏夫人。李氏嫁来时，曹寅约为二十五岁。她自嫁到曹门，到此有四十多年，经历的事故已经够多的了，荣华与不幸，享受与伤痛，总是交织在一起，把她磨炼成一个精明大度、稳重果断、仁厚慈祥的有教养的世家主妇。她连续遭到悼夫、丧子和失孙的大痛，无依无靠，因而对这个新生的真孙，爱如奇珍异宝，视同身家性命。她需要尽一切可能来维护这个孙儿的生命，不致再遭夭折。更何况这孩子生得聪慧过人，形容秀美，真是除了“如宝似玉”四字，竟难再想出合适的形容词句了。

至于她与假子相处得如何？那就很难推断了。有一点是肯定的：建立一种非真的母慈子孝的人为的伦理关系，实在不容易，也不会完全愉快。

再看曹家这一支派，其世系情况大致是：一子单传的时候更多些。如有兄弟二人，则必有一个早亡——仍是归于单传，而后嗣十分艰难。曹寅曾写诗篇，慨叹这一可怜的家庭结构：

…………

零丁摧亚子，

孤弱例寒门。

这是他在康熙五十年（1711）三月二十六日悼其亡子珍儿的诗，说的正是上一辈曹玺弟兄二人，玺先亡；他本人一辈又是兄弟二人，而弟曹宣先亡；及至下一辈，他生二子：连生（颙）与珍儿，珍儿又没成活：总是把两人中的第二个先殁了，因此他的家口又单又弱，十分可伤。

曹寅因此写到他的侄儿们：

予仲多遗息，成才在四三。

承家望犹子，努力作奇男。

…………

这是说给他的四侄的，意谓“我的二弟死后，遗下好几个子嗣；其中以第三第四两子最有成才之望。继承我家世业，希望都在侄儿身上了，你要好好努力做一个不寻常的人”。

这个四侄，推考起来正是后来入选过继的曹頫，此侄是被伯父生前赏爱的孩童。此子好学，也在曹寅诗中得到了印证。

曹寅很喜欢子侄们，把他们都招到南京来同住，随他学习课业，也教他们骑射。但到他死后，曹頫真的成了他的“假子”，其实际上的家庭关系如何，即很难说，多半不会完全和谐。

这就是说，曹雪芹一方面极为祖母李氏所钟爱，一方面则不太受父亲的喜欢。母子之间，会因为教养这个宝贝般的孩子而发生矛盾。

这种不太正常的情势，也给这个孩子的性格上增添了特点。祖母的溺爱，使他任性纵情；父亲的严厉，使他畏惧而又反激了他天性中带来的一种不循正轨的奇特的脾气。在那时礼法教训极端严格的满洲式的世荫大家看来，这种孩子有令人惊奇的天才慧性，可是又异常地调皮淘气，让大人不好对付。

人们总以为一个大天才是极难得极稀有的，不知过多少年才出现一个。但人们总不大能够体会到问题的另一面，即：一个特异的天才的诞生是难逢的，但是他的成长，他的得其所用，他的为社会所理解、所承认、所容纳，却是比他的诞生之稀逢更加十倍之难有。

（二）

小孩子爱听大人讲故事，是“天经地义”，小雪芹自不例外。故事各式各样，神话、寓言、民间传说、历史故事、戏文与小说的摘叙……这些是儿童的另一种“世界”，另一处“天地”，小孩的智慧由它们启牖，文学艺术的种子由它们播植。但小雪芹却有一次与众不同的经历：听西洋人讲外国故事。

三处织造署分别设在南京、苏州、杭州。可知这是江南产丝和纺织的三大集中点，而以南京为首。当时外国丝绸商人的足迹自然会进入这些地方。有一位英国丝绸商人名叫菲利浦·温士顿（Phillip Winston）的，到了南京，结识了曹頫，两人颇相过从。曹頫请他传授西方的纺织技术。在宴会上，这位慷慨好客的东道主人，还即席赋诗，以抒情抱。菲利浦为了酬答盛情，就讲些《圣经》故事，或者莎士比亚剧本故事给主人听。他有口才，讲得绘声绘色，很是引人入胜。

但是按照中国的礼法，妇女与儿童是不许参与这种场面的，更不允许他们来听一个外国人讲外国故事。可是，好奇的淘气的小雪芹却违反了这种规矩，他偷偷地走到附近来窃听这些动人的情景，听入了迷。

这自然很容易被人发现。后来曹頫得知此事，十分生气，恼恨这个不听话的孩子的“轨外行动”。于是把小雪芹打骂责训了一顿！

——以上的纪载，是菲利浦的孙儿威廉（William Winston）追述他祖父的回忆。这些回忆载在一本书里——*Dragon's Imperial Kingdom*，是1874年Douglas出版。

这一段有趣的纪载，是早年南京金陵大学的一位教授摘记的。但欧美有人查找此书却未能找到，因此，对它的信实性表示怀疑。然而经过调查，确知南京的两位图书馆工作者曾见此书。北京的一位出版社工作者曾买过此书。据记忆，封面绿色布装，印有金色龙的图案。

这，似乎不可能是虚构的吧。

我们所知幼小的雪芹的事迹，仅此一事。因其可罕可贵，我把它记在此处。

（三）

小雪芹长到四岁这一年上，雍正新朝的政治风云，“天下大事”，其汹涌澎湃之势，有加无已。

最令曹頫一家人心惊胆战的是发生在苏州织造府——舅舅李煦的老地方的新事情：

李煦获罪抄家后，雍正派去苏州接任的是内务府胡凤翚。为什么派他？只因胡的妻子年氏是年羹尧的另一姊妹，即雍正的侧妃年氏（敦肃皇贵妃）的妹妹。雍正夺位后，正宠年羹尧，于是特将胡凤翚提升为郎中，到苏州去接李煦的织造之任。等到年大将军已倒了台，所有与年有关之人一律遭难。这时，雍正命令胡家回京，胡凤翚知道等待他的不会是很好的前景，吓得他同妻年氏、妾卓氏等一起自缢而死！

这个惨案，报到京师后，连残酷的雍正也觉不忍，批评胡的上司逼得太过！

胡家一门惨死后，雍正也学他的父皇，派了自己的保母的儿子高斌去做苏州织造。（这高斌，到了雍正暴亡，乾隆帝继位时，也畏罪吞金自杀了。）

苏州的大惨案，直接震撼着曹頫一家的魂魄，知道悬在他们头上的是一把细头发拴着的利剑！

胤禩、胤禟都被害于本年，上文已叙。

除此以外，还有几件惊心动魄的大事，也都与曹家有其千丝万缕的瓜葛关系：胤禩、胤禟，不必详述了；必须一叙的就是隆科多、胤祯、纳尔素（苏）、傅鼐、揆叙、查嗣庭……

这些人，都被卷入政局的大漩涡中，危险万状，而曹頫一家虽不过是大漩涡中的一个小小的水珠儿，可是也就九死一生了。

（四）

隆科多是谁？他就是雍正严厉警告曹頫不要瞎跑门路买祸受的“门路”。审办李煦一案，是他领衔复奏的。他去年被解除了步军统领的大权——这是一个掌握京城九门锁钥、负责宫城启闭的带兵的实力职位。他过往街市的侍从威仪，超过宗室王公，有权在全京城就地审处徒罪以下的罪情案件。雍正去年解除了他的武力，今年则削掉了他的文职大权——尚书，使他成为一个徒具虚衔、一筹莫展的“空手巨人”了。

他的罪状，据表面纪载，是差遣家下人到处索贿贪赃。但我们一看那列出的一大串“被索”的人名单，就恍然大悟：原来根本要害还是隆科多和胤禩等“奸党”的关系问题。例如，名单内有年羹尧，不待说了，还有揆叙，他就是康熙时太傅明珠之子、词人纳兰性德之弟，也是一位诗人，可惜落了一个胤禩党，被雍正赏赐了一个“不忠不孝”的恶名。据罪款所列，仅从揆叙的家人安图一处，即索取了骡马、缎匹、古玩，还有银十四万两。其余诸处，共索金八百两、银四万二千余两。揆叙是以豪富赀财支持胤禩的人，其家人安图、安岐父子在江南行盐，其富惊人，揆叙病卒后，无嗣，以银八百万献于官，由胤禟掌管。安图之弟安尌，也是胤禟的门下人，也在扬州行盐。

名单中还有一家甘国璧，是曹家的老亲。

曹頫眼看着隆科多大势已去，不可指靠了；剩下的重要亲戚就是大姊丈平郡王纳尔素，他是曹寅的长婿，奉康熙之命特赐婚配的。

纳尔素本年也是厄运当头的人——还得从抚远大将军胤祯说起。

（五）

当初康熙帝暗立胤祯为嗣位人，特派他到甘肃去立功建业，增加位望。随他远征的，精选了一十六员王公为得力臂助，纳尔素其中之一也。临行时，康熙帝特为举祭“堂子”大礼，然后授以大将军印，胤祯捧出午门，出皇城正门，然后往西北出德胜门出京。那时满朝二品以上大员，齐集郊外，侍驾送行。其礼仪之隆重，场面之壮伟，为大清立国以来向所未有！

可是，胤祯已被骗回，派去守“皇考”之陵寝，等于软禁，还不算完，到今年五月，又把他从马兰峪（就是京剧《盗御马》的“马兰关”）皇陵处调回来，和他儿子白起，一同禁锢在寿皇殿（原在现今的景山公园，已毁于火）。从此，他在乾隆朝以前，没有活动的任何自由。

再说他的第一副手纳尔素，曹雪芹的大姑丈，此时也忽然得罪圈禁起来了。为什么呢？实在好笑——说他“行止卑污，贪劣素著”，索诈地方官的钱财。

有趣的是，雍正表白说：纳尔素的劣迹，我早听说，只以为他和胤禵（本是祯）不和，我还只当是胤禵一派的人造言诬他呢！召回胤祯后，曾命纳尔素暂署大将军印，旋亦调回京来，令他管理上驷院——这是内务府的养马的一个衙署，是在做“马夫头儿”了！如今则革退职务，在家圈禁，平郡王爵着其子福彭承袭（福彭为何这样幸运？后文自当说明）。

曹家的另一家高官的亲戚是傅鼐，这年也得了“罪”。

傅鼐是曹寅的妹夫，当时正做盛京（今沈阳）户部侍郎（副部长），也因为隆科多而遭了灾祸。其实，傅鼐本来倒是胤禛当雍亲王时府中的旧人，可到这时，翻脸不认人了，把傅鼐用“九条锁链”逮解来京——这是一种最严酷的逮捕法，表明案情之无比重大！

傅鼐犯了什么罪，以致如此被九条沉重的大铁链捆得走一步都十分艰难呢？

原来，还是为了隆科多的事！

雍正“揭露”：傅鼐原来和隆科多交情“甚密”，曾当面奏称隆之子阿兴阿是不赞成其父不忠诚地隐匿财宝的，如今证明了阿兴阿是替父隐匿不交出的人，可见傅鼐是撒谎，是变相袒护隆科多，因此把傅逮来和阿兴阿对质诘审。

结果是命令傅鼐充发黑龙江。

中国又有一句古语：“六亲同运。”在那时代，一人犯“罪”，牵连的不知凡几，沾亲带故的一概难逃惩治之苦。

恐惧万状的曹頫，早受新皇帝警告：你若瞎跑门路，我必重重办你！可怜曹頫此时纵然允许“跑门路”，他又向何姓何家去寻“门”找“路”呢？！

（六）

以上，粗叙了几件大案，简略得很。这些确实都具有政治斗争的属性。此外还发生了不少“文化案件”，如今只举一例，也就够了。浙江省海宁县的查氏，出了不少诗人。和曹寅在一起唱和，并同编《全唐诗》的有一位名叫查嗣瑮，他的弟弟名叫查嗣庭的，惹下了一场大祸。查嗣庭是进士、编修官，升到礼部侍郎。本年（1726）奉派到江西南昌去主考乡试，出了一个“四书”里的“维民所止”的考题，被控为是暗咒“雍正”二字砍掉脑袋——“维止”都缺“头部”。雍正把他和两个哥哥查慎行、查嗣瑮都下了牢狱，抄了家，查出日记有“逆词”。嗣庭死在狱中，雍正下令将尸骨“寸磔”，妻子也充军到极边去受罪——她是一位著名的女诗人！嗣瑮充发到陕西，死于流徙之所。

这果真是为了“维止”的“砍头”字谜吗？还得由雍正本人说明：原来查嗣庭是和隆科多有交往的。

隆科多并不姓“隆”，他家姓佟。佟家从在辽东时和清太祖努尔哈赤就是世亲，入关后这佟家是全朝的第一家国戚豪门，时时左右朝政。而曹家与佟家，也正是“老亲旧友”，那关系之密切，我们在下一章就会讲得细些。

本年，除了严治隆科多本支，还杀了充军在东北的弟兄辈鄂尔岱与阿尔兴阿。更可骇的，还有已革职的两位总督查弼纳（前两年办理李煦一案的大人物）被逮来京，也是九条锁链！查弼纳吓软了骨头，和盘供出隆科多与苏努等人结党的秘密，原来他本人就是隆党！雍正见他出卖了亲友本党人，大加嘉奖，不但不杀，还让他管理内务府包衣人，正是曹家的顶头上司。

佟家彻底崩溃了。曹頫已临绝境。

第十三章　大难在酝酿中

（一）

本年的雍正，忙于“大事”，似乎也没抓到曹頫的什么“错缝儿”，所以曹家过得还算“平安无事”，可是也因为织造的缎匹等“粗糙”而受到斥责。到了年底，依中国的新年风俗，家家户户，到处都要贴上大红纸写的“福”字，非常红火好看，显得喜气盈门，万象更新。皇帝照例亲笔书写若干福字，赐给他喜欢的臣仆。这次被“赐福”的名单中，竟有曹頫的堂兄曹颀。此事十分耐人寻味，也许，曹颀那一支的人，是奉承雍正的，与曹頫这一支并不全同。

我们此刻应该注意的，倒是雍正从此时开始，对奴仆这个“阶层”，特别发表评论和对策。这正是由于他本人与敌党的激烈政治争斗之中，大量的奴仆们在其间所起的作用，非常巨大，并不是因为他们是“卑贱”之人就可以掉以轻心，置而不论的。雍正的不肯放过曹、李两家，也正是因为他根据自己的切身经验，深知内务府包衣等人向来所受的教育是“各为其主”，要求绝对忠诚于主子，而不是像后来的被压迫者能萌发革命的思想，企图解脱主奴制的苦难。所以雍正特别留心，忘不掉这些“下贱”之辈——非常需要他们效忠，而又非常警惕他们“各为其主”，反对自己。

但是历史的情况非常复杂，雍正非常担心满洲的主奴的严厉旧制度发生动荡。他看到满洲大臣之家渐受汉人影响，对待奴仆比较满俗传统放松了些，以致发生了傲慢顽梗、不服“约束”（管教）、谤怨家主，以致叛离逃匿种种情形。雍正让大臣九卿议奏：如何惩治这种“弊俗”。他特别强调的是“世世子孙、长远服役”的“家生”奴籍——包括内务府包衣如曹家这样的人家。这次议定的治奴新法律，是连汉人家奴仆一律照满人旧例治罪——就连雇用的有限期工役、长随等人，也照奴仆法治罪。

另一方面，一般民众的议政舆论的明暗潮流，十分汹涌澎湃。被镇压的民人往往用投匿名帖的办法抒发政见，说“军民怨新主”，说雍正夺位以来的旱潦饥荒之灾，说“愿辅有道之主，不附无道之君”！人民的愤怒呼声，使得雍正时时发出数万言的冗长而牵强的谕旨，来“教导愚民”。

与“奴仆政策”暗暗关联的内核，还有一个“满汉”关系的一大方面，也是我们此刻为了了解曹雪芹而必须有所了解的一个历史课题。不过我们最好留待后文再加讲解。

（二）

雍正五年（1727）的一年，曹家在政治风浪中勉强维持残局的极限，一系列的新事态发生了——

曹氏一门终于家遭巨变！

曹雪芹终于成了犯官罪人的孽子孤童。

曹雪芹虽然还只有五岁的年龄，他的生活之路却走到了第一个重大的转折点。

自从去年胤禩、胤禟相继死于囚所（两处相距数千里之遥），雍正并没有丝毫放松“收拾”他们的党羽。但我们无法详述，只说从本年二月起，曹頫的老舅父李煦，再次下狱的事由。

几年前，雍正一上台，即严治李煦，但折腾了一阵之后，证明李煦的“亏空”全是盐商的拖欠，他本人并无罪状可指。虽然家破人亡，毕竟还在苟延残喘。谁想事到今年，大祸又从天降。

这次的大祸，就是查出了李煦曾“交通”胤禩，曾买了苏州女子送给这位廉亲王——这就与上次的性质大不相同了，因为雍正到底抓住了真把柄，所谓查亏空，本来就是一个借口而已。

既然鞫实了确有此事——谁也没法说清诸皇子向织造索取银钱货物与人口（苏州贩卖幼女和少女，供贵家作婢女或优伶，风气极盛，《红楼梦》里也写到这种情形），原是必须“承办”的差使了。

这案情的发作，可能是去年的事，因为本年的二月二十三日内务府总管大臣们已将审讯详情及惩办拟议正式题奏了。原来，已经身故的前任两江总督赫寿，曾要李煦买苏州女子送给胤禩。李煦初不肯办，经赫寿游说，终于照办了，因此构成“大逆极恶”的罪名，指为“奸党”，拟为斩决之罪。

这中间，还审出胤禩的一名太监屡次向李煦处索走银两的事。家人等初供两次三千两，后又供出两次二万两。当然这也构成了李煦的罪款。

有意味的是雍正因此提到，他闻知胤禩曾以银二万两为胤祯修花园。这个花园，很有可能就是如今世界闻名的、与《红楼梦》有一种微妙关系的“恭王府花园”。对于这座名园，也待后文再讲。

且说李煦，蒙雍正“开恩”宽免斩首，发往“打牲乌拉”（东北极边苦寒之地）。李煦年已七十五岁高龄，只许带两名雇工照顾，流放数千里外，只几个月，就因得不到衣食，冻饿而亡了。

当时只有一位随李煦多年的老文士，不顾政治的牵连，为他撰写了一篇“行状”（传记），备述李煦一生救人助人的好事，令人十分感动。五年以后，这才又有一位著名的诗人赵执信，夜里梦见了李煦，醒来写了一首诗来怀念这位屈枉的老人。他慨叹说：三十年间万千宾客，难道没有一人怀思于他吗？

本年此时的曹家人，闻听李家的悲惨下场，是有泪都不敢落的——因为不能怜惜和哀悼“奸党”呀！

（三）

曹頫从前一年起，屡被斥责，指摘他负责的南京织造的缎匹衣物质量粗糙、落色等等，因而罚俸一年（不给官俸银米），这当然是轻灾小难。有一个新得宠的两淮巡盐名叫噶尔泰，本年正月已向雍正密报，说曹頫的坏话——

访得曹頫年少无才，遇事畏缩。织造事务，交与管家丁汉臣料理。臣在京见过数次，人亦平常。

雍正听了，十分对味，乃提笔批示：

原不成器……岂止平常而已！

这就是雍正对原被大家评为“好学嗜古”“忠厚老实”的曹頫的“鉴定”。

雍正在本年的上半年，仍然紧张地忙于收拾他的敌党，我们略叙其一二，还是很有用处的。

前面叙过，去年的时候，雪芹的大姑丈平郡王讷尔素已被革爵圈禁，长一辈的祖姑丈傅鼐被九条链锁拿，流往黑龙江。后虽改为发往奉天盛京（今沈阳），而到今年又因其举荐之人犯罪而“诸事败露”。

查弼纳呢，虽然为了活命而出卖亲友，暂得雍正任用（利用），至此也是算不完的老账新账——雍正又重新找他的麻烦了。这些，都无暇细说，单单要讲一件头等的事了。

这就是“舅舅”隆科多的下场。

隆科多枉费了心机，冒着生死风险，帮雍正玩弄偷天换日的阴谋，把他送上皇帝宝座，只不过经历了三年的无上荣宠贵盛，便开始感到自己已经处在一个政治的荆棘林中，每一动转都有刺在扎他的血肉了。他在几次贬降革斥之后，终于在本年的十月，被宣布犯有四十一款“大罪”，要承受他助纣为虐而应得的“报酬”了。

当然，如果他的事情不与曹家息息相关，我们也就不会来讲他的故事。历史事实表示得十分清楚：隆科多定罪、治罪之后，只隔一个月，雍正便正式下手收拾曹頫了！

在此，我们必须回顾一下隆（佟氏）与曹的历史关系。

首先，读者需要知道佟家在明末清初是一姓了不起的人家，他们对灭明兴清贡献了巨大的力量，也付出了重大的牺牲。

佟氏原是辽东抚顺人，是明朝的官宦人家。后因佟养性暗地里与努尔哈赤通款，事为明廷发觉，以致连累他的忠于明朝的族人，冤死于狱中。佟养性很得满洲首领的信任，并且成为“驸马”（满语称“额驸”）。早些时，明兵本敌不过强弓快马的清兵，后因得到了荷兰国的“红夷大炮”，颇能制服清兵的攻扰。可是汉人铸炮的专门技术师终于被满人获取了，于是他们竟拥有了四十门这种西洋式的重型武器。明朝的辽东地域，便很快落入敌方之手。佟养性乃被任命为这些“重兵”（满语“乌真超哈”）的最高将领，当时的汉兵，便是后来编为“汉军旗”的前身。（由此可知，除非曹家始祖是炮兵队里的人，那是无从编入汉军的。而曹锡远的“正白旗包衣人”的历史纪载，反证了这一可能性。）

佟养性有一个堂兄佟养真（？ —1621），本是明朝的副将，驻过朝鲜，帮助抵抗日本的侵略。大约在1619年，清兵攻占抚顺之时，因其堂弟佟养性的关系，投降于努尔哈赤。1621年，他身为武将，参加了攻占辽阳的战役，获得封赏世爵。不久，镇守安东。可是该地的陈姓守将，暗通密谋反清的毛文龙，因此佟养真也受到怀疑，与长子等，共有60人遭难而被杀。但他有一幼子，名叫佟图赖，不但袭了世职，而且他的一女二子，竟成了清朝初期政治史上的头号重要人物。

佟图赖（1606—1658）本人是武将，跟随满洲皇室大将们征遍了山东、山西以至湖南等地，这些都不必详及。只说他的一女，是清朝入关后第一代皇帝顺治的嫔妃，生了玄烨，是为康熙大帝。她的称号是孝康章皇后。所以曹家包衣少妇孙氏被选为这小皇子的保母（也是教养嬷嬷），与佟家的关系密切，十分显明。

佟图赖生有二子：长名国纲，次名国维。他们二人都是“不可一世”的贵戚勋臣，通依皇帝的辈分而皆称“舅舅”。国维之女，又成了康熙的嫔妃（汉人所谓的表兄妹般的关系）。他家爵袭一等公。又从汉军旗抬升为满洲旗。当时佟家做官的多得数不清，故有“佟半朝”之语，意思是只佟姓一家就占了朝官的一半！

而隆科多，就是佟国维的第三子，所以他又是雍正的舅舅——“舅舅”二字，当时已成了官称。

佟国纲，是1689年与俄国签订《尼布楚条约》的四大臣之一。欧洲的传教士如张诚（Francis Gerbillon）等，都有所纪载。有趣的是，在清宫服务了十三载的意大利教士、画家马国贤（Ripa）曾回忆他们有一次被命于新年期间，到畅春园去看“放花”（烟花）的巨丽场面，就曾安排在园旁佟舅舅的郊区海淀别府里——就在今日北京大学的近邻一带地方。可以参照的是曹寅的诗集内有四首诗，正是题咏在畅春园赐宴、观烟火、步月归村寓的历史见证。

佟家的人，一向是暗中扶植皇八子胤禩的，并因此而受到康熙帝的严厉斥责，几乎酿成大祸。谁也没想到，隆科多却一变而拥护了胤禛——我们可以给他一个政治投机分子的称号，实际上他做了帮凶，残害了无数亲友，最后也残害了自己。

说到这里，我们便可领会：曹、佟两家，从很早就是“老关系”，非亲即友，世代相交。曹家的地位，虽然是康熙所赐，但也毕竟与佟家大有关联。后来又都是胤禩的亲近者。曹頫年少，还不明白隆科多的厄运即将降临，还要去求他说情保护。

到雍正五年（1727）的十月，隆科多的事件摊开了，宣示给大家了——

那是“大罪”四十一条！

四十一条，计“大不敬”之罪五款，“欺罔”之罪四款，“紊乱朝政”之罪三款，“奸党”之罪六款，“不法”之罪七款，贪婪之罪十八款。

审治的官员们拟的是：一、斩立决；二、妻子入“辛者库”为奴；三、财产抄没入官。雍正批的则是：一、免其正法；二、于畅春园外附近造屋三间，永远禁锢；三、应追缴银两追完；四、妻子免为奴；五、子岳兴阿革职，玉柱充发黑龙江当差。

在此，还要叙一叙与隆狱关联的延信之狱，因为延信是同时得“罪”，同时处治的。

延信，是温郡王猛峨之子，也是努尔哈赤之后。康熙帝很赏识他的材干，特派为随胤祯出镇西北，收复为厄鲁特侵占的西藏，立有大功。不知由于何故，他后来又与胤禛勾连“默契”，帮他控制胤祯。而到了此时，则又发布了延信的许多“谋逆”的物件与文字，先说他是在拉萨侵吞了白银十万两，显然也是雍正以“经济犯”掩盖“政治犯”的一贯手法。其结局，不但革爵，而且削除宗籍，监禁，子孙给显亲王为奴。

特别值得注意的是：雍正命令将延信与隆科多一同禁锢，两人都是死在畅春园外的那三间小房里！

学者曾经指出，隆、延两人的“罪”除了他们掌握着胤禛夺位的不可告人的秘密，还有什么呢？

他们的下场，是自己给自己早先安排的，因为他们早先还不太知道胤禛的为人，受了最大的欺骗。

前面已经一再讲过：曹家最重要的一门至亲是平郡王纳尔素，已遭圈禁，他是胤祯在西北军中的副手，署过大将军印。佟家则祖辈世传皇亲国戚，其势力能够左右皇家内部骨肉关系与朝廷政局。这两条大线索，都被牵连在“奸党”（胤禩为主的一派）上。曹頫的一切琐琐屑屑的“罪名”很多，但最根本的还是政治犯——大约他家与佟家的某种“关系”，被人举发了。

我这样说，根据是治隆之后不太久，只隔一月光景，雍正便下令惩治曹家。难道是偶然吗？

第十四章　抄家的惨剧

（一）

雍正五年（1727）的情况，除了前面所叙的，单说曹頫之事——

五月，因为进贡物品奢泰，遭斥责。

六月，因江宁所织御用褂面等落色，罚俸一年。

十二月初，因山东总督塞楞额参奏三处织造送龙衣途中人员勒索骚扰，降旨严审。

十二月十五日，传旨命李秉忠接替杭州织造孙文成，命绥（隋）赫德接管江宁织造曹頫。

应当注意：山东所劾，是统言三处织造。结果苏州织造高斌无事，杭州则只说孙“年老”，也不涉罪名，单单是曹頫被“严审”在案。这已然是一名“犯官”了。

十二月十五日，上述命令下传。曹頫罢职待罪。

十二月二十四日——民间百姓在腊月举行“祭灶”大礼之日，雍正又下了一道严令，其词云：

> 江宁织造曹頫，行为不端，织造款项，亏空甚多。朕屡次施恩宽限，令其赔补。伊尚感激朕成全之恩，理应尽心效力，然伊不但不感恩图报，反而将家中财物，暗移他处，企图隐蔽，有违朕恩，甚属可恶！著行文江南总督范时绎，将曹頫家中财物，固封看守，并将重要家人，立即严拿。家人之财产，亦著固封看守，候新任织造官员绥赫德到彼之后办理。伊闻知织造官员易人时，说不定要暗派家人到江南送信，转移家财。倘有差遣之人到彼处，著范时绎严拿，审问该人前去的缘故，不得怠忽！钦此。

在中国，“过年”是全民最盛大、最欢乐、最美妙、最富有诗意的第一重要节日。“一元复始，万象更新”，种种独特的民族风俗，把人间缔造成为一个仙境，人们在一年的辛劳之后，把它当作团聚、休假、娱乐、庆贺、来往问候，甚至是不相睦者“和解”的良机吉日。但在曹家，这个“年”过得却是无比的悲惨。全家成了罪犯。抄查家产，那极可怕！要把人赶走，把所有财产器物（哪怕最琐屑的用具）都得逐件清查登记，然后用官印的大封条封闭，任何人都是不能启动的。一句话，曹家满门，顿时失去了所有的生活必需的一切一切，被置于一种绝境之中。

四岁（实际三岁半）的曹雪芹，自从出生以来，第一次领略了什么叫作灾难的处境，尤其是大祸临头时全家成员的那种恐惧、窘迫、无告、绝望的神情和举措失常，给这个小孩童留下的记忆，是他一生都没法忘掉的。

说来奇怪得很：除夕——这个人间万民喜庆、举世腾欢的节日，对他好像是有些相反，总不是吉日良辰，却是一个致命般的厄运之期。谁也无法预料，他后来就死在除夕的晚上。

（二）

江南总督范时绎接到命令，大约整整忙了新年之后的一个月，才把曹家的财产查清，造册、封固，约于二月初，已报到北京。

范时绎是清初名人范文程的后代。范文程的祖上是明朝的兵部尚书，乃是抚顺人，与佟家同乡，而且恰好也是1618年清兵攻取“北关”时被俘而投降的，这简直就是曹家的“同难同荣”者之一。值得一提的是，从早先他就是拥戴多尔衮的一党之人，后因“谋立”事败，范氏被牵连，因而由满洲旗内贬出，降为汉军旗了。而佟家呢，只因是皇舅才从汉军旗抬升为满洲旗的——从这一点来讲，曹家却始终是未离满旗的一家“旧人”，资格是不寻常的。

虽然范文程投敌叛明之后，帮助满人建立帝国统治中原的大计多出他之手，是个头号汉奸，但因他又能进言：不可滥杀，不可破坏，重视知识文化，尊重汉人风俗——这虽然是为满人的长远利益而着想，可是毕竟汉人也得以免却许多可怕的灾难，所以清初的汉人对他却怀有感念之意。

我们提到这些，可以说明范时绎对办理曹家此案时，可能有某种照顾的私情。雍正后来曾斥责他办事“循瞻”，当指这种事态而言。

然后再看前去接管曹頫之任的绥赫德。他在到任之后，不但要管织造的公务，还要参与查抄曹頫家产的“私事”。他很快递来了呈报，说经他细核，范总督的抄家造册是大致符合的，计有：

一、住房（包括家人秘居）十二处，共四百八十三间（即平均每处四十间，不过是一个院落的规格）。

二、地亩，八处，共十九顷〇六十七亩。

三、家人大小男女，共一百一十四口。

四、床机（简单家具）、旧衣、零星物件（就连这些也得另有详细的单子）。

五、当票一百张（困难时典当东西押来一些钱救急所开的票据）。

六、家人供出，别人欠的债，共计三万多两。绥赫德并明白表示：此外“别无他项”。

这份家产清单，在今日一般人的观感上，也许还是够得上一个“富户”吧？殊不知，若稍明当时的满汉高官大户的情况，与之来比，这简直太“寒伧”了。所以据一项纪载叙说：

> ……（康熙帝）令頫补其缺，以养两世孀妇（指曹寅与曹颙之妻）。因亏空罢任，封其家赀，止银数两，钱数千吊（铜钱计数，每百文钱为一吊），质票（即当票）值千金（银一千两）而已。上（指雍正）闻之恻然！

请看，连这个残酷的“圣上”，听了报告，也竟然生出“不忍”之心了！这是何等的惨况，可想而知。

又据绥赫德奏折透露了两点：一是雍正将曹家的房屋人口，赏给了他；二是还命令他给曹家“少留房屋，以资养赡”。可见雍正在惩治曹家这件事上，做了错误的估计，也听了别人的诬陷（说曹頫转移隐匿资产），结果一闻实际如此可怜可叹，不免“天良发现”，“扪心自愧”了！

（三）

那时的抄家“制度”是十分残忍可怕的。上述的同一家纪载，雍正十二年（1734），一位学政（主持考试的）官员被劾，“上震怒，逮问籍没。妻先自尽，幼子恐怖死！”这可不是儿戏的事呢，特别是雍正，当时已落了一个“好抄人之家”的名声，尤其暴厉。

小小的曹雪芹，尝到了新皇帝的手段，仅仅幸免于“恐怖死”，也就应该“知足常乐”了吧。

雍正“开恩”，将所抄房产人口，统统赏给了新任织造（可见抄家也并非真是为了偿补“亏空”）。后因他们君臣二人见那曹家实在可悯，发了善心，雍正还特命留一点房子，使两世孤孀还有一处立锥之地，不致流落为街头乞丐。于是绥赫德奏报请准了，把在京的一处住房拨给了曹頫家。

使人感到更意外的，还给曹家留了奴仆六人，即三对夫妇的私家世仆。

至于曹頫本人，因“罪”曾被“枷号”，即用木枷钉锢，在露天里“示众”。曹頫的枷是25斤重枷，脖项上套了这种刑具，人是不能久立的，很快就要卧倒，不论天气如何，也须在限期限地经受折磨，不久即面无人色，奄奄一息了。我在一本书上看到过这种重枷示众的照片，因此印象难以磨灭。

从此以后，曹頫这个人的生死命运究竟是怎样的？到今为止，未发现再有一字的文献纪载，因此不能妄断。是否那疼怜他的怡亲王还能救他于绝境的边缘？目下也还无法推测。

无论如何，随着父亲犯罪而逮问还京的曹雪芹，确实住进了新拨给的恩赏住房，这一点是没有疑问的。

曹雪芹在北京的生活——由此开始，直到他病逝于城外西郊。

曹雪芹的这处北京新居，坐落在外城偏东，崇文门外直对的南面，有一处叫蒜市口的地方。在此，绥赫德给他家安排了一个小院子，共有十七间半房屋。在北京，这是个最简单的“四合院”的规格：一般是正（北）房五间，东西厢房各三间，南房三间，加上厨房、厕所或放置杂物之房等，恰好是这个数目字。这是一个“单细胞四合院”，虽是低级的住宅，但仍然是一个独门独户的封闭式宅院。曹家虽是犯官，毕竟是内府旗人，他们是应该与汉人区别的。

把他家单单摆在了外城居住，这正说明了曹家此时的政治地位是已然发生了极大的变化。

北京由内城、外城组合而成。内城基本呈方形，西方人叫它Tartar City，因为专由满洲旗家居住。外城在内城之南，以墙为界，呈长方形（东西长，南北短），西方人叫它Chinese City，由汉民居住。后来虽然不免稍有例外变通，但基本规定仍是如此的。外城的房宅，与内城不尽相同，特点是比较狭小，十分拥挤。这儿为中下层民众聚居处，很少内城那种大府巨邸。

北京城从明代筑成，周围四十里，规模崇伟，乃世界文物一大奇观。内城九门，外城五门，加上东西两个便门，号称十六门。内城通外城的南界墙上，共有三门：中曰正阳，东曰崇文，西曰宣武。仅这三个城门的命名，也足以表示古老中国的皇权统治的政治理想。西面的宣武门外，是有名汉人文士进京寓居之地，商店、旅店、饮食、娱乐各业十分兴旺。崇文门性质略有不同，它是外省人进京师内城的规定入口，设有税关。年大将军贬职后，一度在此门管过税卡。这座巍峨轮奂的大门，门楼高达三四层，十分美观，春天上面有成千的燕子飞绕栖息。一出这城门，一座大石桥，架于河上。河两岸人家临水，颇有江南意味。

出崇文门不远，顺一条大街走，往左一拐，便是繁盛的花儿市（地名）。不进花儿市，如一直南行，则很快即到蒜市口。

蒜市口并不是清代才有的地名。那里原是元代的一条自西而东的古河道，河的两岸有很多集市，如菜市口、猪市口、鲜鱼口，还有瓜市、草市、榄杆市等地名，都是古老的痕迹。但河道早成平地，大部分的集市已徒有其名而无其实了。这一带地方，北面是崇文门外热闹地区，往东往西往南就比较空旷疏朗些了。住户没有高阶层的，接触下层社会的机会多了。往南边走，寺庙园林皆有。但往西行，则有古代金鱼池胜地可游，那里高柳新荷，是五月初五端午节游人盛会之处。再往西，通往前门（正阳门）外天桥一带，都是最繁盛的商业区和民众的娱乐区。天桥有各种民间技艺、演唱的游艺场所，可以欣赏那些引人入胜的“卖艺”者的精彩表演。

我们今天设想，曹雪芹的幼少年时期，定居于这里，对他此后的成长，影响绝不会细小。他可以远离开皇室、满族贵官、八旗武士等等这种类型人群的气氛，而逐渐接近较多的普通百姓和一些当时中下层社会的各式各样的人，形形色色的职业和技艺。这个居住地点，对他日后萌起写作小说《石头记》的意念，也是大有关系的。

第十五章　北京——蒜市口小院

（一）

从五岁上就遭到巨变的曹雪芹，来到北京蒜市口的一个小四合院，那时这是犯罪之家，父亲曹頫命运，吉凶未卜。他虽幼小，大约行动也不是自由的，因为他需要家里的大人或仆役携带，而携带者本身是受管制的人。这个小孩生来极其颖慧，也是早熟的一个天才，在中国有一个俗名叫“神童”——正像他祖父曹寅一样（被人称为“圣童”）。他对事物有高度的敏感性。他对一切人、物、事、境都具有深刻观察、认识、思悟的能力。不幸他成为罪家的孩子，家境和世态，都给他心上烙下了难以磨平的印记。作为一个孩子，他从小是不幸的，不快乐的。童年，对他是一场噩梦。

他那时当然还不叫“雪芹”——这是后来的称呼。他那时该是叫作“霑哥儿”，满洲旗人的习俗是如此的。霑哥儿在北京苦度了三年困境。然而，这三年之间，却是《易经》上说的，剥极必复，否极泰来，阴尽阳生——天时人事，都在起着不易为常人察觉的微妙的变化。

我们设想：从蒜市口十七间半小院中悄悄地向院外世界窥望一下时，曹家人可以看到以下的情景——

雍正六年（1728）二月，李煦死于流放之地。消息传来，一家暗洒痛泪，吞声而哭。

同年十月，内务府大臣庄亲王胤禄等，请补放内三参领缺额十四名时，列曹宜之名于提请七人的最末。推荐文词说：“尚之舜佐领下、护军校曹宜，当差共三十三年，原任佐领曹尔正之子，汉姓人。”雍正没有批准他，另放了别人。曹宜乃是曹寅的堂弟，霑哥儿的堂叔祖。

这一年最重大的事情计有以下几端：

头一件是压制舆论，控制思想——这表现为：设立专官赴各省管理“奸民”和“不良”言论；残酷杀害几名知识分子，指责他们的著述中有“悖逆”之词；设立各种学校，来“教育”宗室、觉罗（觉罗是宗室的远支）乃至内府包衣人的子弟，等等。最有趣的是雍正一反中国历代皇帝遇天灾事变则以为“上天示警”，因国政不修，引咎自责，他却把“水旱灾禩”归罪于“人心”不好——实即舆论强烈反对他的思想在语言文字中的表现。

五月，治曾静、张熙、吕留良之大狱。

六月，治谢济世之狱。

七月，治陆生柟之狱。

这些有名的惩治“奸民”“悖逆”文词著述的案件，历史学家有一专称，谓之“文字狱”，一字一句被解释为讪谤雍正，则罪及六亲九族！

这里面，要数谢济世之狱与我们的这个主题特有关系！后文将略加叙说。九、十月，先后设立汉军、满洲、蒙古“清字（满文）义学”。又谕内阁翰林，文臣们只应作“经世”“华国”之文，至于“风云月露”是不许作的。所谓“风云月露”，实指中国传统的个人抒情的诗词作品，其现象是景色，而实质则往往是抒写思想感情的有寓意的文学创作。

对于这些时代背景的特点，如不了解，以为空谈曹雪芹的个人经历和身边琐事，那就能评量这位文学奇人的一切，自然十分容易陷入一种浅薄的看法了。

小曹雪芹正是一棵奇异的种子长成的幼苗，在被划给他的一小点土壤中，昏暗的光照之下，还必须突破沉重压抑阻碍着它的瓦砾石头，而独自寻求能够生长成一株参天大树的途径和养分。

（二）

曹家霑哥儿长到七岁时，是雍正统治的第八个年头了。经过七年多的最激烈最残酷的斗争与镇压之后，雍正的最主要的劲敌与隐患都收拾得差不多了。他似乎一方面对局势放下了久悬之心，一方面也感到有些精疲力尽和“兴尽”的滋味了。所以从本年起，忽然出现了“异象”：政治风暴表演已近尾声，开始显示一点儿“转向”的轨迹，例如关系曹家命运的，就有以下四项：

第一，二月谕旨下来了：凡雍正四年正月以前的亏空、侵蚀、追赔的各案件，要查明后“大沛恩膏”“酌予宽免”了。

第二，三月又降旨，凡因公诖误例应降革者，才具可用的予以职任，“片善寸长，亦不轻弃”。

第三，对知道“感恩”的宗室，晋封爵位，如胤禧、胤祹、弘皙、弘景都在此内。弘皙就是康熙废太子胤礽的长子，此次竟封为理亲王了！

第四，对于一些“犯人”的处治，颇见“宽大”，除本人减等不死外，特别是妻子为奴、家产入官等非人道的旧规，都有“恩免”之例了。

这可是非同小可之事啊！这么一来，不知有多少人从九死一生的惨境困境中，得以小喘一口复苏之气。

曹家原是一户奴隶之家，曹頫本人又无罪可言，前朝之事，已经可以“勾销”了吧？

这年的五月，“照管”曹頫的怡亲王胤祥病故了，身后礼数荣宠已达极点，各地建立的“怡王祠”不计其数。

但是，不管上述种种对曹家具有何等意义，最要紧的还是宝亲王与小平郡王二人的力量——他们已然逐步地隐现于政治舞台的幕边幕后了。这两个人对曹雪芹家的今后命运变化，无比重要！

（三）

雍正的第四子，名唤弘历，生于康熙五十年（1711）。据雍正一派人的渲染，说他十二三岁时随康熙帝去打猎，一熊扑来，他毫不畏惧，且终将大熊击毙，因此祖父皇帝非常称奖，认为此孙是日后再传的嗣位人——因此才将皇位传与其父胤禛，云云。这自然是为胤禛的阴谋夺位制造美妙的饰词，但也可见此子确实自幼有过人之材。到雍正八年（1730）上，他已年长十九岁了。他深知他父亲的政治手腕太残酷了，天下臣民皆有不服之心，长此下去，并非善策，所以当雍正让他逐步参与计议国事时，他是劝他的父皇应当适宜地收敛了。因为雍正是康熙帝的第四子，所以他一心要在这一点上“做文章”：也传第四子。因此弘历的婉谏，对他是起了作用的。雍正十一年（1733）正式封他为宝亲王（这个封号被曹雪芹巧妙地运用到他的小说里了）。雍正暴亡，弘历继位时，不过是二十五岁的青年人。

青年弘历有一个很要好的伙伴，就是同宗的小平郡王福彭，曹雪芹的大表兄。老平郡王纳尔素获罪圈禁后，让福彭袭了爵。这大约是由于福彭自幼被挑选入宫作为弘历的伴读（那时皇子从师读书，例有宗室的学生陪伴同学）。福彭（1708—1748）不过比弘历年长三四岁，正好是青年同宗学侣（不过比弘历的辈数要低了）。

福彭是个英年的干材人物。他是清太祖努尔哈赤之次子代善的后裔。代善号称“大贝勒”，地位最尊，是“铁帽子八王”之首，封礼亲王。子岳托，封克勤郡王。岳托之孙罗科铎是第一代的平郡王。福彭是罗科铎之第六子系下的曾孙，曹寅之长女的长子。这就可以明白：努尔哈赤的这一支后代，原本自是满族贵胄，但从福彭起，他身上流着的却是满汉两族的血液了。如前文所述，曹家原本自古就是辈辈出生异材的一姓门楣，那么福彭的得天独厚，非同凡响，不问可知了。

福彭这个人是了不起的。他自雍正四年（1726）七月袭了王爵，十年（1732），任镶蓝旗满洲都统。当年闰五月，改任宗人府右亲正。这还不算，十一年二月任命为玉牒馆（编纂皇室宗谱的机构）的总裁，四月军机处行走（“行走”，清代官制名词，意即参预办事），而七月即被任命为“定边大将军”，去征讨厄鲁特了！看他一连串的步步高升，不仅仅是得用，而且是亲信要职、军国大政。这就是与弘历密切相关的显著迹象。

另一方面，雪芹的祖姑丈傅鼐，也赦免了罪过，“还宫侍起居”，又做皇帝的近臣了。

这样，看得出曹家政治地位自然也会随着政局气氛的变化而得到相应的改善。

这样，我们也可以看清，雍正一朝，在第九、第十两年之际，是各项政策措施发生很大变化的一个“分界线”，已经有些像是乾隆朝的小小序幕的悄然揭起。

这，对曹家对雪芹自然重要之至。

（四）

我们在前面讲到小雪芹诞生时众人说他“来历不小”的故事。有一种传闻，听起来似乎荒唐可哂，然而却是“来历不小”的印证。这传闻说是“先生秉有夙慧，太夫人尝梦入月而有娠。生时红光烛天，邻里异之”。

在古老的中国，一个观念十分突出，即认为天、人是相关的，一个特异人材的孕育诞生，是一种宇宙力量给予和安排的，因此这种人物生时总被传为有其“异征”，而母亲梦见了什么是一个最常见的主题。比如，一个女儿日后贵为皇妃，则母亲往往有“梦月入怀”的说法——月属阴，是女性和后妃的象征。但是雪芹的故事与此不可同日而语，因为这不是“梦月入怀（母胎）”，而是梦见进入了月宫。中国向来认为月亮是一个最美的仙境，其中有一座广寒之宫，里面住着美丽无比的嫦娥仙子，有大桂树，有玉兔在为她捣药。雪芹的母夫人梦见她进入月宫因而有了娠孕，生了雪芹，这种传闻的真正涵义是什么呢？这倒是很值得深思细究的一个问题。

也许，我们可以留下它，在后文再作讨论。

如今且表，这个传闻接着说：“四岁已毕四书、五经。”（四书、五经，是古代学童必读的经典书籍。四书：《论语》《孟子》《大学》《中庸》。五经：《诗经》《书经》《易经》《周礼》《春秋》。）

一般说来，一个学生要读完这些艰深的书，快的也需要读到二十来岁。四岁读毕，这是不可想象的奇事！

这里，似有夸张。然而远远超乎常智的神童，在古今中外的历史上，却有纪载，并非绝无仅有。至少有一点我们应该相信：雪芹幼时颖慧异常，实是亲友尽传，远近咸闻的。这孩子确实具有过人的天才，他的祖母与母亲特别钟爱，真是珍如性命一般。

曹家是年深世久的满俗化了的家庭，其习俗是“满七汉三”的组成比例。按照清代满旗世家的规矩，小儿入学最早，督教极严。贵如皇子，也是六岁就傅，无宽缓之例。正式入塾之先，还有从幼即授“字号”（小方块纸，每方写一个汉字“课本”）的，聪明的在家已能认得数百或一二千字，不为稀奇。

那时的学校，形式不一。有条件的设立自己的家塾，请一位“专馆”的先生来教子弟。有的成立义学，供给族人亲戚们无力入塾的孩子上学读书，一切免费，还发给食用之钱。还有多种等次的官学，如曹家被逮来京的那一年（雍正六年），皇帝有旨，说咸安宫现时空闲，命设立一处官学，专门教育内务府包衣人家的子弟，就是绝好的例子。小小的雪芹，长到六七岁时，该上学了，可是他家在雍正七八年恐怕还没有自己请师的能力。族中纵有义学，但是距离也很远，进皇城西安门内包衣人聚居之地，那简直是不可能的事。最近的应该是从蒜市口西行，越正阳门，进宣武门，往北走一小段路，就是石驸马大街，那儿进去就找着大表兄福彭的平郡王府。府里有家塾，亲戚的孩子可以“附学”。

那种上学还是可以想象的：

在王府的二门外前院里，一个跨院十分幽静，小小三间正房，一明两暗。进了正门堂屋，正北立着一面雕刻的木龛，内中供着一面牌位，上面大书“大成至圣先师孔子之位”。龛前有供案，陈设着古雅的祭器。学童进来，先要向牌位恭敬行礼——作揖（双手抱拳，将身躬曲向下，手随身屈到腹膝）。然后躬身进入里间，先生（老师）靠山墙设一大案，案上有书、文房四宝、戒尺。案后一大木坐榻，上设质地高雅而朴素的大靠背和极厚的大坐褥，老师可以舒适地端坐或倚靠，或盘膝或垂腿。那大坐榻很有点像帝王宝座那等尊严。学童进屋，又向先生深深一揖。然后找到自己的座位坐好。学生到齐，先生就开讲了。

小霑哥自幼深受文化教养，特别讨人喜欢的就是见了人礼数周详，举止优美，无人不赞，进了学房，竟然超过了王公家的子弟，老师已是另眼相视。及至一念书，更把老师惊得怔住了。

中国的学童，自古多有聪明颖慧超众出群的，常用“一目十行”“过目成诵”来形容。清代书本款式，一般是每行十六七个大号的汉字。智力不强的，每日学三行书，还记不住。霑哥儿则真是一目数行俱下，只念一两遍，就能背诵如流了。他不但学得快，而且悟性极高——他能明白书上所讲的道理，得其精义，不只是背死书。

渐渐地，先生发现这个令人喜爱的学生也并不只是聪明过人，他另有奇怪脾气，会淘气、会思索，常常发出疑问，使先生张口结舌，回答不出。还时有一些令人惊讶的怪话怪论，听起来十分胆大妄为，使先生为难，或者只好以申斥他不守规矩、胡云乱道而了之。

因为家境的关系，霑哥儿上学时年龄已比一般满洲世家的孩子晚了。上学只能念那些规定的四书五经。这些书都是古代儒家的经典，教育做人和从政的道德规范，都是非常成熟的有阅世经历的成年人方能明了领会的，这对小孩子来说，那种枯燥严厉的读书是很苦的。

霑哥儿是一个聪颖而又“淘气”的孩子，死板地认字、背书这种学习阶段，他是不能感到满足的，很快就自己偷偷地转入了另一个新的阶段，即“杂学”的涉猎和追求。

什么叫“杂学”呢？原来在那时候，读了经典，是为了做“八股”文章——一种法定格式，专为科举考试而设的，要由考官在“四书”里割取一句话，就是文题，考生必须以“代圣贤立言”的口吻来发挥那题目的意义，文章要按规矩分为八个段落，故名“八股”。除这个算是“正学”之外，其他一切学问都得归入“杂学”范围，那“身份”就不能算最高的了。

但是曹雪芹最厌恶这种假文学，他在小说里写那些醉心于八股文的人，叫他们做“禄蠹”。他咏小说主人公贾宝玉，说他“愚顽怕读文章”，今日读者多已不懂了：那“文章”二字，并非与现时的涵义一样，在那时代，它专指“制艺”，即八股文，也叫“举业”。

小雪芹的天性不守正规，求知欲强，感情丰富敏锐，极需要的不是那种应考的假东西，而是真正透发才华、抒写性灵的中国古代的诗文词赋，以及被士大夫轻贱的民间通俗文学：小说、剧本、弹唱曲词等等在中下层社会流行的文学形态，当时也叫“闲书”。

幸好，他家因政治地位骤落，已经被摒居于外城了。蒜市口这种地方，却使他得到了远比内城、皇城里的孩子们多得多的接触“杂学”和“闲书”的机会。

第十六章　启蒙老师："六才子"与谢御史

（一）

曹雪芹从少小时就"不务正业"（学八股制艺），专爱"杂学旁收"的（此语见于《红楼梦》中）。但他想要觅看"杂书"，却是一个很大的困难。祖父一生的藏书，抄家时已经被人弄走了——抄家的清单上，一字不言书籍，这不知是否当时的制度如此？还是已为有办法的亲友们设法保护收藏去了？我们已无从得知。他家藏书的一部分，后来出现在他祖姑丈傅鼐家里，但他若能得见这些书，也该是成人长大以后的事了；此时尚小，还不到读那些古书的阶段。

由于所居之地点较易接近中下层社会的各行各业，所以雪芹开始得读的"杂学闲书"，就是流行当世、十分易见的小说和剧本（曲剧的唱词）。

在中国，长篇章回小说和元“杂剧”、明“传奇”（都是由极美的曲词构成的）剧本都极为读者喜爱欢迎，其流传之盛，入人之深，可说是要比什么官定的教育课本的威力都强大多少倍。尽管正统士大夫非常鄙视这种作品，然而从明代以来，情况却发生了重大变化：一是众多天才作家，由于科举的世界无从施展发挥他们的才华智慧，便把精力投入到了小说与剧本的写作，因此质量颇高；二是从明代中叶，出现了一派“批点家”，专门给流行的头等小说剧本做出“批点”，刊刻行世——所谓“批点”，原是中国独创的一种形式，它可以逐字逐句地深细品评赏鉴，写在作品正文的句下或句旁（汉文是竖写的，所以有句下和句右侧的款式）。这也许有点近似西方所说的close reading吧？不过西方似乎还无法模仿这种中国式的文艺欣赏评论的特殊形式。

在这方面，忽然出现了一个人，名叫李贽，人称李卓吾先生。此人一出，对中国通俗文学的批点流行，起到了极其巨大、不可估量的作用！而这李卓吾先生，就成了曹雪芹的真正的“启蒙老师”。

李卓吾（1527—1602）是比曹雪芹早降生二百年的人。在现代，人们把他划称为“思想家、文学家”，这自然不免有些学究气了，因为李卓吾并不是一个什么“家”，他只是一个有个性的生性古怪好放言高论的人。他写了大批的著作，因为他的见解与世俗正统太不谐和，遂致受人仇视，被诬为“妖人”，官府拿问下狱。他没有“悔过”认罪，坚称他著的书是对人世有益，而非有害。官府没法定案，只得困在狱中不予发落。他终于用剃头刀割断了自己的喉咙。

小雪芹也绝不是一个学究式的人，说他受了李卓吾的巨大影响，一点儿也不是说他二人是全同类型，或者说曹雪芹就是找到了李卓君的整部整部数十卷的论著而全面拜读。他怎样受到李先生的影响？实际上就是忽然得到了李卓吾“批点”的小说剧本而大开心臆。

在李先生之后，又出了另一个更为普遍流传的大批点家：金圣叹。他死得更冤更惨。他也是曹雪芹的“启蒙老师”。

这些事，等下文再接着讲述，因为此刻还得讲到他与另一位现实的老师的关系。

（二）

曹雪芹的另一位“老师”也是一位奇人。此人官居御史，人称谢御史，名叫谢济世。他被雪芹的表兄福彭敦聘到平郡王府去教导小世子庆明，因此，雪芹就有了跟从谢老师，听他讲学的机会。

谢济世（1689—1756）怎么称得上是一奇人？他原是翰林院检讨官。雍正四年，授职御史。他当了御史（监督弹劾之官，地位甚尊），第一次例行朝见，就奏劾田文镜。田文镜又是谁？他是雍正夺位前王府中一个庄头奴才，这时却做了河南省总督。他以“清官”为名，声望极高，是雍正最宠信的三大员之一。但这“清官”，却把河南的百姓害得极苦，然而无人敢碰他，碰他就是触忤雍正。谁知谢御史上任的头一件事就是劾他！雍正疑他与人合谋生事，饬令审讯，因拿不出所劾的实据，落了一个“传闻”不实，于是被判死刑。雍正照例施“恩”宽免，次日即发往西北军营去“效力”。

说来有趣，谢御史在军营，倒也“自在”，每日著书讲学，军中的那些满洲文武官员，十分敬重这位铁面御史，群奉为师，恭恭敬敬坐在下首听“老师”讲论诗书学问。可是有一位奉承雍正的顺承亲王锡保，把谢先生的四书注解呈报给雍正，查出其中有诋毁圣贤（批评朱熹的官定注解）、讪谤朝政的词句。于是雍正判令军中监禁，并且戏剧性地表演了一次假处决：将谢御史五花大绑，押往刑场——只是到了即将“行刑”的最后一刻，忽然宣布赦免！谢先生从头到尾，从容就义，面不更色！这一场奇情壮采，使得全营之人更加十分钦佩他——也许这内中意味着同情，曲折地反映了对雍正的看法！

重要的是，谢济世得到的保护他的第一个人，就是平郡王福彭。

雍正暴亡，乾隆嗣位，于1736年将谢赦免，复任御史。福彭的西北军事，因暂时的和解，也班师回京了。他们在朝重新会面，福彭就礼聘他为自己的子弟的尊师。和福彭要好的慎郡王胤禧，也极钦慕谢先生，想托福彭转达诚意，请他到府相会。谢答：不当与王爷交往走动，不肯前往。慎郡王更加赞叹。

这慎郡王，也见过少小的雪芹，对他十分赏爱。

这样，年当十二三岁的雪芹，就得以在表兄府里，附学伴读，接受了谢先生的教诲。

从谢先生学，首先是受他为人品节德行的熏陶。刚正不阿，不畏强暴，勇揭私弊，敢于冒死坚持真理，不迷信偶像。他对天文地理、动植生物，善于观察分析，富有科学精神，学识十分丰厚，不只是书本文字的空谈玄议。谢御史回京后，出门在街上走过时，民众争相拥观，都想看看这位不怕死、敢触雍正的奇士！

小雪芹的天性，与这种人物的思想行径，很容易融合默化。

（三）

虽然乾隆把谢御史赦回复任，而且也很称赏他，可是他之不能久居朝廷之列，那是很明显的，过于刚正的人，是不受同僚欢迎的。他上疏建议改进科考取士专凭“八股文”与字迹合格的旧规陋制，并多次进呈自己的论著，俱无效果。1738年，他自请外任去了。从此，平郡王府没有了这位老先生的足迹，雪芹的从旁受益，自然也告结束。

失掉良师的亲授，雪片的“杂学”，当然更离不开各种社会人群，也离不开书册。

书册中，诗词居首，再有就是史书，包括像司马迁的《史记》、唐太宗主编的《晋书》等所谓“正史”，再有就是“野史”杂记、小说剧本了。

这些，不但是学识的源泉，也是教养的炉冶，文化的甄陶。

在“评点”这个范围，除了前面略述的李卓吾，还有一个金圣叹，同样重要。如果区分李、金二家的特点，也许可以这样说：李专注于思想的内涵，金则更重在艺术的赏析。读李的评点，能使人愤慨、深思；读金的批注，则令人眉飞色舞，神观飞越，在中国文学特有的文采和笔法这个重大方面，给读者提供了极为出色的营养成分。

金圣叹又是何许人呢?

他本名金采、金喟，又名金人瑞（1608—1661）。幼年贫苦。童生考试时，文体怪谲，被考官斥黜了。于是他改了姓名，变了文格（迎合时世的下等风格），这回果然大为考官学使赞赏，名列冠军。这又是出现在明、清之际的聪慧过人而又性情怪僻的奇士。明朝既亡于清，他就不肯入仕做官了。他生来狂放不羁，恃才傲物——这八个字也可说是曹雪芹一流人物的共同特色。例如他一方面吃狗肉（这是“下流”的行径），一方面又登坛讲经课徒。因为正统士大夫侧目而视，把他看作是邪妄之人，群相诋毁。这一点，与在他之前的李卓吾恰好相似。而且，他与李先生更为如出一辙的是他的批点文学，而他的评点对后世的影响，却超过了李。

批点是中国独创的文学形式，十分奇特。它可以说一举而具多重意义：批者对他崇拜的一部名作表述他的赞美，阐释其价值所在，并且借此抒发自己的感想，包括政治的、哲学的、社会的见解，还有艺术审美的理论与赏析。在金圣叹的比照之下，李卓吾显得格调平实，还有点儿学究味，“老古板”模样。金氏则意气风发，才华洋溢。金氏获得了普遍的热烈的欢迎，恐怕要超过李氏十百倍！

金圣叹最了不起的贡献——亦即对曹雪芹的最巨大的影响，尤其在于他的“六才子论”。

什么叫作“六才子”呢？

在中国，特别重这个“才”字，把天下作家称为“才子”，为人钦慕爱重。依金圣叹的眼光，中国自古及“今”（金的当代），首选的作品共有六部，即：（1）《离骚》。（2）《庄子》（又名《南华经》）。（3）《史记》。（4）《杜（甫）诗》。（5）《水浒传》。（6）《西厢记》。

他把这称为“六才子书”，各加批点，赞美那六家的“锦心绣口”，佩服得五体投地！

当然，这六部作品本来已有盛名，不从他才开始享誉，但是金氏批点的感染力是如此之大，如此深入人心，以至清代的一般念书识字人都为之加倍倾倒，喝采叫绝起来。由于金氏的序次，这六部书也多不称本名了。例如《水浒》，只称“第五才子”，《西厢》只称“第六才子”，这便无人不晓，成为更流行的名称了！

“六才子论”的意义何在？在于他把古代尊贵的自叙诗、哲理散文、历史传记、诗圣杜甫的诗集、民间小说故事、剧本这六个本来传统地位极为悬殊的文学体裁与成果，大胆地“拉平”了，给了同等的高度评价！这对当时后世，发生了无可估量的作用，或许可以说是一种革命性的文学创论。

曹雪芹欣喜异常地接受了这位启蒙老师的教育与指引。

（四）

曹雪芹能够像我们今日，自由自在地尽情享读“六才子”吗？不能的——他不能公开展阅，得偷偷地避人以观。

不要说野史闲书，就是比那高贵十倍的古代诗文名著，也都属于“杂学”“杂作”之列，一般塾师是不许学生看的。比曹雪芹小十三四岁的大学者章学诚，论叙他幼时的事，提到他得到一部唐代大散文家韩愈文集的考订书，也只好“匿藏箧笥”，专等静夜闭门时，于“灯窗”窃读。他的记述证明：八股制艺（也叫“时文”）盛行于明代，至清初因修纂明史等原因，学术风气浓厚，通儒多讲正经学问，兼擅诗赋文学；但从雍正开始，直到乾隆十年（1723—1745），忽又变为专重八股，其余一概被贬斥了。这二十多年间，却正是曹雪芹接受教育教养的最为重要的时期。由此可知，曹雪芹的“杂学”，都是他冒着风险、犯着众怒而自己求索以得的。这样的不守“学规”，还会引起家长和至亲长辈对他的气恼和愤怒，把他当作不求上进的不肖子弟，甚至“下流败类”。

（五）

清代的规矩，诸皇子从六岁（实五岁）就得“就傅”，从师就学。其他宗室“觉罗”是八岁须入宗学（官学）。一般八旗幼童是十岁入官学，而内务府包衣人的子弟则是十三岁以上的优秀生，方能挑选进入景山官学或咸安宫官学。曹雪芹长到十三岁时，家境开始好转，政治地位上解除了旧“罪”并有所提高。聪慧过人的少年雪芹，挑入官学，是完全可能的。官学的供给相当优越，家长们都巴不得子弟能够进去。

官学的具体情况又是如何呢？请看一段描述。

> 教习之勤惰有赏罚，学生之优劣有进退，岁颁巨款以为俸薪、束脩、奖赏、膏火、纸墨、书籍、饮食之费，于是官学遂为人材林薮，八旗子弟无虑皆入学矣。至近数科，每一榜出，官学人材居半。然费如许心力所造就者，举业耳，于学之实，固无当也！

官学里，分为两种课业：一是汉文功课，老师称为教习；一是满文功课，老师叫作“谙达”——据说是蒙古语，意思是“伙伴”。那时教满文满语，逐步流为形式了，并不认真去教去学，“应景”而已，因此谙达更主要的任务是教授骑射等武事方面的基本功夫。

雍正是开始重视官学并扩设各级官学的人，但其目的，本在控制从宗室到包衣的八旗大众的思想，更加严奉朱熹的四书五经的注解本为最权威的教材，那是不可侵犯的！如对“朱注”发生与发表异议，便为“离经叛逆”，很快便会成为政治犯罪。谢御史的案子，正是由于他给“四书”中的《大学》自做注解，驳议朱注，才惹出大祸来的。

曹雪芹除了直接或间接受到过像谢先生那样的启迪以外，他并没有机会去接触他祖父那一时代的无数的才子诗文家，而对于比他生时稍晚才兴起的“乾嘉学派”的那种学术研究他更无缘分，因为不但年代是不相及的，而且那学派与八旗人的学问之道本来就是分途两样的。所谓“乾嘉学派”，是指乾隆与嘉庆两朝所出现的一批专精治学的大儒，他们不空谈义理，而是以严格的语言训诂、笺释、考订正误真伪的科学态度与方法整理各种经史和诸子（思想家）的著作，其著作很多成为权威性的版本与论述。这一派，通称“汉学”或“朴学”家，区别于宋儒的往往唯心逞臆式去解说经典，失其本旨。这一学派的兴起，本来也与时代有关，就是这些学者知道谈文论艺不但无补于事功，而且容易触及“文网”，故而埋头于古籍的钻研与考订的扎实而深邃的功夫。他们对于学术贡献极大，但对于文学艺术，才华词采，则不相涉。而曹雪芹的天资与情性，显然是不会走入那种“朴学”道路的。

作为一名学生或“读书人”（即今所谓“知识分子”），“四书”是必修的基本课，必须熟读成诵才行——有人连“朱注”也是能一齐背出来的！这种“训练”当然曹雪芹不能免除或避开。他在后来撰作小说《红楼梦》时，却流露出一种真实的意见，他认为：除了“四书”，古书都该烧掉，因为那都是没有价值或骗人的。他还不敢明言连“四书”也该烧掉，但他却敢说：除“明明德”这句话外，世上根本无“书”可言！

这真是一种十二分大胆而“悖逆”的论调了。他的真意思何在呢？我们将在下文再讲。

由此大略可见，曹雪芹的少小时期的“教育历程”，是在一种严峻的约束中追寻自己的目标。

第十七章　巨大的火花——“七十二司”与一百多侍女塑像群

（一）

曹雪芹长到十岁上，雍正内定的嗣位人四皇子弘历，已在幕后发挥和缓政局、收拾人心的作用。曹家明显地感到了气氛较前日益轻松的意味。这时他家还有三家忠心耿耿的老仆，也许如丁汉臣、吴罗汉、黑子等旧人仍有在家下服役的。无事时，得到家主的允许，也可以携带着小雪芹到各处走走看看了。雪芹对此，兴奋无比。他借着这种机会，不断地发现新的“天地”、新的知识、新的感受与领悟。

从蒜市口他家的小院里往外走，四个方向有四种不同的境界。

先说往北。一直走不了几步，就来到了花儿市。花儿市并不是一处售卖花卉盆景的观赏植物的市场。那“花儿”是指民间工艺，用绒绢等材料做成的极为精美的首饰花朵以及凤鸟蝴蝶等。这种种“相生花”，精致得如同鲜活的花鸟一般。或者还有吉祥图案，千姿百态。那时的妇女，是必须讲求梳妆仪容的，头髻须梳得油亮，一根毛发不许松散，上面插戴着金银珠翠饰物，可是还不能缺少一朵这种花儿——如果不这样，人家会误会，至少以为她家里有了不祥（如丧亡守孝）之事。所以那时妇女的打扮是异常美丽的。

由于是花儿市，自然这一带也就有专卖妇女化妆的脂粉头油、簪环镯钏、绣花衣裙（汉民妇女穿的长裙，遮盖腿脚）的店铺，构成了一片芳馨艳丽的境界。小雪芹每到此地游玩，便领略到了一种特异的无以名之的感受，使他日后对妇女的一切问题都十分留意和敏感。

这儿也有另一种物品引起他的强烈爱好赞美——玉！

这儿自来有琢玉的作坊和店铺，陈设着玉器，它对小雪芹也产生了极大的魅力。

玉文化——中国最古老最独特的文化，最惊人的工艺造诣，是人类之创造的奇迹，世界独一无二的审美形态。小雪芹一下子看上了它，而且对它进行了深刻的思索。

玉，原不过是石头的一种，但这种石头，与众石不同，中国几万年前的先民因为选用石器就辨出了它的出类拔萃的至美！

这是一个审美能力最高级的民族的大发现，他们开始把它视为宝物了。他们的高级审美能力，能辨出玉的质地、色泽、光彩、纹理之至美，这还不足为奇，最奇的是他们还能领悟到玉有它独具的“德性”，比如它的刚坚，它的文采，它的廉厉而不伤人，它的温润而不粗硬，等等。更奇的是，他们在长期的考验实践中，又懂得了一件怪事：玉虽是天然的“死物”（今之所谓无机物），可是却具有灵性！

这一切，都遥遥暗联着小雪芹日后写小说时取名《石头记》，而且这块石头是化成了“通灵宝玉”的那一奇妙的艺术和哲理构想。

（二）

从蒜市口往四围看，大寺小庙，远近为邻，不可胜数。雪芹从小喜欢上庙和游庙。他小时在南京第一次随着家里人外出，就是到织造署东侧的万寿寺，这是他家的家庙；再往北，还有水月庵，都给小雪芹留下了难忘的印象。上庙，是到正在香火旺盛的庙宇在定期开庙的庙里去看庙市。游庙却可以是寻觅已经荒凉的古寺遗痕，凭吊名胜，怀念前代名流诗客。小雪芹对这两种情景况味，都深感兴趣。

一提庙宇，现代人们先想起“宗教”和“迷信”两个概念，便以为这是无意义，不足道的前尘旧史了。那就是不明真正历史实际的想法。在古老的中国，庙宇是民间文化活动的源头和“基地”。中华先民，凡一处聚居的村落，必先立“社”（也许就在一棵大树之下盖一间小屋），是祭祀“后土”（大地之神，坤灵，万物之母）。这就是后来庙的原始形式。但因此故，“社树”之地，便成了聚会的场所，重要的议会，节日的庆贺，百货（尤以农业所属的器物为主）的交易，极其自然地便都集中在这块神圣而又普通的地方（“社会”一词，来源于此）。再发展，就形成了民间一年中唯一的一种群众性娱乐的园地，民间的“社火（夥）”（村民自创的歌舞表演），请来的剧团，都以庙会庙场为中心而热烈举行。不了解这一点，就是不了解中国民众生活中的文化娱乐的形态和民间艺术的“阵地”（有关庙宇的一切建筑、雕塑、壁画、幡幢、供器，还有僧道们擅长的鼓钹笙管古音乐……百般工艺惊人的造诣）！

对于这些，小雪芹天性中具有审美与领悟的智慧，常常是赞叹不已，为之心折，为之倾倒。——而他却是一个激烈反对宗教迷信的勇士，反对滥盖庸俗荒唐的神庙以及假借鬼神坑骗无知良民的劣僧恶道。

离他家最近的是一座关帝庙和一座泰山行宫。关帝就是最流行的历史小说《三国演义》中的关羽，本是一位历史人物，武艺超群，忠义过人，中国不识字的村民百姓也知他之威名而最为敬佩。但明清两代的皇家把他神圣化了，封为护国的帝君，尊为“武圣”（相对于孔子为“文圣”），尤其以征战立国的满洲人，尊之无比崇伟，因此中国的庙宇大约是以关帝庙的数量最为可惊了！小小的雪芹进入这座庙，地方不算太大，来到正殿，尽力地仰面而观，只见那一面墙前塑着一位身高丈余的巨大关帝，穿着铠甲，枣红色的脸上那一双丹凤型的长目，正怒视着一个被缚的叛徒（名叫姚彬），头发绕在一根柱子上，态度桀傲不服。那关帝尤其凛凛如有生气，那种尊严而威重的神情气概，真令人感到敬畏。再看时，他身旁还塑着一位豹头环眼、黑面铁髯的武将侍立，手中持定一杆长柄大砍刀——连那刀也是一件精致的艺术品，刀上画着一条腾跃的青龙，刀形似一未满上弦的新月，上有大朵红缨穗。令人惊奇的是，这已不是神像，整个儿活似一幅生动的古画卷！小雪芹这时已熟知《三国演义》小说的故事，眼望着这奇伟的塑像——它已被多年的焚香的烟火熏染得有点黑黝黝了，真增加了它的古气和生气。有一次，关帝庙夜晚开庙，古殿里炉插香烟，旁边的灯龛里红烛的火焰在静静地晃动——小雪芹眼中的关公，简直就像要站起来活动了。

这哪里是神，就是不折不扣的一尊巨大的民间工匠手中创出的无与伦比的艺术精品！

可是，一到泰山行宫，那景象全然两样了。

这儿供奉的是泰山之女神“碧霞元君”。说来有趣，中国的山川之神都是女性的。泰山是中华北方的最尊的山岳，是人民景仰的巨大目标。可是碧霞元君娘娘塑像是端庄静秀的东方女性美的典型，头戴着珠穿冕旒，身着绣袍，云肩霞帔，尊贵高洁，而又慈祥亲切。

再一处最令小雪芹神往的庙宇便是在他家东面的太平宫了。太平宫俗称蟠桃宫，坐落在东便门通汇河的南岸。庙里供的是王母娘娘，玉皇（天帝）的配偶。这座小庙的有趣，要分好几个层次来讲给外国人和中国年青一代。

首先是一个佳节和一段神话的结合，然后还加上一部与《三国演义》等名著齐名的小说《西游记》的密切关联。于是这个庙更少迷信色彩可言，简直就是一处奇趣横生的最好玩的文艺游览宫殿——

这庙每逢暮春之初、三月初三日是正庙期。“三月三”，是俗语，雅名叫作“上巳”，是春季气候最宜人的日子。从很古以来，大家都要在水边上找一地方聚坐饮食游观，文人诗客还要作诗抒怀。这叫“修禊”，原是天气将暖，临水浣除积垢和病源的古代卫生习俗，后世成为春郊“踏青”玩景的节日。到这日，成群结队的仕女，盛妆倩服，倾城出游，盛况难以描写。

神话却传说：人间固然欢乐，天上的王母娘娘也选了这一天大开蟠桃会。王母娘娘拥有一处桃园，遍植仙桃树，此桃须三千年一结果，人若吃了，寿与天齐，永生不死。到三月三上巳佳辰，仙桃成熟可食了，王母便遍请天上人间的群仙前来赴宴，飨以仙桃美酒。这就成了极享名的蟠桃盛会。

这已经十分引人入胜了，偏偏《西游记》又写到“美猴王”的故事，猴王来到天宫，玉皇让他管守桃园，他却馋得把仙桃吃得一干二净——王母请了客人来，方知一枚不存，大为尴尬。美猴王闯了一场大祸。

这些故事，使小雪芹为之向往神游——不料等到他来到蟠桃宫，竟惊喜得叫出声来。原来那庙占地不大，院中迎面一个巨大的石香炉，炉内焚的香，火焰高达数尺，红光逼人。炉后是一座高大的石碑，上面刻着建庙碑记。碑后便是娘娘殿。步入殿内，举目看时，正和关帝庙相反：那娘娘塑像很小，约不过一尺半高，披着黄袍。周围一望，并无其它神像，只见四壁上都是雕刻的图案景物，山石、海涛、竹林、树木……皆有，玲珑剔透，令人真觉新鲜可爱。再细看时，又见那绿竹林中，有小观音菩萨端坐，小善才童子侍立；而这壁桃林中，还有一个小猴王在那里玩耍！

这是神庙吗？这简直是一座小巧的《西游记》艺术宫！小雪芹完全迷住了，舍不得走开。他觉得这比什么玩具都好玩得多。

宫门外临河是一大片空场，人山人海。场上面挤满了百般百样的货摊、游艺棚，叫卖声、锣鼓声，连成一片。游人如蚁，男看女，女避男，扶老携幼，构成了一种人间的仙境。从崇文门到此，循河三里，都是垂柳，比一幅画还美。哪里有“天上”？这就是人们自己创造的天上乐园了。

这块地方对小雪芹影响很大——联系着他日后写作小说的构想。他大约也能记诵这首题咏太平宫蟠桃庙会的诗句：

十丈红尘过雨清，惠河添涨绕重城。
瑶池香渺青云黯，阆苑花鲜晓日明。
正是《兰亭》修禊节，好看曲水《丽人行》。
金梁风景真如画，不枉玄宫号太平。

（注）

瑶池：王母的居处。

阆苑：仙人的花园。

《兰亭》：晋代大书法家王羲之在上巳节修禊所作记盛诗文。

《丽人行》：中国唐代“诗圣”杜甫三月三日所作诗篇，写当时京城近旁“曲江”游春的盛况。

十丈红尘：比喻京师的人烟稠密，车马繁华。

（三）

庙内庙外，都是民间艺术的综合聚处，庙市摊上卖的泥制、木制、纸制的儿童玩具，极富民族的民俗生趣，与那些宫廷或高贵家的陈设物迥然两种味道，也是小雪芹最喜爱的珍贵之品。庙的名称也给他以诗意和哲理的启悟，如太平宫以南，有一座观音庵，它的本名就叫“云深处”。这是中国诗的语言，已与佛教无多关涉。再如近处的几座庙，花儿市东南的隆安寺，殿前两株古柏，其径粗十数围，非千年不能长成这样，相传这也是唐代的古寺。这儿每年的元旦举行盛会。寺庙各有开庙的定期，所以它们又是一年季节时令的特殊标志。如隆安寺正月初一便举行“千盘会”，寺僧要制办出一千盘的果饵糕点来供佛。花儿市又有火神庙，每月初四、十四、二十四三日开庙，庙市一直延接到市西口（即崇文门外大街），雪芹小时候心爱的玩物，就多是这种庙市上的佳品。他非常爱看那些三五成群的少妇少女，在庙前挑买“花样子”和彩色绒线（刺绣用的）。其余有四月开庙的，八月开庙的，每处不同。东城的庙，纯粹是民众百姓的，与北京许多名刹与士大夫关系密切者不同，文人墨客很少来东城看庙题咏，但是它们给雪芹的文化艺术的启示和营养则十分巨大。虽然现在北京这些庙早都废除、拆毁，改建民居了，现代人观念中也不大知道古代中国的寺庙在人们的文化生活上的重要地位，但是历史的真相是需要追述的。并且，这也是因为曹雪芹的人生经历和几处庙宇曾发生过重要的关系，是不能忽视的一个文化侧影。

（四）

北京的寺庙之多，堪称世界之最，明清两代尤盛，寺庙的建筑风光，与僧道的钟鼓经呗之音，彼此接连呼应，蔚为大观。这当中，与曹雪芹的创作发生奇妙关系的，除了上述碧霞元君、观音菩萨（东方女性化了的佛像）、王母娘娘，还有崇文门以东“上三条胡同”和木厂胡同的天仙庙的仙女以外，必须了解北京朝阳门（京内城东面的正门，从东面进京的交通入口）门外的东岳庙。这座名庙，规模、性质都很奇特，声名之大，冠于京师，北京人很少没有上过东岳庙的。

东岳就是泰山的别称。泰山之神，从唐代起，地位日益尊崇。这座大庙的来历更是不同凡响。

提起崇祀泰山的事，不但历史十分古远，而且意义更是丰富。中国有五大名山，称之为“五岳”，而以泰山为首，谓之“岱宗”。从秦始皇为始，封禅礼敬，它的峰顶留下了最古老的石刻碑记。唐代封泰山之神为“天齐王”，宋代加封为“天齐仁圣帝”，所以民间俗称东岳庙为“天齐庙”。

中国先民重视名山大川，首先是地理观念，然而却又与大自然造化的宇宙观有其密切联系。中国的古老哲学以为，宇宙万物的基本构成是五大元素：金、木、水、火、土。五者之中，木的方位居东，代表春天，代表着生机生命的滋长发荣。天地“化生”之宇宙力量是一种最重大的德性。所以泰山的重要象征意义，是其他名山所难以比并的。

其次，古时人见泰山崇伟，多聚云气，因而又以为泰山之神能作霖雨，生养嘉禾，调和气候——这在自古以农业为本的中国，更是头等重要的功德。

这样，五岳山分布于四方及“中央”，其祭祀只专重在各自所在的省份地方，唯独泰山是“普天下”（全中国）崇祀的尊神。每年三月二十八日——中国春季的结尾实际则春天的气候花木禾谷一切才正在芬春时节北京的东岳庙庙期，从江南来的，从天津来的，都循运河水路经过通州云集于朝阳门外，客店不能容了，还须临时设备住处。民间的“过会”，旙盖彩旗如林，奏着鼓乐，抬着彩阁，把东岳神像请出庙外巡游。此时，万民簇拥，盛况实非语言能以描叙。

但是少年雪芹来到东岳庙，那感受又是与众不同的。他读了康熙老皇帝的御笔碑文，方知此庙于康熙三十八年（1699）遭了火灾，皇帝拨了“广善库”的专款，命裕亲王监办，费了三年的工夫，将庙重新修好，碑是四十一年所立。一进正殿，举头先见一方巨匾，题曰“灵昭发育”，是康熙帝的大字御书。对此，雪芹心中立即想到，那时正是爷爷在时，家里家外，全盛的年代。

再说，东岳庙的出名，还在于庙中的塑像名闻天下，传说元代建庙之时，是天下第一名塑手刘元（亦传作刘銮）的艺术绝品，无第二人能比！刘元是宝坻（今属天津）人，出家做过道士，从师父学得了多种技能，而以塑像为一绝。有了这种光荣的传统，可知庙内即使后来仿作、配制的诸般塑像，其水平也就十分高级了。雪芹一层一层地逐般观赏：

——正殿的天齐大帝，两旁侍女、太监、相臣、武士。

——东西殿神君、道士、仙官、将军……无不神妙绝伦。

——三皇殿，供奉的伏羲（中华文化之祖）、神农（农桑医药之祖）、黄帝（衣冠、文字、典制之祖）。

——正殿后的寝宫。

——最后面是玉皇阁。

这些层殿，有两层最使雪芹惊骇和赞叹。

但还有一层最奇特，是这座岳庙里却有“阎王殿”，殿的东西厢两边有“阴曹地府”的“七十二司”。这是由佛教滋生的一种纯属迷信的说法：人世是“阳间”，另有“阴间”的世界，是人死后亡魂之所归，有“阎罗王”掌辖，凡在世时犯有罪恶，则必在“七十二司”内分别罪情受到酷刑惩治。阎王殿两厢分布着七十二司，这里面，各种鬼卒的塑像极其狰狞可怖，酷刑的场面也惨不忍睹，胆小的人和孩童不敢进去。更奇的是有些鬼卒脚下暗装活轮，通连着地下的“机关”，一脚踏上，那鬼卒会动起来。据说真有人活活吓死。雪芹只觑了一眼，心惊胆战，异常地憎恶和反感。

但当他到了正殿后的寝宫，却屏住了呼吸，睁大了眼睛——他所见的是一百多个千姿百态的侍女塑神群！这些少女，都美丽可爱，她们各自在“做着活计”（比如擦镜的、捧水的、侍奉梳妆的，等等），简直就是活的人物！

雪芹惊呆了，脚下不肯移动了。

就是这样子，中国的古老文化是如此地复杂，好的坏的，美的丑的，真的伪的，善的恶的……都纠缠在一起，没有极高的智力，是难以审辨取舍的。然而，年少的雪芹把“七十二司”和“侍女群”这两个绝不相干的、性质全异的意象，忽然一下子结合起了，他产生了一个绝顶奇特的想法：

> 七十二司太丑恶了！寝宫（侍女群）太美了！人说七十二司掌管人的亡魂；我则也可以另创一个“世界”，非阴非阳，那儿是少女们的灵魂的归处，有一个美丽智慧的仙姑在掌管她们的“命运的簿册”（因为“七十二司”中有“鬼判”执掌每个人的生死簿册）。

雪芹的这个奇想，是一种对俗世迷信的嘲讽调侃，也是对妇女命运的一种最新奇最圣洁而又最沉痛的“社会主张”与“哲学思想”。这是一种神奇的“结合”的产物。他头脑与心灵中爆出了这样一个火花，成为他写小说的构思的契机，天才光焰的火种。

当你读他小说中所写的“太虚幻境”时，你便明白了它的来源竟然是谁也意想不到的东岳庙——山门外有一座引人注目的大牌坊，殿门内两厢分列着“薄命司”“痴情司”“春怨司”“秋悲司”等众多名目的“分司”（分类管理的意思），这正是仿照（有意地对比）东岳庙的建筑布局而得出的艺术联想与文采创造！

第十八章 “花落水流红”——脂粉英豪

（一）

东岳庙里的“七十二司”“地狱”的鬼卒和亡魂，寝宫的百十名侍女群，给了雪芹以反、正两面的启发。他思索：绘画家有言，“画鬼易、画人难”，因为谁也没见过鬼究竟何等面目，你就可以任意胡画；但是人则不然，画得要像活人，而且不能雷同，“人心不同，各如其面”。这就悟到：塑那侍女群的艺家，比那塑鬼魂的匠人高明得不知有多少倍了。百十个侍女，年龄相仿，身份地位相同，而能塑得那么各有神态，绝无“千人一面”之病，这本领太高超了！于是雪芹深领：画人、写人，要向塑像者“学艺”，当徒弟。他家是世代出画家的，但从他为始，又恢复了专喜画人的老传统——唐代诗圣杜甫咏过的曹霸，就是画马、画人的高手。

侍女群像——他熟悉的，现实中的满洲八旗富贵之家，都买有大数量的女奴（侍婢、使女、丫环、丫头）。她们几乎个个可爱可疼，可又个个可怜可痛——贫寒被卖的，孤苦无依的，被拐骗落难的，还有大批“犯罪”官员人家的妇女“入官”派给仇家做奴受辱的！

更使雪芹难过的是当时贵家豪族对待使女的残忍态度。单是他听老辈人讲的，就有种种事例，足以使他惊心动魄，惨然泪下。

——祖父的好友“饮水词人”纳兰性德的父亲，权相明珠太傅，豪富无比，使女众多。一日，他与他夫人闲话，夸赏一个丫环，说她的眼生得真美。他的太太是个奇妒之人，以为明珠看上了这个使女。第二天，明珠餐桌上出现了一道菜，两颗圆圆的东西，明珠不认识，便问太太。她答道：这就是你爱看的那双美目！原来这个残忍的贵妇人命令挖掉了这个少女的眼球。

——有某驸马府，高大的府墙，最背阴的僻处，墙脚下有一个洞。附近的人或过路的，能留神看到从这洞里每天有少女的尸首拖出来，用席裹了，拉去火化。原来这个府里使女最多，府主则荒淫暴虐，被折磨蹂躏以死的，每日不断，都从后墙下拖出来，惨不忍睹。

——还有，拿红热的烙铁（熨衣服的）烫胳膊的，用簪子刺指尖的……

雪芹听不下去了。他想起家里祖辈相传的老皇帝小时候的故事：孝庄太后身边有一使女，人们叫她“苏麻喇姑”，最是心灵手巧，那些特别精美的衣服、佩囊，都是她一手所制。选进了宫，太后爱惜，不肯放出，在宫中一辈子辛劳侍候。年老了，信了佛——精神上自寻安慰吧，最后寂寞地死去……

《西厢记》说过：“花落水流红。”

他把这些和东岳庙的少女塑像群连在一起了，心想：古往今来，可有谁把这些可怜可痛的女儿写进书里？

他忽然萌生了一个念头：我要写一写，不是像死板的史传那样，宣传什么烈女节妇，而是像晋朝的大画家顾恺之（小名“虎头”）那样，“传神写照”——让人看了不仅如见其形，更要如闻其声，如睹其丰神意态，而且领略她的内心世界。

这个念头，虽然开始如电光一闪，谁知却日益涌绕在心头——后来竟成了他的终生事业。

（二）

曹雪芹少小时期的淘气和不守正规，渐渐地出了名，家里族里，亲友知交，人人传闻了。他的最大的“罪状”是不喜欢“正书”，专爱小说野史。这恐怕也就是批点大师李卓吾、金圣叹对他的魔力最为强大的缘故。

但是，他想，从古以来，一篇短的，只写一个女子的故事不少。写得数量多的，要数比他早的《聊斋志异》了，可是也是以一个为主体而分散为多篇的，而且活的真人太少，却大多是狐仙魂鬼之类。祖父时代的文人写了一部《女仙外史》，也是女仙而非女儿。明代的《金瓶梅》，写了一个富家之内的妻、妾、婢和私通的女人，不但淫秽，而且完全不能传写女儿的智慧才能，尤其是她们的精神心灵的深秀美洁的境界，反而只写成了一些庸俗淫妒、争风吃醋的下流女人。

雪芹想到这种情形，深深叹慨。

这时，他又细细地回味从小熟读的最出名的《三国演义》和《水浒》——也就是李卓吾、金圣叹等极口称美的第一流名著。

他又悟到一条重要的道理：从古以来，小说主题是什么？是人（仙、鬼等等，也是假它以写人），是人物，是人材，更是人材的遭际和命运。

这个巨大的主题涵盖所有的民间文学，野史剧曲，都是表演这些可钦可慕、可歌可泣的人材的故事。《三国演义》只因它写的是魏、蜀、吴三方的文武人材，各擅其胜，才赢得了全国人的赞佩和喜爱。大诗人苏东坡的一首词，千载流传众口，所凭吊的是“三国”时的遗迹，却慨叹说：

> 大江东去，浪淘尽，千古风流人物！
> 江山如画，一时多少豪杰！

这其间的意蕴，是再清楚不过的了。三国故事流传了一两千年，逐步变成了人们读的小说定本，忽然出了一个奇人，他说：三国的人材虽美不胜收，可惜都是些帝、王、将、相，不出尊显人物的范围；另有人间的更多的下层人材，却不为人重视，也没人肯写，没人敢写——那些为人仇视唾骂的强盗。这些都不是天生的坏人，命运（社会、政治等等背景条件）将他们驱向绝路，不得已沦为盗贼。他们也有美称的，叫作“绿林好汉”！我要借宋朝的一大群英雄好汉被逼上梁山“落草”为寇的故事，专写这种枉受屈抑的人材人物！

曹雪芹明白了：作《水浒》的施耐庵是这么感发起意的，批点《水浒》的、尽情歌颂《水浒》的李卓吾和金圣叹，也正是达到了这个认识，为千古的人材英杰抱不平，为他们的命运而痛哭（金圣叹尤其爱用这种感情极其激动的语言，常常写出“普天下的读者一齐来痛哭”这样的批语）。

那么，曹雪芹的再一个思索的环节是什么呢？

这就是：帝王将相、强盗英雄，这两种人，我是不必重复写他们了，唯有一种人物人材，历来无人下功夫抛心血去集中着力地表现——妇女中的人材和英秀豪杰人物。我立志要写写她们，为她们传神写照，我的这部书，要与《水浒》对比对照！

奇妙的汉字文学，极喜欢对仗。他立即想到：我的这些“红粉佳人”（中国古时称女性的雅词）正与施耐庵的“绿林好汉”是一副绝妙的对子！

他的这个念头一经萌动，就再也消匿不了，终于成为他一生的挣扎奋斗和自娱自慰的生活目标。

（三）

曹雪芹的巨大价值，在于方才所讲的那一层前无古人的思想高度，但是，他要想认真实行自己的设想，却有重重难关挡在面前，阻于途路。

第一个难关，他得打破来历已久的社会心理所造成的俗套。这种俗套最常见的是：

（1）“淫妇型”——受《金瓶梅》的影响，而且变本加厉。

（2）“神异型”——受《女仙外史》的影响，与“人”的真实生活越离越远。

（3）“佳人材子型”——这个俗套来历最久远，可以追溯到汉代。以后千百种小说、剧本都被它牢笼住：总是一个绝代美人，遇见一个才子（美男子，有文才），二人“一见钟情”，缔结婚姻，又遭曲折苦难，最后才子做了高官，佳人成了太太，团圆荣耀，美满幸福。

这些已经成了模式，人物不过改换名姓，大同小异，变成一种“文学符号”，而且毫无精彩的文笔、动人的灵性。这种小说大量出现，倒尽了雪芹的胃口。

他首先要打破这些枷锁。写妇女中的英才，也不能让她们神化仙化，而是要写她们的实际的外貌与内心。中国古代妇女一直是封闭式生活，不许随便跨出门槛，不许会见外姓非至亲的男子，只许在“闺中”（绣房之内）做针线女工，操持家务。那么雪芹要实现自己的理想，必须从最平常、最琐屑的家庭日常生活中去表现和传写他心目中的人物，这个难关之巨大，可说是超过了其他的一切！

等到你读了他的《石头记》（或《红楼梦》），你才充分理解，为什么说在中国产生了这样的作品是一个最大的奇迹。

曹雪芹的价值，是不可估量的——思想的，哲学的，科学的，艺术的。

（四）

这时的曹雪芹年龄还太小，他还只能把一些不便告人的念头藏在心里，因为一是写小说还得稍待于较多一点的人生阅历；二是那时代根本没有允许孩子去写小说的家庭，那是不可想象的事情。在那时，写小说是“下流”的事，所以也没有敢署真姓名的小说作者，他们都得变尽方法取出一些奇特而文雅的别号，方能写在书上。

但是小学生在中国必须受严格的书法训练。中国书法是用“毛笔”写汉字，是一门极独特的学问与艺术，字写得难看的人是不受尊重的。这是人的文化修养的一个识别的标准。恰好，中国绘画也是用这种毛笔，很长的毫，做成小圆柱形，但尖端是一个锥尖形的“锋”，笔毫富有弹力，画出的笔触线条特别优美。而内涵运笔的艺术之力和由此而生的气韵和神采，是中国画的灵魂，它比外相重要得多，中国不追求“逼真”的简单“形似”（外貌细节的照样仿绘）。这一切，从工具到原理，都与西方（特别是油画）非常不同。曹雪芹的家世是代代出画家的，小孩子爱练习绘画，却不犯禁，还许得到鼓励。于是，少小的雪芹便从“画人”开始他的理想追求。

他听说过，有一段古老的传说，讲的是施耐庵作《水浒》时，要写一百〇八位绿林好汉，这些人的事迹情节，是民间说唱文艺早有创造积累的，但施先生仍然需要把一百〇八人的画像悬在壁上，时时对着他们想象揣摹，汲取灵感，接受启示。这使曹雪芹又想到东岳庙寝宫中的侍女群像，想到了他在天仙庵中看到的那些壁画上的仙女的群像。因此，他越发喜欢“逛庙”——壁画是中国庙的一大艺术宝库，都出于极高的（但不署名的）匠人之手。早在汉晋朝代，大画家也多给寺庙绘壁画，成为珍贵的名迹。

曹雪芹练得一手好画，尤其擅长画人，画妇女。他画的，不是传统式的高髻长袖的没有个性的“古装仕女”，而是当时现实里的美好的少女。

（五）

从八九岁到十二岁这几年，雪芹的家境日益好转了，中国有句古语：“百足之虫，死而不僵。”他家的遭遇不幸是严峻的，但历史的条件仍然足以使年少的雪芹逐步恢复了“公子哥儿”的身份和生活环境。今日的《红楼梦》的卷头，留有他的一段自叙的遗痕，其中有云：

> 欲将已往所赖天恩祖德，锦衣纨绔之时，饫甘餍肥之辈，背父兄教育之恩，负师友规谈之德，以致今日一技无成，半生潦倒之罪，编述一记……

这是他在三十岁时回顾他幼少时期的自白，话是十分简约，内容却是十分丰富复杂的，可惜我们已经无从知道其经过详情了。然而由此也说出了他与父兄师友之间的种种矛盾冲突，说明了他确实度过了一段丰衣美食的少年生活。

在此，我们应当理解历史的实况，即清代八旗人的奢侈享乐的风气，非一般汉民富人所能比拟。旗人的初期，入关以后，渐渐受了明代汉人习俗的熏染，很快就丢失了原来的艰苦质朴，而流向竞奢耽乐。他们的政治地位使他们享有特权，发财致富，追求享受是必然的。早期的皇帝常常以此为忧，时加戒饬，但无济于事。再加经过了康熙朝的六十年盛世，八旗人口迅速增长，财力日富，这些人有官定的收入，不必也不许经商做工，故皆游手好闲，一味寻乐戏耍。所谓“纨绔”，就是这类子弟的雅称。

至于他自白中的“潦倒”一词，本是不务正业，不守礼法，任性纵情，放浪胡为的意思。正因此故，这种人大抵最后流于贫困，无职无业，于是“潦倒”又有贫窘无路的引申意。这两方面，也正是曹雪芹此时与日后的形景。

（六）

正当曹家逐渐有复苏之感的日月里，忽然天外传来一桩特大的新闻奇讯，使他们阖家震惊而又狂喜。

雍正暴亡了！

那是他统治的第十三年的八月里。太监见他过时不起床，发现他已被刺死。皇后闻信赶来，见其惨死之状，血染衾褥，泣不成声。

民间盛行的一个传说：雍正是被一位女子吕四娘刺死的，吕四娘是被雍正满门杀害的吕留良（他还被从坟里挖出来戮尸）的女儿，设法混入宫中服侍，终于为父报了冤仇。民间传说，雍正自知仇人太多了，恐遭到报复，因此养着许多本领高强的武士和“剑客”保护他，外来的刺客很难进入深宫。没想到却为一个女子结果了性命。

刺客毕竟是否吕四娘？历史学家有不同的考辨，但雍正并非善终，实系死于非命，这是没有疑问的。

雍正死了，宝亲王弘历继位了！

这个大变故，给清代历史带来了翻天覆地般的政局改换，也给无数人的命运带来了起死回生的福音——雪芹家的狂喜，正是一种不敢明白表现而私衷深处的“喜心翻倒”。

第十九章　否极泰来——泡子河边

（一）

雍正在他第十三个年头（1735）的帝位上，还在为他的政敌而操心费虑。胤禩的心腹人福禄，还在“行止不端”。七月中，又发生了胤祯的使用太监跳出“大内”高墙（那是极高而无法攀登的大红墙）的异事。充当护军头目的曹宜（雪芹的堂叔祖）等向内务府报告了。看来被圈禁了十来年的胤祯还“不老实”，而曹宜那一支的人，是效忠于雍正的。护军就是守护皇宫大内（紫禁城）的军队，职责权力，重要得很。

这样的事，是发生在大内的。但另有一段纪载，说雍正最后曾将胤祯释放，在西郊圆明园的近旁，盖了三间小屋，让他居住，并派了一名叫作马尔赛的去传谕抚慰，想要他出来辅助弘历做皇帝。胤祯回答说："杀了马尔赛！我就出来！"这实际是一种激烈反抗的表示。

大约正是因为雍正已然染病，刺客才得以轻易下手的吧？雍正的心机已经使尽了，罪恶也做够了。九月初三日，弘历即位，下诏明年"改元"，朝号曰乾隆。

从九月到十二月，一连串的大赦的恩旨下来了，总括地说，被罪的宗室释放了，"亏空"的官吏宽免（不再追赔）了，普遍封赠加升了各官员的级位。他的命令和封诰中，也包括曹家。他家早先的亏空罪，明文条例，一概免了！

新皇帝特别提出一条训谕，要人们"亲亲睦族"。

这一条，正是针对雍正一生杀害骨肉的罪状而提出的。雍正朝的事态，已经使得社会风气、人际关系、伦理道德，都大大地反常了，所以弘历从早就不以为然了。

提起这一条，还要懂得康熙老皇帝特别强调的讲解《大学》（"四书"之一）的开头几句，那就是"大学之道，在明（动词）明（形容词）德，在新（亲）民，在止于至善"。换言之，康熙帝以为中国的古训，最高的善与德，就是亲亲睦族。而雍正一生正是干了反面的勾当。

曹雪芹在他的小说里，也变相地表示了这番意思，说天下的书，只有这句话是真理，别的书都可以"烧掉"！

这种道德观，一直影响着他的思想和感情。因而，他把小说的主体精神放在了人对人的关系这一重点上。

（二）

雍正暴亡的当年——即乾隆嗣位之后，直到转年乾隆元年（1736），乃是十二三岁的雪芹一生最快活、最难忘的一年半的时光。

普天下的"气候"改变了，好像春天也来得早，寒风不似以前那么冷得刺骨了。人间开始有了温馨的气息。

先是于雍正十三年十一月大表兄平郡王福彭高高地擢升了协办总理事务的大臣，乃是副宰相的身份了！雪芹随着家里人到西城石驸马大街（这是明代留下来的地名）的王府里去贺喜。这座极其雄伟坚固的明代古建筑，风格与别府格外不同，真有潭潭朱邸的阔大气势。府里热闹非凡。

接着，转过年来（改元，1736）三月里，福彭又做了正白旗满洲都统，这正是曹家所属之旗的最高长官。

接着，又因福彭实心任事，在王爵上"纪录三级"。

雪芹的祖姑丈傅鼐呢，也做了兵部、刑部两重兼职尚书（相当于部长），也是军政大事的掌权的一品大臣。

“同难同荣”“六亲同运”（雪芹在小说中用过此语），那时候的政局变化就是如此。

雪芹真正又成了世家公子。他的“锦衣纨绔，饫甘餍肥”的生活，也就是从这时候经历过来的。

他有了更多的“自由”，可以出门到各处去游观赏玩了。

从他家出门往南，走得远些，渐渐变得人烟不十分稠密，显得有些荒寂的意味。东南上，有一座古庙，俗称卧佛寺，殿内一尊极大的木雕如来佛，闭日枕肱，平躺着，头是朝西的。身上披着绣衣袈裟，工艺精美动人。佛的四周，站立着十八位大弟子的塑像，个个面带悲戚之状——原来这是如来佛（释迦牟尼）卧病，将要“涅槃”（佛之逝世），众弟子悲悼的情景。这使少年雪芹发生了新的感触！原来佛也不是永生的，也要离去，便觉心情异常沉痛。

再游时，见这一带冷落的旧寺中，多有寄存的棺材，放在偏僻的空房中，问仆人时，方知这些都是些外地贫困之士，死在京师，家中无力营葬回里（中国古俗，死后必须归葬在原籍），存放庙中。那种景象，十分凄凉。日后雪芹写祭晴雯的诔文，中有“尔乃西风古寺，淹滞青燐。落日荒丘，零星白骨”等痛句，就正是这里的景象。又见有一所育婴堂，也在左近，还是康熙年间建立的，专门收容弃婴和无家的孤儿幼女。

也有没有子女的人，前来讨一个孩子，回家抱养，作为义儿义女。雪芹听说自己堂兄家就有育婴堂出身的少妇。

这些，慢慢地联在一起，印入少年雪芹的心间，他开始思索人生的各种不幸和苦难了，好像有一种愿望：寻找一条什么道理来解释这样的人生现象。

再走，还有相邻的两处古迹名胜之地：夕照寺与万柳园。夕照寺也多存“旅榇”。万柳园则是早年相国冯溥的园子，雪芹听说爷爷少年时交结的许多名士诗家，曾到此园聚会。如今的园子十分荒落了，也再没有那样的名流前来游赏吟咏了。

雪芹从小爱诗，作诗的天赋也极高，他的师傅们都夸他有诗才。他这时更喜欢作诗了，当他游到这一带地方，特别有诗的感受，觉得有“诗”在胸中激荡，而欲提笔一写。

（三）

这时，他也可以进内城去看看了。

一进崇文门，顿时使雪芹精神耸动，眼界大开，与以往所见一切景象都不同了！真个是人烟阜盛，市井繁华——这是直对着崇文门的东单牌楼，内东城的第一处名地。牌楼是中国特有的建筑式样，高高搭起，三洞四柱，上有小雕檐，当中悬有匾额题字，金额彩画，十分美观。从“东单”向西望，是一条极为宽阔的街，笔直的，望不到头。遥遥看见一座高大巍峨的琉璃瓦装修的三洞大门楼，叫作“三座门”。这条大街上也有巨大的牌坊。一切规模制度，色彩仪型，都高华壮丽，与外城大大不同了，这才真看见了“皇都”的气势。

那条大街叫做“长安街”，原是元代土筑都城的南面城墙的基址，明代改建砖城时，把南墙向南推广了开去，这基址就成了著名的大街道。循此街一直往西，可到天安门的外旁——皇宫的一层正门附近。雪芹和老仆不往那儿走，转而向东。走了一小段路，到一路口。老仆说这一条“胡同”（北京的小巷）叫做方巾巷。

“怎么是方巾巷？”雪芹纳闷。

“早年间，大明朝吧，念书人都戴一顶方巾做帽子，远远一看就认出是读书的，受人尊敬。”老仆解答。

“噢，独这儿卖方巾了？”

“对。反正这儿的方巾最有名气。卖方巾的聚在这儿。”

“为什么呢？”

“为什么？前边就是贡院哪。”

“贡院又是怎么回事？”

“贡院是赶考的地方呀！顺天府考举人，天下各省来的举人考进士，都在这个大贡院——大极了，要容得下一万多人来考！这么多考生都住在贡院附近，可热闹啦。从这儿直到东单，人山人海，做买卖的净等赶考，都发了利市，东西涨价，赚大钱呢！”

“这儿哪来的那么多客店住得下？”

“问得对！原来不是客店，是左近的住家户们，都腾出几间房，专赁给这些客人住。贡院周围的胡同，家家都门口儿贴一张大红纸，上写四个字。”

“哪四个字？”

“状元吉寓！”

“这是什么意思呀？”

“是吉利话：谁要赁我的房，准考状元——状元是进士第一名。金榜一出，天下闻名了，要什么有什么了，做官发财，还有大家大户的闺女，都争着要嫁他！——嗳，说真的，明儿过几年，哥儿也来考个状元，咱们家可争口气也好。”老仆叹了一声。

雪芹不答。沉思了一会儿，又问：

“你怎么知道这些事？你又不来考呀？”

“嗐，咱们家老宅，就在贡院旁边呀。”

“是吗？！”雪芹大吃一惊，“你领我去看看！”

雪芹随着老仆过了方巾巷，走不多远，就是贡院正门，紧闭不开，门外左中右是三座大牌坊。再往东行，已望见大城墙。墙内一条河，名叫“泡子河”。老仆说，河两边都是明朝的老宅子，很多好花园子，大清入关后，八旗人占了那些宅子，曹家是正白旗，地区划归东边，就分到了一所房院。有人描写这一带风景：“每晨光未旭，步于河岸，见桃红初沐，柳翠乍剪。高墉左环，春波右泻。石桥宛转，欲拟垂虹。高台参差，半笼晓雾。河之两岸，多园亭旧址……然其景物澄鲜，犹足流连忘返。”真可令人神往。

他们二人走到河东边，至一座宅子，大门向西开，很是高爽。门前两三棵古老高大的槐树，枝柯铺满了门墙和附近的上空。几磴高高石头台阶，傍着门两边一双石柱形“门墩儿”，顶端雕着图形化了的狮形，那石头年深日久，已经磨得十分光莹了。

老仆站住了，用手指了指，一言不发。

雪芹领会，也不再问，几乎怔住似地站在门前竭力往门里望着。

（四）

这处老宅院，如今不姓曹了，但是它记录着曹雪芹家从到北京以后的百年历史，里面诞生了很多不凡的天才，发生了很多不寻常的事。

老仆告诉他，宅后有一个小花园，名叫“芷园”，园里有不少花木和古树，比如马缨、桂树、文官花、萱草等等不一。还有一座小小的魁星阁，取唐代名诗人李贺佳句的文意，叫它做“悬香阁”，是一处两层的小楼，楼的当腰有画栏，围绕于四面，都可倚眺佳景。

雪芹听了，又问老仆，什么叫魁星？老仆说了一回，他还觉不满足，回家又问祖母：“咱们老家是有个魁星阁吗？”

祖母见问，就给他讲起旧话来了。

“是呢！咱家那园子不大，可海棠都像大树，年头儿可远了！园外就离泡子河不远，那是东城墙根儿了，一大片野水、树木，不像城里，倒像到了城外——就从河里引了水来，园里也有水景了。花开的日子，一家子都去逛园子，那才叫热闹呢！”

雪芹听入了神，说了一句：“怎么我就没赶上！”像是自言自语。忽然又问："魁星是个什么样儿？供他做什么用？"

祖母说给他："魁星不太大，浑身是金色的，长得像个小鬼，一脚翘起来，叫'踢斗'，一手执笔是在点什么——点那北斗星。魁星是管做文章的，供奉他，生了子孙就有文才，做得好文章，好中状元。"

雪芹："我爷爷也考过吧，进过贡院？"

"考过。中了举人。后来康熙老皇上不让咱们旗人再考高的科名，说咱们本来世代有官位，不必和那些穷念书的争这点名利。可你爷爷心里还是盼着儿孙有高中的。他说过，我并不喜欢科名利禄这条道儿，可是世上没有出科名的家门，人家看不起，总当粗人看。你爷爷那么好的诗，才气谁都难比，怎奈江南的那些书香世家，背地里就轻薄。爷爷为这个心里窝着气呢。是他主张要供个魁星！"

雪芹沉思了。"怎么，爷爷一辈子那么大名声，还有不舒心的事？"

祖母笑了，又叹口气。"你到底是个孩子。爷爷那心事可大了，你现时也难明白。他给园里一个房子起名叫'鹊玉轩'。"

"什么是鹊玉轩？"雪芹急切地问。

"也是你爷爷讲过我才懂的。他说，古时有一座名山，山上尽出玉石。你知道，玉可贵重啦，难得找到玉。可是当地人却不知其珍贵，从小把它当泥土瓦块一样看，只要弯下腰，就拣一块玉，因为没用，拿它赶喜鹊鸟儿！所以爷爷叹息，说多么高的人材，没人识，把他当平常使用——不是一块‘鹊玉’吗？！”

雪芹觉得像被雷电轰了一下，半晌不语。

及至后来，他借到爷爷的诗集，才又看到两句诗：

娲皇采炼古所遗，
廉角磨珑用不得！

这说的是：

神话传说，荒古时代，忽然西北上天穹坏了，日夜漏雨，天下洪水为灾，人都淹死了。女娲氏（古女帝兼女神）就炼制了无数的大石块，把天补好了，雨也停了，她又重新用泥土创造人类！

雪芹明白了：爷爷把自己比作能够补天的神石，可是单单这一块没用上，丢在了地上，万年亿年，石头的棱角都磨没了——就是有人想再用它，也用不得了，成了废物了！

雪芹深深体会到了爷爷的精神世界。这使他不禁一阵心酸，泪痕满面。

玉和石头的故事，使雪芹震撼了整个身心，永难忘记。

日后，他竟然就是从石和玉起端而写他的小说的——石头、宝玉的故事：《石头记》。

这不是小说，这是一段无比巨大而深刻的人类历史，也是头等的关于人材命运的崇高巨丽的悲剧。

第二十章　锦衣玉貌　身杂优伶

（一）

上年纪的老辈家仆，领雪芹到的地方，都带有怀旧吊古的成分在内。年轻的嬷嬷哥哥（奶兄，乳母的儿子）则不喜欢那种冷落和僻静之处，却引着雪芹向另一个方向走——往西行。出了家门，如果一直往西，过了金代古迹“金鱼池”游览之地，经过神圣的只能远看的天坛（皇帝祭天的地方），就是地名“天桥”的所在。这地方极好玩，江湖卖艺的、耍刀剑的、卖药的、弹唱的、算卦的（占卜看相的），卖民间饮食特产的……闹闹嚷嚷，一片下层社会市民娱乐游玩气氛，令人眼花缭乱。内城的高贵八旗人，是到不了，也不许到这种“野地方”来的。雪芹初来时，大开眼界，也引起了不少的思绪。他感叹穷苦人为谋生路而必须承担的牺牲与苦难，也感到“人的类别”复杂万分。高的下的，好的坏的、美的丑的，善的恶的……丛丛杂杂地交织在一起。有些人与景象，看上去甚至是很可怕的——可又与很可悯交织在一起。

如果出了家门先循崇文门外大街北行一点儿，再穿那很窄很长的胡同，则出了胡同西口便是正阳门外（俗呼“前门外”）商市最繁荣的地区。这儿大街两侧布满了商店，店“门脸儿”的雕刻建筑和百种式样的招牌、装饰，挂的悬的那工艺之精巧、色彩之华丽，真是琳琅满目，如同来到了另一个世界。两侧再各进入里侧一层，则又布满了客店、饭馆、会馆（外省人的公寓）、钱庄、珠宝店、乐器店……再有，就是茶馆和戏园了。

雪芹最想看一看那向往的“查楼”。

查楼是北京城最古的一座戏院，因为是姓查的始建的，故人皆称查楼。有名的戏班和名角，都在这儿露演。

查楼在一条很窄的小胡同里，如果不是巷口悬着“查楼”二字木横匾，是难找到的。

查楼门前，摆设着中国戏剧舞台上用的“道具”，武戏用的刀、枪……耳中已然隐隐听到笙笛弦索的妙音，又不时夹有锣鼓的节奏……

雪芹顿时被这一切吸住了——等到他看过一场戏后，那更是被迷住了！

有一诗人写道：

春明门外市声稠，十丈轻尘扰未休。
雅有闲情徵鞠部，好携胜侣上查楼。
红裙翠袖江南艳，急管哀弦塞北愁。
谁道韶华如短梦，夕阳帘影任勾留。

这正是那时代的情景。但是西方读者没见过中国戏院的，一切都无法想象那与欧洲的剧院是如何的不同。然而，也不断地有欧洲留学中国的学者，也成了中国戏“戏迷”！

中国戏是歌舞剧，又歌又舞，又说又“打”（武戏），衣妆极绚丽，音乐伴奏极动听，而且不像西方的摹拟“逼真”，而是和中国诗、画一致：主要精神和手法是“表意”的东方艺术。那歌词其实也是一种十分美妙的诗句，是韵文，不是散文或口语。

雪芹是一个天生的艺术家，他一见就迷上了，这丝毫不足为奇。可是奇的是他因此惹下了无限的麻烦，更奇的是，这种麻烦正是给写作小说的条件提供了意外的机缘。

有些历史情况十分奇特，不讲解是难以设想和理解的。

第一，那时的演员叫“优伶”，社会身份极其卑贱，被人瞧不起，常和娼妓并提。“良家”是不能干这一行的。第二，那时没有公开演戏的女演员，凡妆扮戏中女性的，都是男子假扮的；演青年妇女的伶人则叫“小旦”——于是造成了一种畸形的“女性美的男人”。虽然听起来太奇怪（西方人更难“接受”），但事实如此，而且正像后世崇拜“明星”演员一样，最红的小旦能风靡全京城，连王公贵臣也争相结识。事情就是这么矛盾：以此种人为最贱，又以结交他为荣！第三，这些名角，时常出现超群的人物：他的技艺之倾倒万众，是不必说了；除了艺术的美妙无比，还有深通书史诗画这些中国最看重的文化造诣。也就是说，其人十分高雅不俗，是一种沦落于当时社会所谓“贱业”的不幸的大艺术家、诗人、高人。他们的收入很高，有财力的又出现侠义之士，专肯济困扶贫，救人于患难之中。

这样，雪芹也难尽免于当世的风气，他迷上戏，也迷上了某些名角小旦。

下流的迷者是把小旦当“男妓”看待的。雪芹则不然，他是极度欣赏怜惜这种沦落风尘的超人的天才艺术家，把他们看得十分尊贵。

再有一种紧紧相关的风气，在八旗子弟中逐渐形成了：这些子弟不务正业，甘居“下流”，天天与“戏子”相混，日久天长，也学会了唱戏，于是就以“良民”“公子”的身份登台表演起来！这叫“串戏”或“客串”。这种浪荡子弟，为家人亲友唾骂，无奈社会风气有时是不可逆挽的。令人难以置信吧？雪芹小说中写的一个柳湘莲，正是这样的好例子，他和主人公贾宝玉是极要好的朋友。

事实上，雪芹自己就是走上了这条路的一个被人唾弃的“不肖子弟”。他竟然“粉墨登场”了。

事情很快传到家里人的耳朵里。

风波掀起了，家长、族长，都对他规劝、诫斥、打骂、处罚……

没有用处。雪芹无意悔改。

这也还只是败坏家声的问题。还有更可怕的事，是他结交了某家王府里戏班的小旦，几乎给家里带来了新的政治麻烦。这使家长气怒万分。

家长们没了法儿，最后拿出了满洲人的老家法老规矩：圈禁！

圈禁？这又是怎么一回事呢？

（二）

在讲圈禁之前，还应看一看曹雪芹所生活的那一“旗人社会”的情况，方能明白，他的放荡行径虽也由于生性特别，而政治经济的地位确实也提供了条件。

八旗人，特别是满洲上层成员，在一切方面，都享有特权，在生活上，也受尽了“照顾”。官高禄厚和按月领薪的有职务差使的不论，其余闲散人员，也同样是在京城内外赏给住房，近京五百里圈内拨给地产。这还不算，又发给“口粮”，七岁以上，即给全额（六岁以下减半），喜丧年节，还另有“恩赏”。于是这无数的寄生者（据粗略统计，从入关初到乾隆初叶，八旗人口大约增加六七倍之多）就得以一味游手好闲，专门考究鲜衣美食，追求各种玩好享乐之道，奢靡奇巧，蔚然成风。他们的“收入”永远不能供给他们的耗费，不久就陷入了“贫困”之境。八旗“生计”问题，遂成为康、雍、乾时代（当然我们只谈到乾隆朝为止）的一件极伤脑筋的事情。朝廷累次想办法“救济”，诸如编制“养育兵”，豁免亏空，代赎售地，给还入官产业，赈米，赏借等等，不一而足。单是康熙朝两次整批的赏赐，就有一千二百万两之巨！其后较为零散但也是动辄数百万两的赏、贷、免，不可计数。但是，这种浇汤沃沸、火上添油的办法不但“救”不了这些人，反而大大助长了他们的寄生性和挥霍的风气。

由于这样，便产生了大量的八旗纨绔子弟，这些“哥儿”凭着他们的“天恩祖德”的特殊条件，一无所事，每日只是游荡戏耍：饮宴，赌钱，听戏，唱曲，嫖妓女，狎“相公”（即优伶），游春，上庙（当时北京地方几乎一年到头有大小庙会），斗鸡，走马……他们招朋引友，到了一起，言不及义，好行小慧，正是如《红楼梦》中所写的，讲说些什么“谁家的戏子好，谁家的花园好……谁家的丫头标致……谁家的酒席丰盛……谁家有奇货……谁家有异物”——当然，这还算是“高雅”的话题，自有比这些更不像话的内容，然而也就足以说明那一班八旗哥儿的“生活”面貌都是什么样子了。

在这些人中，品类也有不齐。粗野、庸俗、下流、恶劣的，不用说，自是很多的，也有较好些的，更为高尚的也不乏其人。他们在表面表现上、游荡戏耍的途径上是相差不多的，在作风和实质上却有区别。前者竭力追求声色玩好，醉生梦死，即以享乐本身为目的，是单一的、肤浅的；后者比较“雅致”，专门寻弄一些“精致的淘气”，而且往往从游荡戏耍起而不从游荡戏耍止，那些“淘气”最后转变为他们借以寄托心志和抒发愤懑的手段。其所以致这种“分类”的原因和条件自然是非常复杂的。

在这后一类中，往往又孕育、培养出一班杰出过人的艺术家、文学家来，其专长特诣、奇辉异采，远远超出一般人之上，成为绝技独门，大师巨匠。——曹雪芹正是其中的一个代表。

究其原因，不外如下。他们在“方以群分、物以类聚”的社会风气之下，自幼耳濡目染，久受熏陶，对于那些“行（háng）道”就格外接近；寄生阶级、剥削生活又使他们不劳而获、不作而食，得以专心致志地一意追求其所好之事，而他们的优越条件又能够促成他们的偏工独造，以达于穷工极巧的境地（例如虽是一味食品、一件用品、一个蛐蛐罐，他们不做便罢，只要讲求起来，不到穷极精妙、出类拔萃不止，远非一般人所能想象）——而这些，也有时是那个社会里使文艺天才获得充分成长的一种土壤。所以直到清末，起初“玩票”，末后为生活之计而“下海”的戏剧、曲艺和其他技艺界的有特殊成就的人材，旗人占了一个很大的比例数，绝不是偶然的。

曹雪芹的放浪生活以及他的多材多艺，就是上面所述的那种八旗社会风气的直接产物。

但是旗人家庭是最讲究“礼法”和“家教”的，尽管无数放浪子弟正是由那种家庭“培养”出来的，他们教管子弟却是极其严厉，正所谓“那边老爷也是天天打”“说声急了，什么管儿子，竟是审贼”！而当放浪子弟的“不肖”行径一旦和一定的思想内容连在一起，这便发生出压迫势力和反抗力量之间的斗争的意义。曹雪芹无疑是这种事件中的一个非常典型的例子。

皇家统治者自然也不会不注意到这样的事情，他们对放浪子弟的认识可以从下面的一个事例获得消息。在曹雪芹时代，八旗人丁屡有逃亡现象，包括幼丁在内。这逃亡一途，实际也就是旗丁旗奴向他们的主子进行消极反抗的一种形式。乾隆二十八年，正是曹雪芹逝世的那一年里，定出旗人逃亡治罪的条例；三十一年，又定出八旗迷失幼丁的处理条例。后者规定：十五岁以下的，查缉认领，不更治罪；十五岁以上的，照逃人办理；其在十五岁以前失迷而十五岁以后始行投还的，要查明“其失迷之时如系素好游荡，不肖成性者，亦照逃人例办理；如系愚蒙幼稚、本无恶习者，奏明请旨”。这一条文，很具体地反映出当时一部分八旗青年子弟的“游荡”“不肖”的深一层意义以及统治者对他们的看法和注意。

曹雪芹对于“戏子”，自有他的看法和评价，他特别重视“奇优名娼”，正如他议论“两赋而来之人”时所说的：“总（纵）再偶生于薄祚寒门，断不能为走卒健仆，甘遭庸人驱制驾驭，必为奇优名娼。”这种评价，今天的人应该明白那确实是很高的了。

曹雪芹就是不甘为庸人“驱制驾驭”——像牛马般为之服劳供役。

稍晚的杨懋建，做《京尘杂录》，其卷四中曾提到才人落拓，甘伍优伶的故事——

昔乾隆间，黄仲则（名诗人黄景仁）居京师，落落寡合，每有虞仲翔青蝇之感，权贵人莫能招致之。日惟从伶人乞食，时或竟于红氍毹上，现种种身说法，粉墨淋漓，登场歌哭，谑浪笑傲，旁若无人。如杨升庵（明代杨慎）在滇南，醉后胡粉傅面，插花满头，门生诸妓，舁以过市。唐六如（即雪芹论“两赋”时列举的唐伯虎）与张梦晋，大雪中游虎丘，效乞儿唱莲花落。才人失意，遂至踰闲荡检。此亦幸际圣朝，容其傲兀耳。

所以，十分清楚，曹雪芹的“放浪”，就是对“礼法”的“踰闲荡检”。这不止是一个个人甘愿与否的问题，还有一个“圣朝”容与不容的问题。而曹雪芹，正是由于放浪而为“圣朝”所难容的一位“君才抑塞”的失意才人——伟大的艺术家。

特大艺术家寻觅知音莫逆的人，在世俗社会上是困难万分的。他们与各种艺人优伶交往，不顾亲朋的笑骂，表面上是踰闲荡检，实质上则是一种艺术家相互嘤求投契的形式。艺人中情性过人、信义极重、牺牲自身救助交好的事例，就在当时，也是有纪载的。艺人的身世命运的不幸，也是雪芹念念难释的一种心头恨事。

第二十一章 “情”的世界

（一）

一桩“疑案”——却是实事。

曹雪芹在《红楼梦》的第十八回书，写了荣国府长女贾元妃回府省亲的故事。不少人根据清代官书《钦定国朝宫史》等“则例”，断言当时没有这种制度，是小说家的虚构性渲染之笔。但是，那书中情景，那宫禁中“不得见人”的妃嫔等少女与家人重见的悲喜交织的语言与情感，写得是那么真实动人，是全出“编造”而万万不能达到的境界。因此乾隆时代的一条批点就说：

> 此回铺排，非身经历，开巨眼，伸大笔，则必有所滞纆牵强。岂能如此触处成趣，立后文之根、成本文之情者？

中国老资格的小说大作家巴金，也承认雪芹书中许多场面，如非亲历，是写不出的。还有，如写贾元妃之父向女儿启奏的话，文侧即批说："此语犹在耳。"再写到一家人久别而逢，在此奇特机会相见之下，千言万语口说不出，只是各各相对，无声而泣，批语便又说："非经历过，如何写得出？！"须知，这个批书人不是后世的一般读者，而是雪芹写书的协作者或"合作"者。这就印证了巴金先生所说的，书中场面，非作者亲自经历过，是写不出的。

这就引起了乾隆元年曹家所经历的重大事件的历史真实问题了。

清代的制度，内务府人家的少女，是不能自己早早婚嫁的，必须等待够了年龄，定期由专员监管，派经验丰足的老年妇女按照皇家规定的标准来挑选"秀女"。选中的即须入宫当差服役。雪芹小说中开头写少女薛宝钗由南京入都，就是因为她将要到了选秀女的年龄了，须早做准备。

选入宫中的少女们，泛称为"宫女"，专门侍奉后宫的很多皇太后、皇后、妃、嫔等贵妇人。宫女被看中了，便被留下做皇帝的侍妾，等级很多，逐级封嫔封妃，封贵妃……有的生了皇子，身份更高了，可以封后。生子成了嗣位皇帝，便成了皇太后。

因此，内务府旗家的姑娘，地位是极尊贵的，一家人都不敢错待了她，凡事让她三分，嫂子们更是甘居“下位”——雪芹笔下的贾探春，就是最好的例子。据说不论多重大的礼仪中，女儿不给长辈行跪拜之礼。选入宫后，等次名目很多，有“答应”，有“常在”……也是按级升高的。若超过了宫女而成为嫔妃，则宫内一概称“主位”，宫外一概称“娘娘”了。

看来，雪芹能写出那样真切动人的场面，他应是实有一个姐姐，入宫成了某级的侍女——级位是可以在小说中加以夸大渲染的，但基本事实不能“向壁虚造”。

雪芹在书中强调提明这种回家省亲是当时的特例，从来未有的“旷典”。宫中侍女回家省视，明代是有过的事情，也非绝无先例。乾隆一“登基”，就发布一道谕旨，大意是说：子女尽孝，父母思儿（女），是天伦之常，不以尊卑而有别，各位皇子封王分府后（出宫独立门户），与其生母（多是太妃）离别不能常见，甚伤伦理，故特许诸王将太妃迎回各府，以遂其孝养之私情（君臣以外的情感）。须知，这也是特例——也是不见于“则例”官书登载明文规定的。那么比太妃级位低得多多的宫女嫔侍，也曾特许回家一聚，是完全可能的。岂能一概拿“官书”来反掉？

这就是说，雍正一死，新皇即位，一时政事措施与前时不同了，各种特恩相继施行，全国气氛一变，人心欣悦。曹雪芹家因而确实经历过那一类似的特殊场面，那是一种极不寻常的荣耀之事，试听那颂词：

天地启洪慈，赤子苍生同感戴；

古今垂旷典，九州万国被恩荣。

雪芹在十三岁的那一年上，深切地感受了一番意外欢幸的情景和意味。正是由于这一重大原由，他才把乾隆元年的这一整年的家庭生活，写入了小说，成为从第十八回一直到第五十四回这么长的历程，这么多的篇幅！

这一年，是雪芹难忘的一年。这一年有一个极奇巧的标志：四月二十六日又恰逢芒种节，正是他十三岁的生辰——他过第一个生日就是芒种节！

这是极鲜明而确切不移的历史标记。他把这件事写成一回书，也是史实与文学之间如何分合异同的极好的研究材料。

（二）

在意外庆幸中隐含着过去巨大的忧患和恐惧，这种文学场景例子有吗？答曰：有。就在《红楼梦》里。

那是第十六回，贾宝玉的父亲贾政正过寿辰，合府设宴开戏，热闹非常。忽然人来回报，说：六宫都太监（管理后宫的太监首领）夏秉忠来传圣旨！——

> 吓的贾政等一干人不知是何消息，忙令止了戏文，撤去酒席，摆香案，启中门，跪接。

及闻宣召贾政立刻进宫陛见。——

> 贾政等不知是何兆头，只得急忙更衣入朝。贾母等合家人等皆惶恐不定，不住的使家人飞马报信……贾母正心神不定，在大堂下伫立（等候信息）……

你看，全家人一闻有皇旨下降，便吓得如此，如大祸临头的一般，岂不奇怪？若是一家久得皇家宠任的真正贵家，那么一闻圣旨，必然是喜讯好事，哪有惶恐至此地步的道理？可知雪芹笔下所写的情景，正是他被罪之家的“惊弓之鸟”的心态的极真实的表现——皇家一降旨，必是他家遭殃倒霉的事又来了！

这一切，充分说明了贾元春的晋封为某一等级的宫嫔——其中一个等级就叫“贵人”，如书中所称，以及她的特例回家省亲，都是真实的故事。而这才是十三岁的雪芹得以享受“锦衣纨绔”的富贵生活的历史条件。

（三）

从乾隆改元到乾隆四年（1736—1739），雪芹从十三岁到十六岁，正是他逐渐成长的重要岁月，赶上了这几年的崭新气氛的太平盛世。这盛世新风使他得到了两大方面的进展：一是更加迷陷在歌场舞榭的赏艺寻欢的放浪生活之中，一是更加开阔了自己的“杂学”的天地。这两者并不矛盾冲突，相反，它们倒是相辅相成的。因为我们不妨这样说：杂学的主体或实质就是艺术文学。

由于大表兄平郡王府里聘请了铮铮有名的谢济世御史做世子庆明的老师，雪芹初次有机会听到一位学者的不入俗流的讲论。谢先生不但是书本学问，而且注意实物考察纪录，分析研究，颇有近代科学的意味。在这个方面，雪芹受教益不浅，因为要成为一个卓越的小说家，没有观察分析的科学准确性是不行的。

但是，雪芹的天性更主要的还是一个诗人型的人物，他不满足于一个单纯的科学式学者，而谢先生毕竟不是诗人。这样，雪芹还得自寻门径——他想到了祖姑家。傅鼐的儿子名叫昌龄，是当时有名的藏书家。曹家遭事之后，雪芹祖父一生的藏书，大部分为昌龄设法弄到而保存了下来。雪芹渐渐大了，就到傅家表叔昌龄处去求借书籍，自己用心研读。

由此，他竟然惊喜地发现了祖父的遗书都安然无恙，而且大都是十分名贵的版本。

雪芹借读了许多唐宋以来的野史小说、随笔杂记之类的书，眼界大开，灵台朗启。随而也借阅古代的诗文名集。祖父监刻的《全唐诗》更不待言了。可是，当他有一日拿到了祖父的《楝亭诗集》四大册时，高兴得通宵不寐。

表叔的书房那是富极了，三面的大书架、大书柜，高抵天花板，真是古语所说的“三千牛充栋”。打开书看时，首页上都有两方朱红的印记：一方是：“楝亭曹氏藏书”，一方是“敷槎氏昌龄藏书”，有的还多一方“堇斋图书”的印。那书都纸如玉白，墨似漆亮，还有一种说不出名色来的幽香之气味，这令雪芹感到了“书香”这句话的真实境界。这书香，也又夹上了书架书橱的上等木料的香气，还有为了防蠹而放入的芸草的香气——这是一种华夏高级文明之香，堪以令人陶醉。

雪芹从祖父的诗句深深理解了这位高品诗人的文笔之美和心灵之秀。这是多少先天、后天的优越条件把他培养成的？雪芹从此暗地暗自思自忖：应当继承祖父的家学与诗风，做一个不入时流俗的真正诗人。

诗人是什么？自然回答可以是“作诗的人”，但也有不作诗的诗人——这指的是那个人的天资、气质、秉性、感情的事，是人的一种类型。他自己并不知道这个意义，也不这么称呼自己。至于世俗社会，更不理解诗人的一切，而总是把他看成是一种“痴子”，一种“怪物”。

雪芹也终于得到了这个称号。

（四）

雪芹与他祖父一样，早慧、早熟、早文，人称“神童”。他的聪慧特别表现在领悟能力的高，使人惊讶。

祖父的诗，内容太丰富了，佳句也太多了，但最打动他的却是这样的句子：

茫茫鸿濛开，排荡万古愁。

纵横捭阖人间世，只此能消万古情。

万古愁与万古情，措辞因韵脚不同而微有差异，而实义则全然一致：所谓“愁”，即感情的激荡；所谓“情”，是引发愁恨的根苗。

这情，很容易被解释为“爱情”，即男女之间的事。这实在是错了，至少是狭隘化得太厉害了。这情，是极广大的情。

这种情，谓之“万古”，大约涵义有二：一是这种情由何产生？推想是从不知多少亿万年前就开始有了，自有人类就产生了。二是这种情还将继续存在，传下去以至于亿万世代。

即此可见，此情并非一二个人之间的情（爱），也不是一时一世之情。其为博大，永恒，可想而知——因此这情必然也是最崇高的而不是卑微琐细的情。

中华传统诗人，特别是真诗人、大诗人，关心的实际都是这种情。中国古语却把这叫作“多愁善感”。这句话有时被轻贱，认为这是一种“病态”，就是因为不懂得中国语文的特殊的表意法则：总是言简而义丰，内涵十分繁富。如果用最通俗的“白话”来注解，那就是：中国传统诗人特征是感情异常丰富细致，感受能力特别敏锐深切。

这样的人，对于宇宙、万物、人生、社会，善察、善思、善感、善悟、善写。

但正由于此故，他对事物的价值观念时时与世俗常人不同。他对万物“一视同仁”，把自己的真情洒到一切生物（甚至非生物）上去，“与花鸟同忧乐，与木石为弟兄”。所以世俗之人不能理解，而深以为怪！“痴子”“怪物”等等称号就由此而生了。

这种人，雪芹极为重视，日后把他当作主角而写入了小说——即“情痴”“情种”的贾宝玉。

第二十二章　“正邪两赋”——骇倒世俗的新哲理

（一）

曹雪芹愈来愈被人指为痴狂了。他的诗人的气质与脾性，他的酷爱戏剧艺术与“奇优”演员，在那时都是被人误解的、鄙视的，以为甘趋“下流”，没有立志扬名、光宗耀祖的希望。正如《红楼梦》中有《西江月》二首，活画了他的少年形象。

无故寻愁觅恨，有时似傻如狂。
纵然生得好皮囊，腹内原来草莽。
潦倒不通世务，愚顽怕读文章。
行为偏僻性乖张，那管世人诽谤！

富贵不知乐业，贫穷难奈凄凉。

可怜辜负好韶光，于国于家无望。

天下无能第一，古今不肖无双。

寄言纨绔与膏粱：莫效此儿形状。

这就是他假托世人的流俗眼光标准，来“评议”他自己少年时期的“不肖”行径。不肖，是骂下流子弟不能承家立业、辱没先人的语词。那“文章”是当时专指科举八股文的用语（与今日的“文章”用语涵义绝不相同），正与诗文“杂作”为敌对。

这是一种“反语”式的最高评价，但它又确实代表了他少时家长对他的看法。

然而家庭矛盾的激化，仍然是从他的“身杂优伶，粉墨登场”而引起。“串戏”？这是家族的丑闻，六亲的笑骂！

这不止是家门与亲属的“脸面”问题，也是关碍着皇家规矩的大事。满洲入关以后，渐渐习于游乐，风气日益颓靡，曾经三令五申，不许八旗人到戏馆歌楼去荒嬉闲逛。最近的一次，就在雍正初年，还又曾明令禁饬过。家长们自然是明白的。如今少年雪芹混迹于梨园优伶的事，渐渐传到家长族长的耳朵里，事情已经不再同于儿戏了。

先是惊骇震怒。随即派人去查访虚实，并责问跟随雪芹的家仆。很快证实了传闻不诬，而且事情似乎比所传更严重——外城都知道有一内务府旗家子弟到园子串戏，才艺惊人，叫座力极大，戏园老板甚至有意拉他“下海”入班，正式干这行了！

事情闹大了。族长们忧心如焚，管束无效，最后一个“撒手锏”，拿出最严厉的家法来：圈禁！

圈禁是满洲人的一种特殊惩罚方式，也可以说成是“家庭特设监狱”。皇帝惩治他的政敌，除了杀害以外，普遍施行的办法就是圈禁。最轻的是“不许出门”，即只能在自己的住处庭院范围走动，社会交往和活动是犯法的。最严的是“高墙圈禁”，一人闷在斗室里，四面高墙，如同铁桶，插翅难以飞越，人在里面，如入坟墓，什么人、物、事都不得看见听见，是一种极残忍的“精神酷刑”。据说还有一间小屋圈禁多人的办法，人挤在一起，只能站立（无地方坐下），不要很久，人就受不住了。这样一直折磨到死在里面。

满洲包衣人家庭是满化很深的人家，他们自然学会了用圈禁的“绝招儿”来管教子弟。

雪芹的罪名自然是放荡胡为，行为不端，辱没斯文，败坏家声，不服管束……

（二）

雪芹的被拘，似乎就是“单室圈禁”法。锁在一间空房里，行动失去了自由。

流着泪的老祖母、母亲，还有仁厚的老仆，心软的使女，偷偷地给他送点三餐以外的东西。至于洗沐、解手等等生活上的困苦难题，难以尽述。

“你还想用点什么吗？”探视者悄悄的声音问。

雪芹摇摇头。然后忽然对窗外说道：“给我几本书。拿点儿纸墨笔砚来。”

“你等着，就来——什么书？”

“随便吧——闲书就好。”

在精神折磨的环境中，却终于找到了进行精神活动的途径。

（三）

转眼又到三月三上巳良辰了。雪芹困居斗室，想象着蟠桃宫庙会，仿佛鼻中闻到那种香烟之气，耳内听得那种热闹之声。他心里十分惆怅。艳阳的芳春天气，他的南房角的斗室却很阴暗。

由蟠桃宫，他又想到东岳庙。

猛然，一个先时爆出过光彩的火花在他脑中又重新焕生了新亮度。于是，接二连三，多少层次念头都在心头泛起了。

《水浒》，一百单八将。

东岳庙寝宫，一百多侍女塑像。

祖父的诗："娲皇采炼古所遗，廉角磨砻用不得。""茫茫鸿濛开，排荡万古愁！"

《三国演义》，关公、周瑜、孔明、曹操……这些文武奇材。

苏东坡的《念奴娇》词："大江东去，浪淘尽，千古风流人物……江山如画，一时多少豪杰！"

还有南唐后主的词："流水落花春去也……"

《西厢记》的"花落水流红"……

…………

这些，纷纷乱乱，从从杂杂，一时都涌向心间，毫无条理次序地萦回不已。

由于苏东坡，他又忽然想起海棠将待盛开了。雪芹以为百花之中，海棠是最美的，可也是最遭风雨摧残的名花，堪称仙葩，堪以代表美丽可爱的女儿。而东坡的《寒食》诗却写到海棠易为风雨所坏，一夜大雨，早起一看，已然“泥污胭脂雪”了。胭脂色的雪片，比喻零落的海棠花瓣，太奇妙了——也太可痛了！

“对，女儿们的薄命，正像泥污胭脂雪。”他一阵心痛，不禁流泪。

“我该写写她们。”

但是作诗大约是作不过苏东坡了。

“对，我要写一部小说，为女儿吐气，也为她们哀悼——施耐庵是一百单八位绿林好汉，我给他配一副对子：一百〇八个红粉英豪！”

这个念头又重新拾起来，而且确定了，因为“把我锁起来，正好写书”。

（四）

单雪芹的这一次重新决定，似乎比以前小时候的想法更深沉了些。他想：无论是《三国演义》写争雄斗胜的文武将相，还是《水浒》写逼上梁山的草寇英雄，如果剥掉了政治身份的外皮，就都是古人对于人材的赞美和咏叹，包括惋惜与悲愤。雪芹悟到：古人写小说都是为了人、人物、人材，为了他们的光彩与命运而留下的锦绣文章，感动着千古的读者，但是这些人物人材是怎样产生的？怎样看待他们的价值？这可是需要自己从头思考、自出手眼的事情呢。

因为他早已立下志愿，是写女子，而他所亲见亲闻的女子正如海棠花一样，开得正美，可是不几日就必然沦为泥中的胭脂雪了，那万点残红——诗圣杜甫写过的："一片花飞减却春，风飘万点正愁人。"苏东坡大诗人也写道："花落纷纷那忍触？"

好花就是美人，她们飘落的命运令人难以理解，也无法排遣这段极大的恨事。

他达到了一个主题的认定："千红一哭，万艳同悲。"

这也就是祖父诗里说的"排荡万古愁"了——人，人材，人生，人的命运……这都是一个谜似的问题在他心中潮汐一般地起伏激荡。

（五）

还有，他已决定是不肯一丝毫堕入流俗小说的旧套：一不写那些大忠大贤的正面人物，那不必写，也无须再写；二不肯写那些大奸大恶的反面人物，因为那也是旧套里的事，无意去重复它了。他另有一个独特的念头，他以为：天地之生人生材，不能全用那种死板机械的“两分法”去看待，不能用简单的善恶、好坏、贵贱、贫富……这种观念去硬分死判。他仔细体会寻味，天地之生人，并不是那么样的，应该另有一番理论。

他想起了谢御史的讲授，想起了朱子（熹）的经书注解，也想起了李卓吾的“异端邪说”……

他听人讲过，朱子（当时奉为最标准的权威，圣贤的身份）说天地间人都是秉赋一种气而生的，秉正气的圣贤忠孝，秉邪气的奸恶愚顽。同样，富贵贫贱、显赫卑微，也都是在所秉之气上早就区分定了案的。雪芹私下不以为然。他认为，贵贱贫富只是所生之地位有差，但人有一种天性是“易地则同”的，不在地位上分高下。用现时的话来说，就是政治、经济、社会等条件并不能代替另一种“本质”——这种本质也不是正邪或善恶、贤愚等观念所能概括的。他以为天生有一种人是超乎这些道德观念和标准的。

他想起李卓吾的话来：

天地，一夫妇也。是故有天地然后有万物。然则天地万物皆生于两，不生于一，明矣。

这是李卓吾大胆反对历来的儒道诸家的“一生二，二生三，三生万物”“太极生两仪”等权威说法，但李公的“二”，仍指阴阳二气，却还缺少自己的新思想。雪芹又想起听讲过的“杂气”和“间气”来，他于是悟及一个新道理：李公的万物生于二，是对的，但还有一个由“二”派生“三”，一向为人忽视了，不解了。雪芹要把这个新理解作为他的“天地生人”的哲理根据，来传写他心目中的一批出色的人物。

原来，中国的古代哲学家们早已提出了一个“气禀说”，即人（与万物）皆由天地间的一种“气”（生命力量的来源）而生成。但传统的观念是“正气”生好人，“邪气”生坏人，截然不可混乱；而此外另有一种“杂气”——够不上真正的上品之气，只是芜杂浊乱的下等的气——由此则生出那些庸碌卑琐，微不足道的平常以至下流的人来。

这种哲理思想，用不同的“气”来解释不同人物的产生的宇宙观，来源很古老了，《春秋演孔图》就说：“正气为帝，间（jiàn）气为臣。宫商为姓，秀气为人。”

这个“间气”似乎就意味着不够“纯正”，夹有“杂”气了，所以只好做别人的臣属，不能自立。然而到唐代的大诗文家柳宗元，却已把“间气”作为极高的“气”来称赞了。他在一篇祭文中说：“公禀间气，心灵洞开，翱翔自得，谁屑群猜。”

据古人的意思，“间气”是“不苞一行”（在“五行”中，不是包涵统一的一“行”）的气，正即一种“杂气”了。秉赋这种气的人，据柳宗元的仅仅四句话，已有三大特点：

一、心灵大开——特别聪明颖慧，光明磊落；

二、自行其是，不混于流俗；

三、因此“正人君子”看不起，不与之交往，而且猜疑他是不正之人。

以上的这些复杂而深奥的妙理，都对雪芹起了相当的作用。他从此悟出了自己的一种更新奇的“理论”。

他的这一理论，虽然也从前人得到过启迪，但仍然是自创的，崭新的——也是惊倒当世俗儒的、被人咒骂的“异端邪说”。可是他公然地写进了他的小说里去了。

（六）

雪芹被锁在空房里，思索着天地人生的大道理，寻觅着人世的不平之极源，抒发他胸中的郁结，施展他笔下的才华——要写一大群人，这些人都是“间气”所生，但不是“臣”，不是卑微庸陋，而是天地间可宝贵的人物人材。

他给他们取了一个新名目：“正邪两赋而来之人。”

这一种人所秉赋的，既不是“正气”，也不是“邪气”，而是这二气“交战”的结果，与古人的阴阳二气的“交泰”谐和而生人的论点也正相违逆。雪芹写道：

> 天地生人，除大仁大恶两种，余者皆无大异……大仁者，修治天下；大恶者，扰乱天下。清明灵秀，天地之正气，仁者之所秉也。残忍乖僻，天地之邪气，恶者之所秉也……

他提出，秀气生人虽然不少，所余亦多，漫无所归。而乖气无可发泄处，则充塞于深沟大壑之内，偶然激荡逸出少许，适与秀气相遇——

正不容邪，复邪正两不相下……既不能消，又不能让，必致搏击掀发后始尽。

雪芹说，这种两相激荡而成的气，也会为男女所秉。这样的人，其特点是：

上则不能成仁人君子，下亦不能为大宄大恶，置之于万万人之中，其聪俊灵秀之气则在万万人之上；其乖僻邪谬不近人情之态，又在万万人之下！

他认为，凡这种人，并不因贵贱地位而有所分别。他列为三项：

（一）生于公侯富贵之家，则为“情痴”“情种”；

（二）生于诗书清贫之族，则为逸士高人；

（三）生于薄祚寒门，则为奇优名倡——断不作走卒健仆，甘为庸人驱制驾驭！

然后他举了中国历史上许多名流实例为证，但他与古书上所说的那种“正气为帝，间气为臣”的等级论已是大大不同了。他把唐玄宗（是大音乐家）、宋徽宗（是大画家）（都是“千古风流人物”）和著名的侍女倡优等人平等而列一视同仁起来！

要知道，在18世纪初期的中国，这种眼光与论调是骇人听闻的，是会惹动“群起而攻之”的异端邪说！

前文曾提出，雪芹的实际启蒙老师应是李卓吾。李公就是被人唾骂为异端邪说的人，也正是“正邪两赋”的人。他学问极富，从小敢驳孔子，把孔子以外的“异端”都研究吸取，真是一位“异端邪说的集大成者”！他不为世容，自杀于狱中。

雪芹与李卓吾，有很多的相似之点，我们还会再讲到他。但是更不要忘记：前文讲过的金圣叹、汤显祖、冯梦龙、顺治皇帝、纳兰性德，也正是这种“正邪两赋”的人物，是理解曹雪芹的重要佐助。

可惊可骇的“邪说”——新的思想诞生了。被禁在空房中的“放浪子弟”曹雪芹，就在这种思想的驱动之下动笔写他的小说的。

第二十三章　禁锢的惩罚

（一）

少年雪芹所受于小说家、小说批点家的影响，并非一事一端，而是多层多面的，可以说是“触处生春”。然而这不是说他与前人的一模一样，翻版雷同。若是那样，就不必再生出一个曹雪芹来了，也无大意味可言了。比如他与李卓吾，二人之间的相同近似的论点太多了，然而他们的气质、风格，又是显明的不同，至少也是同中有异。李公是个严肃、细致、激烈、勇敢的辩士和讲师，他的谈锋论辩使对方披靡败阵，但他并不风流才调，诙谐狂诞，他不脱学者的面貌。而雪芹则不然，他才华俊逸，风流放诞，幽默谐笑，并不屑“道貌岸然”地与正统派道学家多费唇舌，他更多地是“我行我素”，目无下尘。所以他并不去写作什么论，什么辩的大块文章，他觉得就以小说来传自己的“道”，比什么都更有趣，也更有用。

但是，不知是本来相同，还是偶然巧合，还是直承前教，他的看人看事的眼光又确实时时与李卓吾相似。

第一就是“情”的问题；第二就是“人”“我”的关系；第三就是对女子的估价；第四就是文学的流变与反对旧套的观点；第五就是作文必须不失“童心”的主张。也许还可以再举吧，可这已经够多了。雪芹在他写作时已然鲜明地展现了上述多项课题的内容，而且这些内容正是他的小说的价值之所在，所以对于很想了解他之为人和作品的读者来说，更需要先了解这些中华文化上的重要讲题。

（二）

“情”的本身也许讲来并不复杂难懂，就是人的感情。既然是人的感情，自然从有人力为始，就具有此情了。中国俗语把情分析概括叫作“七情”：喜、怒、哀、乐、爱、恶（wù）、欲。这是人的单纯的本能吧。但儒家以为，情不能任之纵之，须有节制，否则会使社会秩序紊乱。这原有理，所以他们提倡礼、乐、道德，用意即在调节情欲，端正人群关系。但儒家要维护的是他们以为万古不变的等级社会秩序，尊卑上下、贵贱贫富，都是“天理”，是不可侵犯的。到了宋儒，更强调先天即有这个“理”，此理方为万物品类之源，区分早已存在的。因此，出现了“理学家”这个名目——宋朝（960—1279）及以后的儒家（也叫“道学家”）。

这种统治人的思想的理论，发展到了明朝（1368—1644），引起了强烈的反动（反对）力量的攻击。这种反对派的理论武器是什么呢？就是“情”！

他们说，那个“理”原是不存在的，是人为的。真正的宇宙万物，只有一个“情”充塞于其间。没有情，就没有了世界，所以情是最高尚最可贵最重要的。要想治国安民，并不是什么“理”的枷锁，而是情的感发。

李卓吾就是这样认为的。所以他说：“絪缊化物，天地亦只一个情。”

在中国明代，颇有一些文学家也专门以“情”为主题来写作，并且以之解释宇宙人生，以之进行“教化”了。举一两个最好的例子就是冯梦龙和汤显祖。

冯梦龙（1574—1646）也是一个奇人。因为科举屡屡失败，遂将一段时光消磨在歌坛舞榭、青楼翠馆之中，然后以毕生精力搜集、编选、改订和刊行通俗文学——短篇小说剧本、民间歌曲、笔记小品，共达几十种之多（有的小说在欧洲有译本）。他把小说剧本的地位提得与经书一样高，对后世影响极大。他的社会观也就是极重一个“情”字，因此还编了一部《情史》，以二十四类将古今“情”的事分编成七百多篇的一部大书。在自序中，他明白提出：情可以治国理民，情可以改变薄俗浇风，情堪以奉为宗教，其功用胜过一切学说教育。

冯氏所说的情，也不是狭义的男女间的爱情，而是广大无比的情。

再如汤显祖（1550—1616），是明末的极出名的诗人与剧作家。他的人生道路，与李卓吾、冯梦龙等人都有共同之点，也是十分之坎坷而刚强自立。他负有文名，才华盖世，宰相张居正要收买他（为了帮衬他的儿子高中在前三名），他断然拒绝，因而成为张的眼中钉，永不得中进士。张败事后，他成了进士，做了小县官，还是不容于当朝，遂回乡一意写作剧曲了。他写的最有名的四本剧，合称“四梦”，而以《牡丹亭》尤为风靡天下（欧洲也有译本），主题便是演一个“情”字，表现一个人为情而死去，却又因情而得到复活与新生。他有一首诗，写道是：

无情无尽却情多，情到无多得尽么？
解到多情情不尽，月中无影水无波。

简单解说，就是情是无尽的。所以批点《红楼梦》的人引录了汤诗，又与之呼应而写道：

世上无情空大地，人间少爱景何穷。
其中世界其中了，含笑同归造化功。

意思是说如果大地上没有了情，那就只是原始荒原，一片榛榛莽莽，谈不上任何景致了。所以，既属人间世，就甘心于人间之情，与“造化”（大自然，造物生人）同归一体。

这种极端重情的思想，就是曹雪芹立意写书的主要来由与目的。他在卷首明白交代说：“大旨谈情。”

“情”的实义与重要性，大约从魏晋六朝时代就逐步取得了很高级的理解。那时候已有人以“情”为主题而写出文学作品，并且在中国最早的一部文学选集巨著《昭明文选》中已经把“情”作为赋体（长篇韵文的一种形式，叙事铺陈，写景抒情，都成为它的内容）作品中的一类了。

也许是因为“情”的涵盖量极为广大，而且这种精神活动写起来也很不易捉摸，所以不少人拿夫妇、男女之间的感情来做了比喻。这样并无不好之处，但一个后果就是导致了一般人对“情”的理解的狭隘化而不明白那些大思想家、大文学家的广大的本怀了。《红楼梦》正是这种在如何理解它的“情”之主题上常常让人产生误解的作品：把它只看作是一部“爱情”故事，甚至是一部西方见惯读烦了的“三角恋爱”小说。这就全然迷失了曹雪芹所指向的高级精神世界。

原来“情”就是“人”“我”关系的哲学大问题，即应当如何对待人的社会大问题。就拿上文刚刚讲过的李卓吾和冯梦龙做例子，也正好堪为理解之一助。

在李卓吾看来，天地生人即是一个“情”字，所以人人皆处在此“一气流行”中，在此一“情”中，所以人我是一体的，并无分别之心可言。这样的看人待人对人，并不把“他”与“我”对立起来。这样时，“我”才是真我——已经不再是世俗之见的“小我”，而是一种高级的“大我”。

冯梦龙则自叙时说到：自己从小是个“情痴”，对朋辈都倾其赤诚之心相待。听说谁有了奇祸奇冤，虽素不相识，也必千方百计地去救助于他，如不能遂愿，则夜不安枕。遇有不能晓悟之人，亦必以真情对待他，希望他能感动改变。冯氏的这种情，几乎近似侠客义士那一类人物了，可知他编《情史》，也并非只为了男女的爱情这一单义。

了解了这些中国的文化问题，然后方能了解雪芹之所谓“大旨谈情”究竟谈的是什么道理——那绝不是像一般的讲解者所描绘的，《红楼梦》只是为了写出一对少男少女“爱情悲剧”——婚姻被人破坏了，女的气愤而死，男的“看破”了人世的一切，出家做佛僧去了。如果仅仅是这样一种品级的小说，我们也就很难称之为“中国的最伟大的小说”，也就大无必要来研究介绍曹雪芹这位作家了。

被禁锢在一间小屋中的十几岁的曹雪芹，已经开始深刻地思索着这些人生的巨大问题了。

（三）

但是曹雪芹如果真同李卓吾比照起来，他的“聪明灵秀之气”与“行为偏僻性乖张”，虽然不敢说是超过了李卓吾，却毕竟另有一种丰神，另是一种境界。

他好像没有李公那样天真和乐观，认为“人人皆是圣人，人人皆是佛”，把一切人看得了无差别。雪芹的看法怪得多。首先他对男女有特别的看法，认为女优男劣。他的“怪论”说道：

女儿是水作的骨肉，男人是泥作的骨肉。我见了女儿，我便清爽。见了男子，便觉浊臭逼人。

他将男子（包括他自己）呼为“须眉浊物”。他能体察出女儿的心灵境界是一种“幽微灵秀地”，而其处境则是“无可奈何天”。

必得两个女儿伴着我读书，我方能认得字，心里也明白，不然我心胡涂。

这女儿两个字，概尊贵极清净的，比那阿弥陀佛、元始天尊两个宝号还要尊荣无对的呢！（男子们的）这等浊口臭舌，万不可唐突了两个字要紧。但凡要说时，必须先用清水香茶漱了口，才可说得。若失错便要凿牙穿腮……

他写的这种书中之“两赋”的男孩子：

其暴虐浮躁，顽劣憨痴，种种异常，只一放了学，进去见了那些女儿们，其温厚和平，聪敏文雅，又变了一个人。

这已奇绝。更奇的是他竟然胆大包天地创出了“意淫”这个骇倒世人的词语与意念。

这个“意淫”命题的提出，是小说中的掌管人间女儿命运的“太虚幻境”的“警幻仙姑”创造的。你也许还能记得：雪芹由于东岳庙的“七十二司”的启示，而创出了一个“太虚幻境”的话题吗？那是一个貌似荒唐诙谐而实质感叹沉痛的艺术渲染，因为他不能像李卓吾那样以学者、辩士（斗士）的身份姿态站出来正面宣言，他只能以小说家的“烟幕式”的编造来宣传他自己的“异端邪说”。

据仙姑解释“意淫”，那就是：

> ……“淫”虽一理，“意”则有别。如世之好淫者，不过悦容貌、喜歌舞，调笑无度，云雨无时，恨不能尽天下美女供我片时之趣兴——此皆皮肤淫滥之蠢物耳。如尔，则天分中生成一段痴情，吾辈推（推断，推许）之为“意淫”。意淫二字，惟心会而不可口传，可神通而不可语达。汝今独得此二字，在闺阁中固可为良友，然于世道中未免迂阔怪诡，百口嘲谤，万目睚眦……吾不忍君独为闺阁增光，见弃于世道……
>
> 《红楼梦》第五回

这段重要无比的新谈奇论，乃古今中外向所未有，可当“石破天惊”之誉！这说的就是一个“情”字，一个人我的关系问题，一个古代中国妇女的命运问题。

（四）

那时候中国妇女的情况，现代的西方人很难想象与理解。中国是个古老的农业国，农民的男女是分工的：“男耕女织。”织就是纺织布帛，做“女红”（针线缝纫），操“井臼”（捣米做饭）——全是家务劳动，不能公开社会活动，也没有经济自主权，所谓“夫唱妇随”，还要服侍男人。富有的和高贵的家庭妇女，更是足不许出户，终日处于深闺绣户之中，也不能会见外人。世俗的眼光是重男轻女，女人低人一等，常被轻贱侮辱。

正是由于这样的社会背景，曹雪芹才勇敢地提出他自己的贵女贱男的理论。他处处以其“天分中生成的一段痴情”去体贴女儿的处境与心境，深寄其同情、怜惜、感叹、赞美、亲近的情怀。这却被世俗之人认为是“色鬼淫魔”之下流子弟了。小说中的老祖母评议这样的孩子（贾宝玉）曾说：他专门喜欢在女儿群中厮混，也曾疑心是年龄大些了，渐渐懂得“人事”（两性之事）了，谁知暗中仔细察验他的行为，却又与此无干。因此甚以为奇，结论竟是这个男孩子也许会是错投了胎——原本是个女儿，误“托生”了一个男孩的躯壳。

这正是一般常人常理所难理解的人物的“怪僻邪谬”。雪芹自己借了“警幻仙姑”之口，而评他自己的这种言行，说成是“千古第一淫人”！要知道，就像李卓吾那样“离经叛道”的敢犯众怒的奇人，也还是字字句句运用圣贤经典的名词语汇去高谈雄辩，也还不能（不敢）创造出这等不怕世人骇愕愤怒的名目来！

这就是雪芹“大旨谈情”的真正本旨了。

不过，这样的一个十分奇特的本旨，不但他生时当世难得有人理解，就是他身后的二百余年间，也还是引起了百般的误解和错会，仇视他写作的是“淫书”毒害世人。再有就是说他写的只是一男二女的“恋爱”故事，以对“封建家长包办婚姻”，等等之类。观者论者万千不同，只是庸俗化、狭隘化、机械化的认识却常常把他的真本旨真精义给埋没抹杀了。

（五）

雪芹被禁于空房，原由是放浪行为，应该就是除了交结优伶、亲自串戏这些事情，可能也许还有写造小说一层罪状。他从很早就喜弄笔墨，偷写“野史”，被家长发现了。那时也许还不成篇，还很零碎，还很雏形，思想境界还不似后来的尽脱流俗……这样推想是不无根据的——脂砚斋的批语说他有过一种旧作。若系如此，则空房之内的苦难条件，使他重新开始了更为严肃、更为宏伟的构想和认真的撰述。

第二十四章　第二番巨变

（一）

从乾隆三年到五年，雪芹年当十五到十七岁，似乎就在这段时间之内曾被禁锁。而这段时间内，皇家朝政上又酝酿发作了另一场惊涛骇浪。这场风浪，又一次大概是彻底地改变了雪芹的生活和人生道路。

这场风浪并没有新的质变，仍然是雍正一手所种植的那株畸形的政治之树所结的恶果。

雍正残害的人太多了，手段太毒酷了，留下的仇恨太深了。乾隆嗣位之后虽然也曾用心费力地去收拾人心，消弭旧恨，可是远远不能平息皇室内的根深蒂固的冤仇毒怨。大约从雍正一死，几支重要亲王之家就暗地勾连密计，要趁仅仅二十几岁的青年弘历登上皇位的时机来举行一次特大的政变。

参加这次密谋的主要人物计有：

（1）康熙废太子胤礽系

长子弘皙（理亲王）

（2）胤禄（庄亲王）系

胤禄本人

两个儿子弘普、宁和

（3）胤祥（怡亲王）系

两个儿子弘昌、弘晈

（4）胤祺（恒亲王）系

次子弘昇

这就是说，老一辈胤字排行的王爷，除了果亲王胤礼（逢迎雍正而尽力的人），几乎全部参加了。最奇的是，怡亲王胤祥是雍正拿他做“幌子”（表示亲爱弟兄）竭力捧抬的“贤王”，竟然也是暗中反对雍正的人！

事情的实质是：宗室王公，绝大多数都为康熙太子胤礽抱不平而痛恨雍正这个狼心狗肺的阴险狠毒的恶魔，大家要在他的年轻的儿子弘历身上报仇雪恨。因此大家一同暗中扶植废太子的嫡子弘皙，想让他夺回宝位。

这次密谋的规模，官书回避，不敢详述。但皇帝本人却透露出一个口风：弘皙竟然已照皇家内务府的制度，设立了自己的“会计司”“掌仪司”等七所机构（内务府下设七司，掌管皇家一切财产庶务）。也就是说，不但“居心不可问”，实际上已以皇位自居，规模初具了。

这桩“逆案”酝酿到乾隆三年上，已被新皇帝获悉。中间经过不详，大约有人首告揭秘。四年十月，宗人府已在议罪复奏了——建议把这些王爵革除，永远圈禁。

等到乾隆五年的秋天，趁皇帝外出秋猎之际，庄亲王之子又有“密谋”（不知是否指比行刺还巨大的行动），也被发现因而失败了。

这场政变的规模之巨大与斗争之激烈，实为少见。因此大案，牵连的各层人员，为数更不知凡几——曹家又是其中之一家。

（二）

在这一场复杂的事变中，雪芹的祖姑丈因“宽于接下太杂”（交纳下级人员太宽泛），底下的人府里的“包衣大”，即奴仆头儿，惹了事，十分严重，以致革职入狱，随后病卒了。雪芹的大表兄福彭呢，也是因为“失察家人”受到了重谴——自乾隆五年到七年整整三年销声匿迹（官书不敢明言一字），很可能是卸职家中“反省思过”。

曹家本身呢，当然更麻烦——逆案首犯是庄亲王，他现任内务府大臣，可以直接指使全府的人员，何况雪芹的堂叔辈中本来就有人给庄亲王府里当差服役。曹家是康熙帝的世仆，与太子胤礽自然关系亲切，查出过胤礽命其乳公凌普向曹寅处“取银”，一次就是二万两。再说怡王府，雍正也说过是“疼怜”曹頫的。由这些情况可以看出，雪芹家又无法逃脱奴籍的厄运，再次抄家问罪。这次似乎比雍正五六年间那次的情形更惨——那次还有很多方面的力量暗中为之维护，而此时则连一门亲戚也没有可以求助的了。

从这以后，曹家诸人的痕迹，无论是官家档案，还是私人纪载，都一字不复可见了。这充分说明了他家的最后破败是到此案发作后而牵连遭难的一家包衣世仆。

这时候乾隆特别注意八旗包衣人和汉姓人的事。他下令准许这些包衣“开户”——脱离原主，自立户籍。又命这种汉姓人（早已隶于满洲旗的旧人）在考试时归于汉军（真正的汉人军兵）类内一体举行。他还详细调查这些人上世归旗的原始根由。看来，乾隆在民族问题上产生了新的想法，他的眼光渐渐地有了歧视汉姓包衣的苗头。这对曹家也是大有关系的。

（三）

乾隆八年（1743），著名的诗家屈复（1668—？）作有一首追怀“曹荔轩通政”（曹寅的别号与官阶）的诗，写得极其沉痛：

> 直赠千金赵秋谷，相寻几度杜茶村。
> 诗书家计皆冰雪，何处飘零有子孙？

这说的是：曹寅当日爱才如命，为了救济贫困不得志的赵执信（名诗人，即敢于作诗怀念李煦的人），不吝千金相赠；因为钦慕明代的老遗民杜濬的高贵品格，自己亲去寻踪拜访。这样的一位文学大家的精神生活物质生活都像冰清雪白那样廉洁、清高，可是到如今他的子孙都有何人？飘流沦落于何地？都没有人说得上来了！

诗人屈复的感叹，是当时舆论的代表。这正好说明雪芹本人的处境，已是十分的不幸和困窘了。

（四）

明代的习俗，男孩以十五岁为达“成童”之年。但清代的八旗制度，似乎比那略晚一些，大抵以十八岁为成年，而要被派去当差了。雪芹由禁锢而得到开释，也许倒是由于抄了家，没有人再来管教他的缘故。这已难知。我们也还说不清他有没有参加科考和正式科名的级别名目究竟是什么。

一个说法是他考取了举人，即“乡试”一级的合格者（举人材可以去考进士，做高级官）。文献上的线索，说《红楼梦》的作者是“贤书”，是“孝廉”，就都是举人的别称。

但另一个说法是雪芹只系一名贡生，而未尝中举。贡生者，是由官方在未中举的“秀才”（最低级科名名称）中选拔出类的人材而上报批准的一种特殊资格。做了贡生也可以充任一些基层的文教职务，其十分幸运的也能进入仕途而升为要职，但一般都是不得志的知识分子，做很小的穷官，或做教师、幕客（秘书类的助手）等事。

雪芹从少小时就是“愚顽怕读文章”的——当时“文章”特指科考制度的“八股文”。偏偏在他十几岁时，乾隆皇帝特别强调起它来，并且将一部《钦定四书时文》印发给官学，作为最高的标准榜样，人人都要奉为“至宝”，模仿效颦。这对雪芹实在是一大杯“苦水”，可是非饮不可。但他对参加科考一事，心情却也是复杂矛盾，而非单一地厌弃与逃避。

第一，如前文所述，他小时路经贡院和自家故居老宅时听说过祖上是供奉魁星，企望儿孙成名登第的——是为了给“奴籍”家世的人争光和改换门楣。他很能体会祖父的心，觉得自己应该有所表现，对得起祖上的苦心密意，不该甘居“下流”。

第二，他是怀珍抱玉、大有才华的人，只要愿意去作，文章不会不出色，在考场中角胜争强，不会落人之后——那些早早考中的，却很多是庸才的侥幸者。他为此也是心有不平的。

由于这些缘故，他既厌恶科考，却又决意参加考试，这就是历史人物的必由之路，貌似自我矛盾，其实是毫不奇怪，此例多得很呢。

大约他考过的，也许不止一次。最终是文章不为主考者所喜，名落孙山了。

贡生一说似乎更符合史实，也可以从那彦成的话来互证。那彦成非常仇视雪芹，曾说他作《红楼梦》得了“恶报”——“以老贡生槁死牖下”。这话是清代一位名人记录下来的，应当可信。

那彦成是谁？是乾隆名相阿桂之孙（后来成了镇压“白莲教”的主力人物）。其曾祖阿什坦就是曾跟随傅鼐出征的一位副将，他家正是正白旗人。

这样看来，雪芹并没有走上科举成名的道路，他到临终也是一名“老贡生”。

正因为只是一名贡生，所以他是一个“名不见经传”的卑微之人，清代的书籍没有正面纪载他的一生事迹。我们对这个不寻常的贡生，所知是太少太少了。

（五）

雪芹长到十八岁，按规矩要到指定的地方去当差服役了。

有不小的可能，他曾被派到咸安宫官学。这所官学是雍正下令专为“教育”内务府子弟而新建立不太久的一所“包衣专校”。汉人中有学问的举人、贡生不少派往官学做“教习”（汉文教师），有在咸安宫官学任过事的先生曾直接间接地听到和提到过“曹雪芹”这个名字，似乎知道他——尽管只是一个朦朦胧胧的影子而已。

有人记下了他在内务府做过笔帖式和堂主事。这也是很可信的传闻。

笔帖式又是何义呢？原来此是满语的译音。蒙古语中也有相应的一个名词，译写为“必阇赤”，元代有“比阇出”。满语是“巴克什”——后转为“榜什”，一源而分化为二支了。清人未入关时，巴克什地位是相当高的，是文职的一个赐名；入关后改译汉名为笔帖式，各部院衙门普遍设置，有翻译、缮本、贴写等名目，掌翻译满汉章奏文籍等事务，官级最高的不过七品，已经是一个最“普通”的文职小员了，但旗人由此进阶，升迁甚便，八旗贵官，实多由笔帖式出身。汉人是不能充当笔帖式的，内务府中，当然更没有汉人或汉军的笔帖式。这一点在清代制度上是十分清楚的，可以使一些不甚了然于内府籍与汉军籍之别的人们，获得又一个辨识的机会。

事情自然是他笔帖式的差使当得好，提升为堂主事的。内务府的组织结构是“总管”为首，下设七司各设“郎中”，是近乎“副部长”意味的主管长官。以下便是“主事”了，都是司内的办事分职的次级的小官员。其中特名“堂郎中”“堂主事”的是负主要责任的。

主事除了正式编制的名额以外，还有“额外主事”。《红楼梦》写荣国府的主人贾政，就是皇上“额外赏了一个主事”的职位，也就是隐写内务府家世的巧妙之笔了。

雪芹在内务府当差的确切年月起讫，都难以考明了。从情理讲，这都是他十八岁以后的事。他为什么原因离开内务府？也不可知。恐怕主要还是不甘“为庸人驱制驾驭”之故吧？

他在内务府当差大约最多只到乾隆十三年左右。这也就是他一生为皇家“服官”（做“奴才”）的唯一一段经历。

第二十五章　流浪　寄食

（一）

雪芹在内务府的这几年，是他一生中生活稳定的阶段。也许是因为言行不守“正规”，惹恼了上司，“罢职丢官”了。

从此，他便转入了一个十分困难的流浪的时期——虽然说是一个时期，实际上这种处境是他后半生的基本状况。

他是一个公子哥儿出身的人，不懂得生计的事，也不会经营生活之门路，甚至连衣食也是不能自理、在在需人服侍的“废物”。这就是他自谓的“天下无能第一”了。他很快就陷入了缺衣少食、举目无告的困境。

也正如他自己说的：“富贵不知乐业，贫穷难奈凄凉。”极端的困窘折磨着他，他很难忍受。他并不是以“越穷越清高”的那种虚假的自嘲自欺来邀买名气的人。

大约他所能想出来的“办法”就是求亲告友，忍辱受贬地求一个寄食借住之地，暂且勉强苟活。

这是很不光彩的，但这确是史实。

大表兄平郡王府是第一处可以托身寄命的所在。姑母会疼怜他，收容他。平郡王府里多了一个半个吃闲饭的穷亲戚，原算不得一回事。有些难堪之处，受下边人的白眼，听难听的话……这些世态炎凉的人间相，他饱谙了。

不幸的是，平郡王福彭只活到乾隆十三年（1748）便辞世了。此时雪芹年当二十五岁。福彭一死，府中情况随之大变了，雪芹看情形无法再住下去，只好告辞姑母家，另寻生路。

（二）

从平郡王府往北转西，不太远是旧刑部街。据传说，雪芹的岳家就在此街。这自然也会成为他寄食的一门至亲。他的岳父是谁？夫妻感情如何？已是无人说得出来了。估计他在岳家的经历不会是很愉快的。也许有些像小说中封肃这个人对待他的女婿甄士隐那样，“今见女婿这等狼狈而来，心中便有些不乐……士隐乃读书之人，不惯生理稼穑等事……封肃每见面时，便说些现成话，且人前人后，又怨他们不善过活，只一味好吃懒做等语。士隐知投人不着，心中未免悔恨……”

这种局面自然不能久长。雪芹又曾经过丧妻的不幸，便与岳家断绝来往了。

及至连亲友也无可投之时，他还住过庙院，住过马棚，住过“水窝子”！真可说是“每况愈下”了。

（三）

前文讲过的蒜市口与广渠门之间，有一古庙俗称卧佛寺，内有巨大木雕卧佛，雪芹小时去过的。如今贫无可归之际，他便一度寄居在此寺之内。

这庙是冷落的，香火不盛，游客更稀。寺内有明代古槐，奇姿可赏，又有一个小跨院，十分幽静。雪芹求了老方丈住持，便给他一间空房住下了。

住处是勉强而有了，可是三餐无计。近世大画家齐白石曾知道一个传说，雪芹在此，奇穷无比，画家因此画了一幅《红楼梦断图》，一角萧寺院，古柯荫瓦，残月当天。并题诗道：

风枝露叶向疏栏，梦断红楼月半残。
举火称奇居冷巷，寺门萧瑟短檠寒。

这诗写得极好！“举火称奇”是用了一个典故，前代一位名士说过：我过去以不举火（点火做饭）为奇——如今则以举火为奇了！这极言其穷得有一顿饭吃时，乃成为稀奇少有之快事了！

“短檠”是指矮灯架，贫苦读书人过夜的照明之具——相对于富人的“高烧绛蜡”而言的。这三个字，正好写出雪芹寒夜孤灯，在贫困中独自为小说走笔的情景。

雪芹写小说要用纸的。可他连纸也无钱去买。他就把旧历书拆开，翻转了叶子做稿纸（中国古书都是横长纸从中缝折叠成为双页的）。一位名叫潘德舆的诗文名家曾记下过他所知的雪芹的一些贫况——潘氏在正白旗满洲世家钟昌（嘉庆十四年进士）处做西宾甚久，所以能听到关于雪芹的轶闻。他曾撰文说（译为今天的白话，大意）：

> 我每读《石头记》，便感动得泪如雨下。此书作者当是一个怀有“奇苦至郁”的人。我听说此人平生放浪成性，无衣无食，寄住在亲友家。屋里除一几一凳外，略无别物。每夜挑灯写书。没钱买纸，便将旧皇历拆开，在纸背面写作。

这就是雪芹在贫困流浪中不懈地写书的真实生活写照了。

每夜一人挑灯写作，正可与齐白石的诗句“短檠寒”互为印证。挑灯者，是说中国古时的灯是用一个碗形瓷、铁之物盛着油，内置一条棉花搓成的灯芯，将灯芯外端点燃生光照明。那光亮度本来就低，再加燃久了灯芯结灰，必须常常去挑动它，抖下芯灰，增添一点明亮。

现代的小说作家，大约很难想像曹雪芹的那样一部包含着八九百个男女人物的巨著绝作，就是在这样的物质和精神条件下产生的奇迹吧？

（四）

比寄食生涯略为强一些的，是他后来有了在富贵人家做“西宾”的机会了。

中国古俗，主人和客人，如果同坐，主居东位，客在西首。所以主人家称为“东家”，聘请在家塾教子弟读书的老师、助理文墨公牍的“幕客”“相公”，都称“西宾”，俗呼“师爷”。做这种西宾的，都是在科考时不能高中的举人、贡生等沉于下层的文人或老儒。

雪芹做过西宾，这个事实，倒是见于各种形态的传闻和纪载。

但他是给谁家做过西宾的呢?

说来有趣，皆云他的“东家”是在什刹海畔。

“什刹海”，又是什么呢?它是北京北城偏西的一处湖水的名称。北京西北远郊的水汇流入城后，聚为六个相连的湖形的水区，都名为“海”。内三海在紫禁城皇家之内，外三海在皇宫后门以外的偏西处。什刹海就是外三海的东南边的什刹前海和后海。这一地带风景极美，碧柳红莲，低鸥高鹭，一片幽静的水景。从明代起，“海”畔就是名园的聚处。到清代则更多的是贵家府邸。

前文叙过的明珠、纳兰性德的府，就在北岸。雍正的政敌胤禩的府，就在南岸。

更有趣的是，这里的老居民，世代相沿，把胤禩故府叫作“东府”，把与它紧邻的一座古邸叫作“西府”，并且说这就是《红楼梦》中的东西二府——东府为宁国府，西府为荣国府。

东府的历史久远，旧府主大致可以考证明白。西府虽也是明代古建筑，却无人知道它在康熙、雍正两朝时期是哪个人的大府了。这个神秘的历史空白点，背后隐藏着巨大的重要的政治忌讳!

我曾撰文考证，此西府很可能就是被雍正阴谋废掉的胤祯的故居之地——而曹家与此府自早就有千丝万缕的微妙联系！

由于政治上的极其巨大的忌讳，此府在雍、乾时期的府主历史已经无人敢于言及，更不用说纪载了。直到乾隆晚期，它成为权相和珅的府第，才又有人敢来提它——而和珅正是阴谋破坏《石头记》原稿的主谋人。

（五）

在雪芹做西宾的传说纪载中，有的只言“某府”，有的指明是“明相国府”。这个称呼，在康熙时即指明珠，但在乾隆朝，则应指明亮。雪芹在他家做过馆师，可能性倒是不小的。因为雪芹认识“明”家的同族人，如石虎胡同的富良家，便是一例，安定门内的明瑞家也是一例。

明亮，清代的掌故家称他为“明相国”，为的是要与康熙朝的明珠区别，所以将后者称为“明太傅”。明珠本姓纳喇氏，明亮本姓富察氏，因为满洲人习惯是不称（也不写）姓氏，只用名字的第一个字（汉字）作为代替姓氏的“领称”。

提起明亮家，可说是乾隆时期的“佟半朝”，真比康熙时的佟家之贵盛有过之无不及。他的祖父一辈弟兄二人名叫马齐、马武，当时流行着“二马吃尽天下草”的俗语，可知其权势之大。马齐不但是和佟国维一起与俄国交涉签订尼布楚和约的大员，而且也是皇子争位中的一位幕后人物。“马”字辈下是“傅”或“富”字辈，再下一代就是“明”字辈了，再下是“福”字辈。辈辈有位极人臣的大官，而且还有皇后与驸马，这简直是一门势焰熏天的头号豪门贵族！

他们家军事上立功的人多，但也出了“出将入相”的文武双全的人材，明亮是一个，他的上辈傅恒，也是如此，名声极其显赫。

这儿需要解说一下，所谓“明相国”，原是后来人们追述的口气。雪芹生时，明亮正做銮仪卫，还远远没出任将相高职。无论雪芹是在明亮本人还是他家弟兄辈那儿做西宾，后世常常是拣最显赫的官职来做代表称呼。也可以说成是在“明相国府”的。

雪芹在“明相国”府里做了西宾，因为人人都知道他才学最富，罕与之匹。

但傅家的传统毕竟与佟家的文学风雅不尽相同。马齐就闹过笑话——有一次他对人说：“家里请来的先生（西宾）都不好。将来我要买一个先生！”这句话传为笑柄，因为中国向来是最尊敬师长的，礼貌、待遇是不能错的，家长和学生都须毕恭毕敬，绝不许丝毫轻慢。“买先生”自然是个天大的笑话。

明亮本人是通文墨的，能作小诗句，还能画几笔墨竹，但他对雪芹这样放诞不拘的人，未必喜欢。再加上旁人的嫉妒和诬谤，给雪芹加上了一个“有文无行”的罪状。不久，就把雪芹辞退了。

雪芹终于跨出了相府大门，四顾茫茫——正像诗圣杜甫的名句所说：

> 此身饮罢无归处，
> 独立苍茫自咏诗。

（六）

被相府辞退的雪芹，声名大坏，别的人家大抵是不敢再请他。雪芹在北京城内已无立足容身之地。

在相府中诬谤谗毁之词是很多的，种种“行为不端”“道德败坏”，而作小说“写坏书”当然也是罪款的一条。

雪芹做西宾时继续写《石头记》，人人皆知了，不少人爱看他的书稿，及至看不到下文时，就来催促他快些接写下去。

雪芹每当此时，就对催书的人说：“你给我弄来南酒、烧鸭，我吃饱喝足，就给你续下一回！”

这种情形，是明家的人传到豫亲王多铎的后人名叫裕瑞那里，再由裕瑞记下来的。裕瑞的母亲是“傅”字辈富文的女儿，这个来历是很可靠的。

裕瑞还记下了以下的几点——

雪芹那时的形貌已经变得体胖、头广、面黑了。性极诙谐，善谈，能令听者终日忘倦。雪芹的小说里写的名王府第，都是实有的，只是掩换了名称。他也知道雪芹与平郡王府是姻亲，是诸府中之一门。

多铎是努尔哈赤三幼子之一，正白旗的旗主。他的老府遗址就是后来的协和医院那个地方。

（七）

雪芹在无衣无食之际，自然也曾忍耻求告过自己的骨肉同族和至亲近戚，但他得到的是侮慢多于帮助。这使他回想起自己家里从祖父就为世人称道的慷慨助人的门风，而慨叹自身所受的轻贱。他在小说中特写一个村妪到荣国府去攀亲求助的经历，这位贫苦老妇人却得到了她所不敢想象的厚待。在这回书的前后，各有诗句：

朝叩富儿门，富儿犹未足。

虽无千金酬，嗟彼胜骨肉！

得意浓时易接济，受恩深处胜亲朋。

这无疑是直接间接地反映了作者在这方面的切身体会。“炎凉世态”，乃是他书中的主题之一大方面。

雪芹到处遭到白眼。他最困难的时期，已无存身之地，无奈何住在一家大府以南的附属马厩（养马的院子）和府后的一个“水窝子”。

水窝子是“水屋子”的音转。旧时北京城内饮水都是井水，有的井地点靠近官道，过往行人和劳力的穷人口渴了，就需歇息买水吃，于是井旁就有人搭起了一间简陋的小屋子，在此烧水卖茶，叫作水窝子。

雪芹处境之可悯，可见一斑了。

这处前前后后雪芹都曾寄命存身的大府是哪里？说来奇巧，正是居民世代相传呼为“西府”的那座巨大的第宅。

（八）

一个极有趣的线索是西方人也有关于雪芹的西宾生活和写书原委的记述。1919年（笔者诞生的次年）5月号的英文版《新中国评论》（*New China Review*）中有柯纳培（W. Arthur Comap）的一篇《红楼梦的秘密》，称赞此书实乃唯一的一部“真正的”小说。他说他所听到的普遍说法是：

一、此书作者是某王府的一位“私人秘书”；

二、书即是在此时所写，所以都是现实生活；

三、写书的“动机”是因为作者与其府中一婢女“通奸”而失宠被斥——故作书“报复”；

四、书中自叙“增删五次”就是因为当时朝廷禁其印行，不得不再三修改。

这些，除了夹杂着当时流行的猜测和误会（如，总以为写书人是在谤毁那个府主家），却保存下来了一些非常可贵的史实线索。

此文所记的要点是：一、作书人与某“王府”有关；二、因为婢女的事遭到了辱斥。对前一点，“王府”云云，那种可能性是不止一种的，因为府邸等级很多，一般人则容易将高官宅第与真正的亲王郡王府相混或讹传。再如雪芹做西宾的东家主人也会有先后不同的一处两处，甚至更多的府第经历，其等级不会全同。雪芹同情怜悯某使女的不幸而设法搭救帮助，就会被人加以诬谤——那时候一个外姓男子与一个女子如有任何形式的来往，都会被人猜疑是男女间的暧昧事情的。这和雪芹的被斥为“有文无行”（行，德行）正相吻合。

看来，这些都是真实的事情，被人们传说下来，不免有所讹误。讹误正是世俗眼光不能理解雪芹这个奇才异人的必然结果，正是可以从反面求正影的折光镜鉴。

第二十六章　交契——虎门晨夕

（一）

曹雪芹在北京城中居住、游荡、播迁、流浪，所结识各样朋俦，不知凡几。可惜这些人都未能留下长文短记，以致我们毫无考鉴的可能。所幸者，倒有两位宗室弟兄，是雪芹的至交，他二人的诗集中，却保存了关于雪芹的诗篇，宝贵无比。此二人名叫敦敏、敦诚。

雪芹与他们弟兄二人如何认识的？那可能性太多了，因为敦家的祖宗也曾是正白旗的老旗主。而敦家住在北京内城西南角的太平湖侧，这离平郡王府很近。他们的熟识，这也是一个方便的条件。

可是，还有一个右翼宗学（雍正下令设立的官学之一），也是他们常聚之处。对于敦家的情形，宗学附近的概况，我们必须有所了解，方有助于了解雪芹的更多的事情。

原来右翼宗学东边有一家邻居，人称敦惠伯府，雪芹正在他家做西宾馆师。这是谁家呢？就是前文粗叙过的“二马吃尽天下草”的“大马”马齐家。马齐一生做过各式各样的高官，不妨补叙一些，以见他与曹家可能发生的关系，为什么雪芹与他家的人十分熟识。

马齐做过山西巡抚。对俄国的外交事务中他是一个头等重要人物。征厄鲁特叛乱之役也有功劳。做过户部尚书（财政部长），督理过河工。他曾被委任审讯赃官污吏，很有廉明公正的声誉。但他后来与皇子争位之政治漩涡的关系太密切了——先是太子胤礽的左右臂，康熙帝亲征远行，太子监国时，他是协理大臣。太子废后，他力保胤禩，惹怒了康熙帝，把他全家都逮捕起来，几乎有灭门之祸到头。可巧1710年俄国的一支贸易团队到京，非得他办事无人能替，这才把他释放出来，复了官位。1716年做了大学士（宰相），封了伯爵。他曾于1712年任过总管内务府大臣，正是曹家的上司，也正是雪芹祖父曹寅在扬州病故的那一年。

马齐于1735年退休，四年后去世，年八十八岁。欧洲的传教士，对他多有记述。身后伯爵由他第十二子富兴承袭。可是富兴惹了乱子，伯爵被削，改命他哥哥富良承袭。石虎胡同的这座一等敦惠伯府，就是富良的第宅。

富良待雪芹大约不甚礼敬。雪芹与敦诚夜谈时，当然会说到他受的待遇与诽谤。敦诚后来写诗给雪芹，有一句是“劝君莫叩富儿门”。这是诗人的一个非常巧妙的双关语：“富”明指富有钱财，又暗指他的名字。真是有趣极了。

（二）

右翼宗学从一设立，就在瞻云坊（俗称西单牌楼）以北的大街路东的第四条巷子：石虎胡同。这条胡同很小，从西口往东走不太长，被另一条南北向的胡同截住了，在口那儿立着一个巨大的白石雕虎，看那年代古老得很了。宗学那所房子来历很久远，在明朝先为常州会馆，后为太师周延儒的故府；入清以后成为吴三桂之子额驸（即俗称驸马）吴应熊的赐第；康熙十三年四月，吴三桂起兵叛清，因此应熊不久“赐死”，此府当即撤废，后来沦为右翼官房；到雍正二年，就在这里设立了右翼宗学。大约到乾隆二十一年或略前，右翼宗学迁往瞻云坊以南的绒线胡同，原来的旧址成为裘日修的赐第——那就已是后话了。

曹雪芹因到宗学串门，便结识了一些朋友。其中最重要的要数敦敏、敦诚兄弟二人——只因他们两个，我们才得以知道了雪芹中年以后的一些概况。

敦敏，字子明，号懋斋，生于雍正七年（1729），比曹雪芹只小了五岁；卒于嘉庆元年（1796）以后。敦诚，字敬亭，号松堂，别号慵闲子，生于雍正十二年（1734），比曹雪芹小了十岁，卒于乾隆五十六年（1791）。他两个本是胞兄弟，父亲名瑚玐（1710—1760），但敦诚在十五岁时出继给叔叔宁仁为嗣了。他们是和硕英亲王阿济格的第五世孙。

原来清太祖努尔哈赤是兄弟五人，三弟名舒尔哈齐，最为重要，在明朝人的口里曾和努尔哈赤并称为建州都督，朝鲜史料中也并称，而以“老哈赤”“小哈赤”别之。可是努尔哈赤与弟不和，疑其有二心，竟先杀其两子，复禁锢其本人，最后终于杀死了完事（后来努尔哈赤之子皇太极又以十六款罪状杀了舒尔哈齐之子阿敏）。努尔哈赤自己有十六个儿子，最喜爱的是“大福晋”（忽刺温之嫡裔乌喇贝勒之女）所生的三个：阿济格、多尔衮和多铎。努尔哈赤属意于第十四子多尔衮，想传位于他，不想后来第八子皇太极谋得了皇位，逼死了那位乌喇母妃殉葬他父亲。皇太极死后，以多尔衮和舒尔哈齐的第六子济尔哈朗同为摄政，“扶保”他的幼子福临（顺治）为帝。入关前后，多尔衮弟兄三人功劳最大，也威权最盛，不但导致了济尔哈朗和多尔衮系派之间的摩擦冲突，而且也引起了皇太极系的疑嫉，因此福临亲政之后，就假手于济尔哈朗，伺隙向多尔衮及其弟兄系进攻。阿济格本来就不忿皇太极抢得皇位的事。因此当皇太极一死，他就和多铎力劝多尔衮即位，但多尔衮未允；及顺治七年末，多尔衮猝然病亡，阿济格就又要趁机行事，夺取皇位，结果为济尔哈朗等逮捕，削爵、幽禁、抄家，并诸子皆黜除宗室，赏给别家（仇家）做了奴隶。八年十月，阿济格因坚决反抗这种迫害，竟要设法点火烧他那座牢狱，又企图用刀挖掘地道越狱，为监者告发，“赐”自尽。

这就是敦敏、敦诚的“家世”来历。

至于多尔衮，虽然身死，势力犹在，所以也不能幸免，转年二月便宣布“罪状”，削夺封典，籍没家产，党羽都遭到惩治——这就是曹雪芹之始祖的旗主的下场。

所不同的是，曹家经过这次大事变，反而得以随了正白旗转为上三旗，并入内务府，又因了孙夫人是康熙保母的关系，得以享有了六十年的“全盛”，直到第二次大事变——雍正夺位时，这才遭了殃。而阿济格家，除了康熙元年曾将他的次子博勒赫复还宗室、追封镇国公以外，直到康熙五十二年才将他的第三、第八、第十、第十一诸子各支赐给觉罗红带子（即远支的宗室），附入玉牒；博勒赫一支，即敦敏弟兄的高祖，是唯一封公的，可是到雍正年间，应该袭封的经照（敦诚的叔祖，过继后的祖父）和恒仁（字月山，敦诚的叔父）也因“不应封”而夺爵：这就是说，他们家蒙“皇恩浩荡”，才仅仅得以从“庶人”恢复为“天潢”，但又因和年羹尧是姻亲而陷入了党祸，连身嫁年家多年的姑奶奶也勒令返回娘家，那地位也不过是“宗室平民”而已，远不能和其他非王即公的显贵宗亲比肩。

犹有甚者：其实这种宗室有时连“平民”也不够，只是一种“宗室奴隶”。对于清初的那种制度，后来的人很难想象，很多的历史情状没有纪载便无人了解了，如清代一位宗室描述：“国初宗室，不如是之尊也，凡下五旗（即八旗中除去镶黄、正黄、正白三旗的其余五旗）宗室，俱隶本旗王公包衣下当差：护卫、典仪至披甲（当兵）护军不等，出则为之引导，处则为之守护，且有挑为‘哈哈珠塞’（满语幼童侍役）日供扫洒、侍巾栉者。无论叔、伯、兄、弟，本旗王公俱奴视之；其挟嫌者，或有谋不遂者，日以鞭挞从事，其苦万状，其贱无伦！”雍正因为要削减宗室王公的势力，才下令将王府包衣佐领下的宗室置之“公中”（实在是皇帝势力内）当差效力，不许该王公私行使令；据说诸宗室这才“幸出水火”，但这仍只是稍高一级的“宗室奴隶”；直到乾隆四十七年，闲散宗室一律赏给四品顶戴，于是一时宗室才得冠且冕之——堂而皇之。诸王公又日益自谦，每于广众中见本族叔伯，必曲膝参见（按家人辈数请安行礼）。百数十年来凡从前之引导者、守护者、侍巾栉者、应扫洒者、奴视而鞭挞者，俱施施与诸王公分庭抗礼矣！

（三）

由上段叙述，我们看到了一幅生动的图画。敦敏、敦诚和雪芹交游时代，上不及被奴视鞭挞，下不及“冠冕堂皇”，而核其家世实际，尚远不及曹家的门庭显赫。尽管他们的历史身份悬殊，却又同样有过奴视鞭挞的惨痛经历，同样由于皇室内部矛盾而遭到残酷的迫害。敦敏借咏柳的题目，说出“龙舟南幸人安在，汴水东流路正长”“忍将上苑飞花种，空付离宫乱草中”的话（附按：他弟弟敦诚看了后两句，深恐不妥，就提笔代改为“新晴嫩绿离宫里，翠色和烟上苑中”，变为十分含蓄隐晦了），抒写他的“触忤心情类转蓬”。敦诚和哥哥联句，有“世味薄于纱，境遇冷如雹”的感慨。他们看不上那些“长安俗子笑拍手，轻肥驰过五陵东”的贵盛之流，表示“纨绔侈轻肥，布衣甘朴素”。他们当然也有时不免“热中”一番，但不久就自悔“胡为不自量，磊落负怀抱”。明白了“真妄判荣辱，静躁分拙巧”的道理，而决意“从此恋云林，谋生非草草”了。敦诚甚至借《题枯林系蹇（驴）图》的题目而写出“忍使羁縻老此生，东家府首一长鸣。阿谁为解青丝络，风雪教他自在行”的感慨沉痛的句子。他也能模糊地看到社会的不平而寄情于穷苦人民：“去年大水秋无穧，田家卖牛供寒饥。今年地湿宜麦陇，可奈无牛更无种！拆屋买种借牛耕，春寒露处何为生？君不见城中大半闲手足，妇著绮纨男食肉。”重要的是，城中的这些鲜衣美食的“闲手足”，绝大部分正就是八旗特权阶层。

由此可见，曹雪芹之所以能和敦家弟兄成为好友，是他们气味相投，谈得来，也就是说，他们的遭际、生活和思想感情当中，有许多共同的东西作为友谊的基础。他们之间固然不能尽同，有很多差别，但是这些差别比起共同的东西来，是不如共同者重要的。他们同是牢骚愤激，不平则鸣（当然方式不一样），同是由于首先经历、认识了“小政治”（统治集团内部矛盾）的丑恶才擦亮了眼睛，进而有可能认识“大政治”（整个社会不平）的黑暗。生活在我们二百多年前社会中的曹雪芹和敦家弟兄，如果不是这样的，那倒真是难以理解的了。

（四）

身世遭际、思想感情，是敦、曹友谊的基础，这是毫无疑问的，但是敦敏、敦诚和曹雪芹结识之初，首先引起他们注意的，却是曹雪芹的才华风度。

曹雪芹是怎样的一个人呢？这个人，可真不简单。虽然我们所能获得的有关他的纪载极为贫乏粗糙，而从这一点点也能觇其大概，也足资想象：这个人是有趣极了。

有机会和他接近的人，最容易发现的是，他善谈，会讲“故事”。只要他高兴起来，愿意给你说，那他可以说上一天，说者不知倦，也更能使听者忘倦。裕瑞《枣窗闲笔》纪载过：“其人（雪芹）身胖，头广而色黑，善谈吐，风雅游戏，触境生春；闻其奇谈，娓娓然令人终日不倦——是以其书绝妙尽致。”

而且，他的能谈是有特色的。第一是他那放达不羁的性格和潇洒开朗的胸襟，能使他的谈话挥挥霍霍，嬉笑怒骂，意气风生。这就是古人所谓“雄睨大谈”，听之使人神旺、色动的那种话。第二是他素喜诙谐，滑稽为雄，信口而谈，不假思索，便能充满幽默和风趣，每设一喻、说一理、讲一事，无不使人为之捧腹绝倒，笑断肚肠。第三是他的自具心眼，不同流俗，别有识见，如鲠在喉，凡是他所不能同意的，他就和你开谈设难，绝不唯唯诺诺，加以他的辩才无碍，口似悬河，对垒者无不高竖降旛，却且心悦诚服。第四是他的傲骨狂形，嫉俗愤世，凡是他看不入眼的人物事情，他就要加以说穿揭露，冷讽热嘲，穷形尽相，使聆者为之叫绝称快！

有了这几个特色，结合在一起，我们可以想象曹雪芹的谈话是如何妙语如环、奇趣横生，是如何精彩百出。无怪年纪还很轻的敦诚，一会到他，立刻就为他的“奇谈娓娓”“高谈雄辩”吸引住了，立刻就爱上了这个人物性格。

相处得久了些，慢慢地发现，曹雪芹的可爱绝不止这些，他“嘴”上的妙处固然过人，“肚子”里的妙处更是不一而足，同时“手”头也有绝活。越是和他相处，越是发现这个人的更多的了不起。因此敦氏兄弟很快地便在学里各种人等中间发现了这位非凡的当差者，而且他成了他们哥儿两个“一日不见，如三秋兮”的好朋友。

（五）

这时候宗学里的情形大致是这样的：

从乾隆十一年以来，宗学学生额数定为六十人，按规定应有汉教习六人。教习中有一位黄克显先生，是敦诚这一“班”的老师。黄克显，字去非（说来也巧，黄先生的号竟和敦诚的字全然相同：敬亭），他是江西瑞州上高人，由拔贡考取教习，入宗学。敦诚从十一岁（乾隆九年）进宗学读书，就是跟着黄先生的。黄先生是宋朝大诗人黄山谷的后裔，是一位爱好文学、喜欢作诗而不满意于流俗文字的人。他后来做了四川岳池县知县，重视教育，建立义学，曾做碑记，说：“少陵（杜甫）云：‘读书破万卷，下笔如有神。’洵不诬也。今岳邑士子家无藏书，人鲜力学，所读者多系庸熟文字，师以是教，弟子以是学，一幸获司衡之节取，遂奉为博取青衿秘诀，无惑乎英姿汩没而文体日就卑靡也！”他勉励人“日渐月摩，力扫旧习而更张之”，主张“沉潜乎六艺，含英咀华”（他的县政也很好，爱为伸理，当地人立禄位牌，入二贤祠，以纪念他）。敦诚弟兄的叔父恒仁，本来就是八旗中的一位名诗人，自幼就教过敏、诚二人；如今他们在学里又遇上了黄教师，这对他们的诗文成就，有很大的影响。

还有，稽查宗学的孙灏（字载黄，号虚船，一作虚川，钱塘人，雍正八年进士，后来曾入值上书房，做皇子师傅，和他的同年进士陈兆仑一样），也是个诗人。我们单看《湖海诗传》卷四里保存下来的他那首《扑满行》，完全是对当时黩货贪财的官场恶风进行嘲骂，以及后来屡以直言讽谏皇戚的仗势凌人、皇帝的巡游无度，因而惹恼了乾隆。在乾隆二十三年竟大遭申斥，说他的奏疏与“本朝家法及我满洲风俗人心”抵触，“其心为何如心乎”？因而落职降调，则可见其为人一斑。敦诚做怀人诗，对他表示了很深的感情。这样的师长，对敦氏弟兄一定有所影响，而且也应该都和曹雪芹认识。

再看这时的宗学里的学风如何呢？乾隆十年，稽查右翼宗学右通政熊学鹏曾因学内稽查皆系汉官，于满文翻译功课都不通晓（可见那种课程的具文敷衍），建议再派满洲文臣一人协理，获得实行；虽然如此，那些学生们却是如敦诚所写：“同学尽同姓，五陵马与裘。文章溯唐汉，诗赋追曹刘。或为李昌谷（李贺），锦囊才无俦。或为李供奉（李白），奏赋侍冕旒。谁谓吾宗内，曾不古人优？”可见一般风气仍是极重汉文学。至于敦诚自己，则是：“嗟余愧后学，操觚耽吟讴。雕虫矜小技，抚卷恣冥搜。”把课余的全力都放在学习作诗上面了。

这样爱诗的敦诚，当一旦发现曹雪芹又有着惊人的诗才的时候，他的惊喜佩服，不难想见。这就无怪他们的友情越来越密切亲近。于是乎，敦诚在课余无事之时，就爱和雪芹交谈。

（六）

上面说过，宗学本是一座极古老的大宅院。不但如此，旧日相传它还是北京有名的“四大凶宅”之一！和雪芹、敦诚他们正同时的纪晓岚曾描写过这所房子，说：“裘文达公赐第在宣武门内石虎胡同，文达之前为右翼宗学，宗学之前为吴额驸府，吴额驸之前为前明大学士周延儒第：阅年既久，又窗窿闳深，故不免时有变怪，然不为人害也。厅事西小房两楹，曰‘好春轩’，为文达燕见宾客地；北壁一门，又横通小屋两楹，僮仆夜宿其中，睡后多为魅舁出，不知是鬼是狐，故无敢下榻其中者。”这种迷信的说法，我们当然不会相信，但是他写下了当日那院子的情况和气氛，却可以供我们想象——这所老宅院，到今天还有一株非常古老的大枣树，没有二百多年的树龄绝长不到这么巨大，这棵老树应该是“见过”曹雪芹的。宅内也有过一区花木山石，早已拆掉了。

就是在这样一所大宅院里，敦氏弟兄度过了他们求学的日子，曹雪芹度过了“卜邻”的岁月。他们每逢课毕，教师退憩，晚间多暇，便聚在一起，剪烛快谈。我们可以想见，尤其当每年金风乍起，暑气日消，夕事渐长，秋灯有味，他们的夜话是多么大的享受！这恐怕也就是少年敦诚的学校生活中的最大的快乐，所以他在若干年后，还总忘不了这种真正的乐趣，见于吟咏，印象永难磨灭。

按“理”说，曹雪芹是包衣、是内府人，而敦氏是宗室、是学员，所以雪芹见了他们是应该恭敬侍立、谨慎答应的——当时旗人最讲究的是场面礼数。但他们由于气味相投，道义为交，文章知重，只有互相倾倒的份儿，诚、敏弟兄也是颇为豪爽热烈的青年人，思想也比较自由清新，因此，彼此便脱略故常，不拘俗礼。雪芹又是放达磊落，最恨世故的人，也便不和他们客气；加以夜话必然不免弄些小食，佐以杯勺，用助谈兴，那雪芹只要备了酒，狂情愈显，谈锋越健——这就是因何敦诚后来写出“接䍦倒著容君傲”的实情。诗人的语言常常别有妙趣：他们的所谓“容”，其实正是乐之的意义，因为只有在这种情形之下，他们才得尽情充分地享受到了雪芹的那种迷人的奇谈、高谈雄辩。

敦诚他们的耳福是太大了。可惜他不曾给我们做下记录，以致咳唾珠玉，随风散尽！雪芹到底怎样谈，谈什么？我们竟丝毫无从揣其影响。

敦诚后来写过一篇《闲慵子传》用以自况，其中有云：“常经旬不出……或良友以酒食相招，既乐与其人谈，又朵颐其哺啜。亦出，出必醉，醉必纵谈。然谈不及岩廊，不为月旦，亦不说鬼。”这是他立的“谈约”三章：一不谈朝廷政治，二不谈人物短长——这里我们嗅出那专制时代的“莫谈国事”“金人三缄其口”的恐怖气味，也容易理解。倒是最后一章有点令人意外。“强人说鬼”，是苏东坡的故事，向来以为才人佳话，解释者以为东坡爱听人讲故事，可以增强文学上的想象力。可是敦诚却特别提出来“亦不说鬼”，有意翻案。这是何故呢？难道是他因在“凶宅”里上过学而被吓怕了吗？

我们当然知道，这和“凶宅”“狐魅”等等全然风马牛。他所说的鬼，仍旧不过是借鬼指人，指那些“如鬼如蜮”的阴森险恶和卑鄙龌龊的人罢了。对这种人，他们不屑去谈，因为早已把这些鬼蜮置于不齿之列了。

看敦诚《鷦鷯庵杂志》：“居闲之乐，无逾于友；友集之乐，是在于谈；谈言之乐，又在奇谐雄辨（辩），逸趣横生；词文书中，供我挥霍：是谓谈之上乘。衔杯话旧，击钵分笺，兴致亦豪，雅言间出。是谓谈之中乘。论议不尽知之政令，臧否无足数之人物：是谓谈之下乘。至于叹羡没交涉之荣辱，分诉极无味之是非：斯又最下一乘也。”所叙足资想象。

看来，他们的话题是有范围、有分寸的，并不是胡谈乱道。不过我们也不要忘了，文人好弄狡狯，说话写文，往往是半真半假，有反有正。凡是他们特别指明所不愿去谈论的，实际往往也就是他们所特别关切的。岩廊、月旦、鬼蜮，虽然不是他们的话题，却正是他们心目中的讥评的对象。晋代高贤，放浪形骸，以酒为命，佯狂自全，口不臧否人物，这是敦氏弟兄和曹雪芹同所景慕仰止的，他们几乎是有意无意地和嵇、阮一辈古人走着一模一样的路子，思想、行径、气味、作风，无不相似。但是晋贤“口不臧否人物”的实质，也正是深度的愤世嫉俗，是和他们对当时政治、社会的不满紧密地联系在一起的。实际上，他们的“谈约”并不能完全约束他们的具体行动，敦氏兄弟在诗文中的表现可以证明这点，而曹雪芹（他的诗文不幸无从得见了）却是在他的故事、小说里面进行了更深刻的臧否。

第二十七章　诗的国度

（一）

曹雪芹这三个字，自从乾隆四十年前后开始较为普遍地为人所知起，直到今天，是作为极受欢迎的一位小说家的名字而流传众口的；可是在曹雪芹生时，情形却不如此。这并不是说他的朋友们对他的小说天才完全不能赏识——那除非是他的小说写得还不够十足地好，或是朋友们的鉴赏能力还不如一般人高。显然两种假定都不合乎事实。那么究竟原因何在呢？

这有三点可说。第一，在当时，小说这种文学形式还远远没有取得它在今天所享有的地位，大家不过是把它当作“闲书”，最多也只是看了欣赏，思想上绝不以为它是可登“大雅之堂”的东西；朋友们爱曹雪芹，不会把他这一方面的才能摆在第一位。第二，曹雪芹的小说，寓意甚深，牵涉颇广，由于当时的种种政治、社会的原因，大家不敢明白地提起它。和曹雪芹略同时的人，如宗室弘旿，就曾表示：“第红楼梦非传世小说，余闻之久矣，终不欲一见，恐其中有碍语也。”就是个绝好的例子。因此，像近人历史家指出的“康熙三十五年严禁小说，书贾不敢私刻贩卖，明季以来小说盛行之风自此顿衰。又四五十年，始有《红楼梦》之作，然只抄阅而已，作者阅者俱有避忌”。这是一点不错的。敦诚等诗中实在不无暗指《红楼梦》的地方，但是始终未曾有一字的正面明文，其原因也在于此。第三，雪芹多材多艺，除了写小说，还有其他方面的文学才能，更值得朋友们重视和赞叹。

换言之，曹雪芹在敦氏弟兄等人心目中，首先是诗人，然后才是别的文学艺术家。

这点是有证明的。敦敏在雪芹生时的诗句说他：“寻诗人去留僧舍，卖画钱来付酒家”；在他死后的诗句说他：“逝水不留诗客杳，登临空忆酒徒非。”明以诗人待雪芹。敦诚就更强调了，他后来回忆和雪芹在宗学相会相交的原由之一就是“爱君诗笔有奇气”；雪芹卒后，敦诚有一次和人联句，追怀所有的亡友，一一加以列举，在说明“诸君皆可述，我辈漫相评。宴集思畴昔，联吟忆晦明”。之后，其第一位列举的就是“诗追李昌谷”的曹芹圃（即雪芹）；又有一次谈到他自己写作一折《琵琶行》传奇剧本，说明“诸君题跋不下数十家”之后，其实，在“数十家”题者之中，只举了雪芹的这个独特例子。由此可见，雪芹这位诗人在敦诚评价中，是占着何等的地位了！

为什么敦诚这样推许曹雪芹的诗呢？第一因为敦诚本人是诗人，懂得诗，所以能赏识曹雪芹的诗；第二因为曹雪芹的诗实在好，比敦诚自己的诗要高得多，所以不容敦诚不欢喜赞叹，佩服倾倒。

（二）

八旗满洲，入关不算太久，就出现了有相当造诣的诗人；经过雍正朝到乾隆朝，情形是愈来愈盛了。乾隆时期的诗坛上，通常以袁枚和沈德潜等为代表。这二人，一个是小有才而最喜标榜声气、追求声色的一位时时失之于儇佻而又不能尽免于庸俗的红尘热客，是被人讥为“妆点山林大架子，附庸风雅小名家”，“翩然一只云间鹤，飞去飞来宰相衙”的假名士；一个是倚傍乾隆皇帝，想出大名，而终于得罪了皇帝、大受侮辱的御用文人，若比真正的诗人，还大有距离。余者虽众，但常为人称道的却是翰苑气、学者气、名士气、才子气很浓重的诗家占了很大比例，够得上称为真正诗人的并不是很多。论真诗人——人品高、诗品高的诗人，却是在八旗满洲当中涌现了。这原因，当然并非如王国维所说只是“以自然之眼观物”的结果，而是由于皇家、权贵内部争斗异常残酷，一部分受到政治迫害的人，在思想上发生了极大的变化，他们中间较为激昂坦率的，就抱定“螈蝾吐云为龙乘，菱花背日笑葵倾”的认识，明白表示不向统治者投靠，不再为他服务；较为含蓄柔韧的，就口不言世事，专门以山川泉石、诗酒书画为性命、为事业，成为名副其实的高隐和逸士。总之，他们这些人，在封建社会所能产生的诗人中，人品和诗品都比袁、沈一班人要高出十倍。

上面提过，敦敏、敦诚的叔父恒仁，就是一位诗人，他们弟兄都曾从学于恒仁，所以诗是有家学传承的。以他们兄弟二人而论，性格不尽相同，所以诗风也随之有异。敦敏为人似乎较为蕴藉沉潜，他的诗格是走唐人的路子，侧重神味，多简疏淡远之致。敦诚则热情豪迈，近于开朗高明的类型，他的诗格是走宋人的路子，特别是受东坡的影响较大，才情要比敦敏为稍富，功力也很深厚。至于他的局限，则是生活圈子不够阔大，因而作品的内容不够丰富，诗才到底仍感窘束，缺少波澜壮阔、气象万千的器局。

正因如此，敦诚才特别赏爱、佩服曹雪芹的诗。一则雪芹的性格和他更相近，诗路也是以宋为主，所以惺惺惜惺惺。二则雪芹诗才器局，比他大得多：己之所短、人之所长，相形之下，所以愈加钦佩。

（三）

曹雪芹的诗，也是有家学承受的。他祖父曹寅是康熙时期的一位大文学家，诗、词、曲三方面都有很高的造诣。那时期诗坛上人材辈出，百卉争艳，曹寅以一个八旗少年，利用他的特殊条件，广泛结识了当代的名辈诗家，饱闻绪论，尽情唱和，加以天分很高，又肯专精学习，所以能有成就，置之于偌多的名诗人当中，不但毫无逊色，而且颇有出色过人之处，为许多前辈们所惊叹。朱彝尊序他的诗集就说："楝亭先生吟稿，无一字无熔铸，无一语不矜奇，盖欲抉破藩篱，直窥古人窔奥。当其称意，不顾时人之大怪也。"曹寅在清初诗坛上的地位和成就，应该说，实在出于纳兰性德之于词坛者以上（可是因为种种原因，纳兰的虚名一直是溢乎其实，而对曹寅的诗歌却尚未有相当的评价）。

曹雪芹对于这样一位祖父，当然是怀着爱慕和景仰的心情的。他虽然没有赶上他爷爷的晚年，但那部丰富多采的楝亭遗集他却下功夫读过：种种迹象证明，曹雪芹对他祖父的诗篇十分熟悉。这样，不论是他主动自觉地要向祖父的诗来学习，还是时常披读而熏陶浸染，他之作诗颇受祖父诗格的影响是没有疑问的。曹寅的诗虽然各体风格不同，而又善于汲取六朝、唐、宋诸大家的长处，但其特别喜欢宋诗并接受其巨大影响则十分显明——这就间接说明了曹雪芹的诗格也势必趋近宋人，势必具备熔铸矜奇的特色。

当然，这只是曹雪芹的诗格所以形成的一个因素，由于环境条件、生活经历、性格才情之不可能尽同于祖父，曹雪芹自然又有他自己的风格特点。

对于这一层，我们不妨试行窥测一下。

第一是，他的诗绝不轻作。他的朋友张宜泉说他"君诗曾未等闲吟"，可以为证。这并不等于说他不爱多写、篇什很少的意思，而是说凡无所为的诗，他是不肯作的。诗必有为而作，有严肃的目的，有不获已的感情，有有意义的内容，他才命笔成篇，可知他的诗里面绝少滥调陈言，更不用说无病呻吟，无聊酬应等等了。

第二是，他的诗，格意新奇，特有奇气。这是敦诚告诉我们的。关于格意新奇，敦诚曾举雪芹为他题咏《琵琶行传奇》

而写出了“白傅诗灵应喜甚，定教（平声）蛮素鬼排场”的句子，敦诚特为赏识，称之为“新奇可诵”。关于奇气，是他回忆和雪芹在宗学聚首时而说的：“爱君诗笔有奇气。”我们体会，这“奇气”和“新奇”有联系又有区别，“新奇”只指诗格局意，而“奇气”就所指者更大、所包者益广了。

可以想到，唐代诗人白居易因为悯念一位“老大嫁作商人妇”而“商人重利轻别离……去来江口守空船”的长安名妓的身世命运，进而联系到自身的贬官九江司马的遭遇，写出了“是夕始觉有迁谪意”“同是天涯沦落人，相逢何必曾相识”的感慨，这曾经引起了无数的旧社会里的诗人的共鸣同感（那原诗当然有它的时代意义和价值）。清代诗人敦诚所以取此题材，演为传奇脚本，无疑也是有感于自己的沦落不自得，因而借题发挥。那些题跋者，虽然“不下数十家”，篇章甚富，大约主旨不出一个：也还是叹老嗟卑、自伤不遇而已。然而严格说来，这也不能尽脱于陈言滥调一类。如果一落入这个思路笔路，那就很难有什么“新奇”（即创造）可言了。而曹雪芹则不然。

曹雪芹对此何尝不是深有同感？妇女的命运，出色人材的遭遇，剧曲文词的文采风流，都心心相印，但是他的那首诗的全文，说些什么，因为敦诚悭吝，不肯整篇具引，以致我们无从想象（就这一点来，我们简直是非常埋怨敦诚的！）但有一点是分明的，曹雪芹并没有“借他人酒杯，浇自己块垒”来大发一顿牢骚，“感”上一番“士不遇”，相反，他把主题归结到完全出人意想之外的一层意思上去了：仅仅这一点，就是曹雪芹的了不起的地方。

他说：白香山这位大诗人，躯壳虽亡，精灵长在，仍旧活在“地下”，听见敦诚把他得意的诗篇编写为剧曲，十分高兴，必然就教他那两位擅长歌舞的侍女小蛮、樊素两个赶紧照本搬演起来——那种快乐就像任何一个作家亲眼看到自己写的故事被搬上舞台，人物都如自己所设计的那样活动起来一样！请看，这是多么美妙的想象！

最妙不过的是在他想象之中不但诗人白香山还活着，而且连他的生前的侍女也还活着，而且他们还像生前一样地生活在一起，还照样享受他们那种诗人和艺术家的共同歌舞风流的“韵事”，这实在是奇想妙想。那些一味叹老悲穷的诗人的想象和思路，如何能到？曹雪芹的新奇的诗格，在这一点上也充分显示出来。

这样想法，这样写法，自辟蹊径，绝不落前人窠臼，一点陈旧、迂腐的气味也嗅不着。这位诗人的才性的潇洒跌宕、风流倜傥，令人闭目如见。同时《琵琶行》既以长安名妓沦落天涯为主题，曹雪芹就在题咏中仍以蛮、素二人为结穴，着落到此，气类相从，一丝不走，这又和他在小说里明文赞美“奇优名娼”的思想感情是一脉相通的。

再看这种诗的风骨格调，也正可以用“无一字无熔铸，无一语不矜奇”来移赠；十四个字，响亮深沉，渊渊有金石声，不同于浮声泛响，也不同于小才侧艳，以妖冶蛊惑为能。也实在是“抉破藩篱”，“当其称意，不顾时人之大怪也”。

这种诗，敦诚评为“新奇”，可谓承当得起，因为它不是装腔作态、哗众取宠的那种故意的求新求奇。

（四）

最后，敦诚还提出过一点，那就是曹雪芹的“诗胆”。

我们常听说“诗才”“诗学”“诗识”，却不常听人说“诗胆”，而敦诚独称曹雪芹：“知君诗胆昔如铁，堪与刀颖交寒光！”雪芹的诗胆如铁一样刚硬，而且如刀一样锋利——这种比喻也好像是第一次听到的。

这一点更是无比重要。正是，在那时代要认真写自己要写的诗句，确实是需要胆量的。当时写出“清风不识字，何必乱翻书”和“夺朱非正色，异种尽称王”（咏紫牡丹）等句子的人，都得了奇祸，尽人皆知；人死了，诗句后来被发现有“毛病”的，还要“剖棺戮尸”，那活着的要想写诗，须冒多么大的危险——得有多么大的“诗胆”？这简直不是我们今天的人所能想象的！敦诚独以“诗胆”二字许雪芹，可见那里面的事故就多了。

至此，我们就可以明白，敦诚所谓雪芹诗的“奇气”，乃是和“诗胆”相关联的东西。那意义比仅仅意格新奇又要深广得多。曹雪芹的“白傅诗灵应喜甚，定教蛮素鬼排场”，固然我在上文也颇致叹赏，但那不过是要借此来说明意格新奇一点而已。我并非是就把这样的句子当作他的最高最好的诗篇来估价的。然而敦诚为什么独引这十四个字，而对他诗胆如铁的奇句反而一字不及呢？就可见，他对这种诗比对他所修改过的敦敏咏柳诗的那种作品有了更大的顾虑，所以不敢随意引录。

只因此故，除了那两句十四字以外，曹雪芹的宝贵诗篇竟然别无一字流传下来。勉强举例，还有张宜泉替我们保存了雪芹的一个诗题：《西郊信步憩废寺》，和那首诗的几个韵脚：“吟”“深”“阴”“寻”“林”而已。此外的，都“荡为寒烟冷雾”了！

曹雪芹不止是一位伟大的小说家，还是一位伟大的诗人。他的篇什的散亡，和《红楼梦》八十回以后的遗稿的迷失或毁坏，同为我们文学史上的极其巨大的损失和恨事。这种无可比拟的损失和憾恨，大概是永远也无法弥补和消解的了。

（五）

曹雪芹的《红楼梦》小说，艺术上有许多特点特色，其一就是抒情成分很多，诗境诗情都很浓至，艺术手法也很多和写诗（古典抒情诗）类似的地方。这和他本人是诗人这一事实有密切关系（并不是说小说一定要如此写的意思，而是说明在非诗人的小说家的作品中便不多遇这种特色）。

至于他写出许多女子联吟结社的场面，也有其时代背景和内容意义。自明清以来，女作家，特别是女诗人（包括词人），数量骤增，清代仅仅见于著录的就有三千余家之多，为历代所远不能比拟（袁枚曾说：近时闺秀之多，十倍于古）；有的一门母女、姑媳、妯娌、姊妹等都是女诗人（如明末叶天寥家，乾隆时叶佩荪家、袁枚家，道光时麟庆家），谈迁《北游录》曾纪载浙江妇女吟诗结社的事情。有的女作家对小说、剧本特别爱好，甚至成为“批家”（如吴吴山家的“三妇”批《牡丹亭》，程夐的《绣牡丹》，皆其著例）。这本身便包含着对封建礼教大胆突破的重要意义。八旗女诗人也非常多（皇室和满洲大臣家聘请女师傅，专门教授女子，如山阴王端淑工诗善画，顺治欲延入禁中教诸妃主（《扬州画舫录》又言江都王正字端肃，为马齐延入府中教其女辈。当是传说小歧，或事有先后），袁枚长姑家慈溪姚氏母曾入明珠府教女公子，皆是其例证）。如直接间接和曹家有关系的，就可举纳兰性德的妹妹纳兰氏，著有《绣余诗稿》，敦诚家有一位女诗人名冰月，著有《冷吟斋初稿》，克勤讷平郡王的曾孙女毓秀（字淑英）、文篁（字湘华，著《佩兰轩绣余草》）姊妹，这是雪芹姑母家的后代表亲。可见雪芹亲友家不乏女诗人。过去小说里的诗词，多属“附加物”的性质，出自旁人或说书者的口吻，到《红楼梦》里，诗才正式成为小说内容的有机组成部分，用诗来帮助刻画人物性格自然是目的之一，而爱好吟诗在当时是“杂学”“不才”之事，和八股时文是正面对立的东西。这一层意义也绝不容忽视。（参看蒙古王府本、戚本《石头记》第三十七回前脂砚斋题诗：“海棠名诗社，林史傲秋闺。纵有才八斗，不如富贵儿。”）

（六）

欧洲介绍《红楼梦》的文章，例如某些百科全书的条目中，出现了一种评论观点，认为曹雪芹这部小说中没完没了的那些诗，是很多余很惹人厌烦的。这种批评，究竟对不对？至少，是否应该减少一些？要诗有什么用？这些疑问，不但在西方一般读者当中会普遍发生，就是中国本土没有古代传统诗歌的教育与修养的年轻人，同样也会发生相似的疑问。这是个很难解决的文化难题，而不是文学体裁的问题。在本书中，我不能离开传记的体例而讲述太多的中国诗的事情，何况这也不是靠讲解即能明了的事情。中国古典诗的独特之处，都是由于汉字本身是单音而以“四声”分别字调，与西方的拼音文字差异太大，而中国诗的审美观与诗的境界与韵味的要求，文采格律的要求，也绝非翻译（即使是翻成中国的口语白话）所能传达。所以关于这一课题，本书只好缺而不备了。

但是仍然需要提醒读者那一重要之点，即雪芹安排在书中的许多诗句，都有双重功用：一重是字面意义的，另一重是同时又暗伏后文的情节、与后文处处构成呼应的，或者说是带有“预言”性质的文学艺术的暗示和引导的巧妙设计，而绝不是多余的惹人厌烦的赘文废笔。

雪芹的诗才，是有意地在小说中略显端倪。

第二十八章　滴泪为墨　研血成字

（一）

雪芹之写小说，最初本不是他的“终身事业”——那时代根本不可能发生这样的意念，他开始时年纪实在还不大，也许还带有“逢场作戏”的玩笑性质，因为这不过是他放浪行为的种种表现之一罢了。以后，他的生活愈来愈困苦，写小说又成了他精神上的寄托或“出路”。这种困难苦闷的条件下的写作，日子久了，便成为他生活的一个重要部分，对他的这部书的感情越来越深厚了。开始时写书是为了解除生活的苦闷，是为了能活下去，但到后来，他逐渐悟到，道理应当掉转一个过儿：活着就是为了写这部意义与性命等同的小说了。世人越是看不起他的这一“事业”，他倒是觉得越该当、越值得写下去了。

果然，他在百般苦难中坚持的“不肖行径”，到乾隆十九年（1754）已经产生了一种“抄阅再评”的稿本了。

这个形式的抄写本，如今传世的还有一部，虽然只残存着十六回书，分装为四册。在书的前面题有一首诗，其末后两句是——

字字看来皆是血，十年辛苦不寻常！

照此看来，他从偶然笔墨游戏转为严肃认真的正式创作，似乎正是诗人屈复慨叹曹寅“何处飘零有子孙”的那些日月里。

这部书的开卷之前有《凡例》，其中引了作者的一段自白，大意说是自己辜负了父兄师友的教诲规劝，以致“一技无成，半生潦倒”。中国古时的观念，“人生七十古来稀”，一般以六十岁为实际的人生一世。所以清代人往往以三十岁为半生，三十岁而无所成就，就是“少壮不努力，老大徒伤悲”（古诗的两句话）了。我们屈指一算时，乾隆十九年（1754）雪芹正好是三十一岁之年。那么，更证明至晚到乾隆十八年（1753），《石头记》这部书已经有清写本的一部分，连批点都编整成形了。

（二）

这个乾隆十九年再评本，现存的最末一回书是第二十八回。早先人们都以为是此回以后的不知多少册都丢失了。近年来方才弄明白，原来这次的抄整，只到二十八回为止，其后的稿本，需要改写，所以还没有清写批点本出来。

这次的改写，至少牵涉到以下三回书（第二十九、三十、三十一回）的全部重写，以及再下面的有关变动。

这是由于什么原因呢？

这是由于，与小说相关联的现实中发生了一桩至为重要的变化。正如雪芹在书的开头所交代的：

——半生亲见亲闻的一些女子，都有可传之处，万不可因我自己不肖，而使她们一并泯灭，故必欲为她们传神写照；

——所有悲欢离合的种种际遇，虽系以“假语”演为故事，但又是“追踪蹑迹”，“直录其事”，不敢只为悦人耳目而胡乱点窜致“失其真传”——即走失了事实的真相而不再成为忠实的“传记”。

也正如中国伟大文学家鲁迅、巴金等人所共同确认：雪芹书中人物，大都是“真有其人其事”的，即皆由现实生活中人物原型而写成的小说角色。因此，当雪芹发现了他最关切的一位女子的事迹与他原先的预料设想有了巨大的变化时，他便不得不按照自己订下的创作原则去改动已写的若干部分了。

这个女子是谁?

她就是书中的史湘云——她的真实姓名是不便、不肯也不敢公开的，只是用化名“脂砚斋（主人）”，意思是用胭脂来代替黑墨的人——这当然鲜明地提示了她本是一位女性的事实。

脂砚斋，她也就是用朱红色的字来细细批点《石头记》的那个“神秘的人物”。

（三）

雪芹由于立志要写成这部小说而遭到同族与亲戚等人的笑骂唾弃，但他也不是全无同情与支援来到笔畔身边。这是他一生中最大的奇迹，真如梦幻一般地令人无从设想和希冀。这个巨大的同情与支援就是脂砚（她署名时是把“斋”字省掉的）。

从数以千条计的脂砚批语来看，其思想与感情的焦点是以全部心神来赞美作品，又是以全部心神来关切作者、疼怜作者、爱护作者、体贴作者、崇拜作者！她是雪芹的第一个最深刻的知音者。她透露了大量的字面深层的涵义和艺术的趣妙，也透视了作者的心理活动和精神境界。没有她的批点解说，有许许多多的重大问题是我们永远不能读懂的。

由于她最理解、最爱护雪芹之为人与他所写的小说，她不但细加批点，而且还做了大量的别的工作——可以说她是一个写作助手、一个编整人、一个鉴赏者，一个保护原稿者、一个为之谋求传布者。

她做了哪些辅助工作？计有以下诸项：

一、她决定书名。例如她在“再评”的时候，最后决定在《红楼梦》小说的许多异名之中仍旧采用“石头记”为正式书名，并得到曹雪芹的同意，把这个原委写入卷首的“楔子”部分的正文里面。事实上，乾隆时候的最初流传的抄本《红楼梦》，都是定名为《脂砚斋重评石头记》的。

二、她建议将小说里的某些重大情节做删改。例如原稿第十三回，原来的回目是“秦可卿淫丧天香楼”，正文写贾珍和秦氏翁媳通奸，被丫环撞见，秦氏自缢而死。由于脂砚斋的建议，将此事明文一概删去，改为隐笔暗写，因而此回的篇幅独较他回为少，回目也修改避讳了。

三、她校正清抄本的文字。例如庚辰本第七十五回的前面，记有“乾隆二十一年五月初七日对清”一行字，就是证据痕迹。

四、她整理原稿，掌握情况，随时指出残短缺失之处，提醒作者修补。例如小说第七十五回，本以“赏中秋新词得佳谶”为下半回的主题，而写到宝玉、贾兰、贾环由贾政的命令依次作诗时，都只有引起诗句的“道是”二字，而不见诗句（有的“道是”下面空了格，表示下面将有文字）：脂砚斋便于回前记下“缺中秋诗，俟雪芹”的话。

五、这样的缺短之处，不止一例；有的直到雪芹逝世，也终未能来得及补齐，而脂砚斋代为补作了。例如上条所举中秋诗，较晚本仍无诗句，而且将“道是”等字样也删掉，连缺短的痕迹也消灭了，可见此三诗终未补作。而第二十二回“制灯谜贾政悲谶语”，回末只到惜春之谜为止，眉上朱批云：“此后破失，俟再补。”后面又一单页，“暂记”宝钗之谜语正文、七言律诗一首，后面批云：“此回未成而芹逝矣，叹叹！”则又可见较晚本此回回末所补的一小段，就是脂砚斋伤叹雪芹已亡而自己动手补足的。

六、她不止代补零碎残短，还代撰整回的缺文。原来《红楼梦》底稿本久为朋友借阅以致时有迷失，如庚辰本第二十六回眉批：“狱神庙回，有茜雪、红玉一大回文字，惜迷失无稿，叹叹！”“惜卫若兰射圃文字迷失无稿，叹叹！”都是例子。至如第六十七回，高鹗所谓各本“此有彼无，题同文异，燕石莫辨”者，在庚辰本果然也没有，其第七册自六十一回至七十回，实共八回书，而于卷首注明：“内缺六十四、六十七回。”这就是在“庚辰秋月定本”中尚有缺少整回的地方（庚辰，乾隆二十五年，其时雪芹尚在）；但到较晚本，六十四回和六十七回就都有了。其中如六十七回，研究者认为是后来伪作，所举破绽欠合之处，颇有道理。其实这种“伪作”，绝非那种不相干的后人的作伪所可比拟，从它补作的年代和质量看来，只可能出于脂砚斋之手。

七、她掌握稿本的章回情况，建议改动设计。例如今本的第十七、十八两回，在庚辰本中尚连接而下，本是一大回书；脂砚斋在回前记云：“此回宜分两回方妥。”后来的本子果然就分为两回了，而且各本的分法并不全同。揣其尝试具体分断的人，也就是脂砚斋。

八、她替书中的隐词廋语，难文僻字，都做出了注解。例如贾家四妹的名字“元”“迎”“探”“惜”谐隐“原应叹息”，给秦可卿送殡的六家“国公”的姓名中，隐寓十二地支，等等，不是和作者关系切近的人，便很难懂得原意。例子很多，不必备举。余如“金蜼彝”就注明“蜼，音垒，周器也”；“玻璃盒”，就注明“盒，音海，盛酒之大器也”。例子也不一。

九、她为此书做出“凡例”，列于卷首，并题总诗，就是上文所引的“字字看来皆是血，十年辛苦不寻常”的那一篇七律。这使我们对曹雪芹写作的苦心密意、惨淡经营，都增加了了解。

十、她替全书做了批语。从书一成稿，她就作批，直到雪芹亡后，每隔二三年，就温读批注一次，至少共历八九次之多。这些批语，对曹雪芹的创作心理、概括方式、艺术技巧等方面，都有所涉及。这些批语，曹雪芹和脂砚斋都不曾认为是后来无中生有的附加物，而是从一传抄行世起，就以“脂砚斋重评石头记”的形式而出现的。在乾隆四五十年以前，就不曾有过只录白文而无批语的本子存在过。从这一点来说，脂砚斋的批本《红楼梦》的性质，也绝不与其他小说的评本（如《三国演义》《西游记》《水浒》等等）相同。这一层意义，似乎还没有受到普遍的充分的注意。

以上是我们就一些痕迹线索所能看到的，此外脂砚斋还帮忙做些什么，虽不可妄测，想来尚当不止于以上十项。所以脂砚斋确是曹雪芹的一位非常重要的助手乃至合作者，《红楼梦》的撰作，其中包含着她的劳动和功绩，是无有疑问的。

曹雪芹穷愁著书，有了这样一个同道和密友、亲人，精神上的快慰和激动，是不待言了。他们俩除了原来的亲密关系，又加上了这一事业上的合作，于是感情更非寻常可比。

（四）

这个脂砚，毕竟是什么人呢？

原来这位批书人是一个女性，而且就是书中名之为“史湘云”的那个“脂粉香娃”。她实际上是李煦的一个孙女，曹寅的夫人李氏是她的祖姑，而雪芹是她的表兄。

雪芹笔下的史湘云，是个豪言爽语、心直口快的令人喜爱的少女，与别的姊妹都不相同，是典型的北方人，也是典型的满俗化了的八旗少女的风格（她们不是病态美人，体质好，喜活动，慕男装，甚至也好武术）。比如书中的林黛玉，娇弱的体质，内向的性格，那确实是江南少女的特征，与湘云就成对比了。

这是一位极可敬爱而又极可怜悯的女子，她的命运十分不幸。李煦家从雍正初年败落了，她的上一辈妇女成了罪家的女口，照例是要配给豪势之家为奴的。她本人成年之后也会是类似的命运，或者是要由内务府指派须与某家男性为婚的。她的婚姻也是十分不幸的一段经历。经历了巨大的变化，流落到苦难之中（甚至也许是一种下层社会的污秽之地），其遭遇可怜，而身份也为人所贱视。

她在患难中流转，本来早已与雪芹失去一切音讯，彼此都不知飘零于何处了。雪芹自小与她的感情最厚，时时想念不忘，而无由得访其下落。

谁知在此极不幸之中，却出现一桩奇事，真所谓“不幸中之大幸”——她的真身份与家世来历，为一位仗义的公子所探知，就把她从火坑中营救出来，并且设法让雪芹得知一切，最后竟然重会。千难万险之后的这种重会，悲喜二字已不能形容了。悼亡丧偶的雪芹，流落失所的脂砚，经那义士等人的撮合，竟然成为夫妇。正如宋代词人所说的：

从别后，忆相逢。
几回魂梦与君同。
今宵剩把银釭照，
犹恐相逢是梦中。

对他们二人来说，实境与梦境，哪个是真，哪个是假，真有难分难辨之感。

明白了这番道理，方能懂得他们的小说故事为何称用“梦”字。他们都再三表示“经历了一番梦幻之后”，“是幻是真空历遍”，其中真实意味是什么了——而绝不是一般人所解释的是消极的“万境归空”“人生如梦”的意思。

（五）

“脂”字在中国诗词中的文学联想是极为丰富的。它代表美好的红色，比如佳花与美人的唇面。雪芹在书中尝说：“粉光脂艳”“胭脂鲜艳何相类？花之颜色人之泪！”我在上文已举过，大诗人苏轼曾把海棠的落红比作“胭脂雪”。略早一些的南唐后主李煜则先已说过：“胭脂泪，留人醉——几时重（重逢）？自是人生长恨水长东。”可知在中国诗人心目中，脂是美丽的红的代表，又是不幸命运（飘落泥污中）的象征。这恰好就是史湘云与脂砚斋的一生之写照。在汉字读音中，“脂砚”其实也就是与“脂艳”同音，隐隐埋伏着多层的涵义。

在小说中，特写贾宝玉爱“红”，爱吃“胭脂”，所住是“怡红院”，雪芹自号“悼红轩”——这“红”就指海棠——此花栽在怡红院中，也就是史湘云的象征。写湘云在各种情节中，常常点明她是海棠般的“红妆”“绛袖”。

这种艺术手法，是中国诗的手法，是别处别人的小说中所寻不见的极大特色。

（六）

雪芹与脂砚的重逢，自然仍然是一种非常复杂的“悲欢离合”的交织，幸与不幸的交织，好事与坏事的交织。

这首先引起了他们两个共同经营这部小说的巨大兴致。脂砚初次得读雪芹的书，那真是“哭一回，笑一回”，百般的激动与赞叹。她立志要做批点者。

紧跟着当然又引起了必须对史湘云这个人物的故事做出重大改动的决心，因为他的书本来就有一条要追踪蹑迹、不失真传的原则。

这就是为什么从第二十九回开始写出三回新书的缘故——这三回新书，全写在清虚观“打醮”看戏，引出金麒麟的一段精彩的故事。金麒麟是关系着史湘云的终身大事的一件佩饰，也是暗示着最后宝玉与湘云重会的结局。书中的《因麒麟伏白首双星》的这名回目，过去久为疑案，其实也正是为这个重要变化而设计的隐语。

在小说的结构中，有一个奇特的现象：史湘云这个重要角色晚至第二十回才第一次正式出场，出场之后，情节并不太多就止住了。她的故事的真正开始，却是这个“第二次出场”——已经是宝玉得了雄性金麒麟专门等着送与湘云的。所以湘云的故事，实在是从金麒麟为始为终的。

这个极其精妙的设计，过去一直少为读者所理解。

（七）

脂砚与雪芹的意外重逢，在雪芹好友赠他的诗篇里留下了证据。诗句都是非常简括的，但是中国诗句却总是以些少的字句“传达”丰富的内涵。诗人用了汉朝的大文学家司马相如与其爱妻卓文君的一则典故。

四川成都的卓文君是一位有胆有识的女子，丈夫不幸死去了，孀居不久，司马相如被她父亲邀去做客。司马公子是个极有才气的人，又弹得一手好琴，一切都打动了卓文君。文君夜里就私自去投奔了他。她父亲是个富人，听说女儿私奔了，非常生气，就把她二人赶出成都地方，不许收留。二人无奈，逃到临邛这地方。为了生计，开了一个小酒馆，文君亲自卖酒，司马相如也穿起了“犊鼻裈”（一种穷苦人劳动时穿的短裤类）和“酒保”一起干活。这段故事可以说是中国最古的一段“风流佳话”（有才有色的人的爱情故事）。诗人正用了这个典故说雪芹是——

“扬州旧梦久已绝，且著临邛犊鼻裈。”这就表出了雪芹、脂砚二人正像司马相如与卓文君一样，私自结合了，开酒店为生——上一辈的在江南繁华地方的往事早已成了梦一般的无影无踪了，只落得贫苦中相依为命，以卖酒为糊口之计了。

这个只是诗人的比喻吗?

不是的，前些年一位八十岁的老人自述说，他在法国教会辅仁大学生物系做工友，常到西山去采标本。一次，走到香山后街，在一个小酒铺里歇脚吃点东西，无意中听店主人老夫妇自言自语，提起这个小店铺，从前是曹雪芹的老地方。院里原有翠竹，很是幽雅。

传述的老人名叫王文志，只读过二年小学，没有多高的文化程度，他也不知道曹雪芹的一切意义，只是后来回忆起来了，偶然因为邻人们谈论《红楼梦》的事，这才讲给人们听的。

香山后街早已改变了旧貌，那个小店铺的遗址不可再觅了，可是曹雪芹与脂砚的重逢和开酒馆为生的事迹，却从诗篇和王姓老人那里得到了互证。

（八）

脂砚以一个女子而来批注《石头记》，很多人以为新奇，难以置信。实则倘若了解一些明末清初的文学艺术的情形，就会悟到这也是有其来由的。那时期中国文坛艺苑中出现了一桩新闻，大家传为佳话韵事，影响极大。这就是“三妇评本《牡丹亭》”的故事与奇迹。

我们在另一章里提到了明代大剧曲作家汤显祖对曹雪芹的巨大影响。汤氏的最享名的四个剧本人称“临川四梦”——因为汤氏是江西临川人，而这四本剧曲的故事都以梦为主体。曹雪芹在小说第五回所写的宝玉梦中得听《红楼梦曲》，以及后来竟以“红楼梦”作为小说的名称，其实都是受汤氏“四梦”的启迪而来的。这“四梦”中尤以《牡丹亭》最为风靡天下。汤氏与当时的一些具有新的自由思想的文学家如李卓吾等人是以“情”为主宰宇宙万物人生社会的精神武器来战胜宋代儒家“存天理，灭人欲”的传统道德观念的。他的《牡丹亭》的主角是少女杜丽娘，她因“情”而“惊梦”“寻梦”，与她倾心之人相会，因情而死，但最后竟能因情而复生，与梦中人终得真聚。这故事感动了天下的人，特别是少女。据纪载，已有好几个少女为他的这本剧曲而伤情致于病卒，甚至有一少女要寻嫁于汤先生——可惜他已是白发满头的老翁了，那少女也因此悒郁而亡！这都不及细叙，只说其中一个少女是曾以蝇头细字批点过《牡丹亭》的！

再后来，一位叫吴舒凫的文士，由他这里产生了“三妇合评”的奇事：他先娶妻陈氏，陈是才女，为此剧所感动，为之细作批点。未及做完，她病逝了。吴又续娶谢氏夫人，可巧她也是才女，就为陈氏未竟之功出力续作。不幸谢氏又卒，吴又续婚于一位铁氏小姐。谁知这小姐也是一位才女，就将前二夫人的批点事业整理补充，竟成真的全璧，并把自己值钱的首饰贵重等物变卖了，用以刊印了这部“三妇”本的《牡丹亭》！从做，天下无不艳称这一自古未有的罕事与美谈。

关于“三妇”的影响，除了批点之外，还有另一种现象。比如清初大戏剧家李渔（他与雪芹高祖曹玺也是文友），他写的不止一个剧本里出现了“三妇”的情节。还有的剧本就取名叫作《三妇艳》。

重要的是，了解了这种中国历史文化的真情况，才会理解在雪芹的原著中，并不像现在流行的《红楼梦》（已被人篡改了）那样，而是贾宝玉一生也是经历了与三位少女的悲欢离合的故事：林黛玉先逝，薛宝钗后亡，最后与史湘云在贫困不幸的境遇中终得重会。

脂砚批点《石头记》的意义与价值，又超过了“三妇”。三妇批《牡丹亭》之受到重视，是由于她们以女儿之心境去体会剧中人物的心境，故能特别细密精微，非男子所能及。如今脂砚之于《石头记》，又不同于“三妇”仅仅是一般读者，而实在是被雪芹写入书中的女主角之一，那么她的批点，自然又有巨大的不同。不少细心的读者与研者，已经领会到了脂批中的那些显然带有女性特征的体会与“过来人”（批中用语）的感叹了。这就是脂批是比“三妇”更为可贵可罕的文学奇迹的主要原因。

第二十九章　西山僻巷　环堵蓬蒿

（一）

在北京城里只能住马厩和“水窝子”的雪芹，终于不得不离开京城，到郊外去另谋生路。香山后街的小酒馆，不过是他经历中的一个小小的插曲。他出了西城门而远至香山脚下，中间还应有很多曲折。那时候，西郊是皇帝常到的地方，有几处著名的“御园”，即畅春园、圆明园和以西的“三园”：瓮山（万寿山）的清漪园（今颐和园）、玉泉山的静明园、香山的静宜园。［这些宏伟巨丽的名园，庚子（1900）之变八国联军进入北京后都给破坏了。］围绕这些御园，各有众多的护军驻守，还有名色繁多的为园子服役的大量内务府属下的旗人和杂役。雪芹此来，大约也还是为了投奔这些人当中的亲友和相识，为觅求一个寄身之地。

西郊很多地方都有过他的足迹。最后才来到了西山的近旁。

所谓西山，广义的范围大极了，北京的西北是望不尽的层层峰峦乃是太行山的余脉。狭义的，人们常说的西山，则指北京西郊离城最近的这一层小山，也有数不清的小山峰，各有一个美好的名称。香山不过是其中之一。还有万华山、寿安山一带，大约就是雪芹最后落居的一个幽僻的地点。

他这个住处，早不可确指；一些很晚出现的说法，硬行指定的某处房屋就是雪芹故居云云，都是一些无聊的人编造的欺人之谈。我们确知的是：他的友人称之为山村，秋天则成为“黄叶村”。一条小“巷”——或者竟是指的一条小山径，曲曲弯弯，很费力才找到他的小房子，四周围长满了蓬蒿野草，高得像要把房屋掩起来。门前是一片野水。出门一望，就是近在眉睫的碧水青山。环境是美的，可是那小房的破敝简陋，让来访的友人为之叹息难过。雪芹自己也说是“茅椽蓬牖，瓦灶绳床”——屋子是用草木对对付付搭架的，起码的家具也没有，那种贫困的情境，城里的人难以想象。

（二）

虽然环境清苦，有一段时间的生活倒是颇为平静适意的。

那时候，西郊的寺庙多极了，号称“七百寺”或者还多，雪芹自小与庙有缘，喜欢寺院中的各种艺术境界，也有高僧奇士，借了佛门而隐遁在寂寞的山林深处。他闲来常常到这种地方去寻找画境诗材与玄谈哲理的禅侣。

这一带有一个地方是他最喜欢的去处：樱桃沟。

这只是距离香山不远的一条小峡谷，就是著名的唐代古刹卧佛寺的西侧，然而却是人踪罕到的一处奇境。这地方有一处泉眼，潺潺不绝，俗话叫它作“水紧头儿”，即泉水的最初发源处，后来文人则写作“水源头”了。谷的俗称就叫“山沟”，因谷内有数百株樱树，花开时灿若明霞一般美丽，所以就名为“樱桃沟”。谷中还有大片的竹林和各种古树，地上则布满了无数的奇岩怪石，以致那路径极为难走——竟有“跌死猫”这种有趣而诙谐的俗名。所以肯来玩赏的人极少。入谷以后，浓荫翠覆，百鸟交鸣，真是一种人间的仙境。

这地方明末清初让一位名士看上了，盖了别墅，取名“退谷”“烟霞窟”，赞它是“幽人之宫”。到清末，最后一个皇帝宣统（溥仪）的英文教师英国人庄士敦，也看上了它，在此修了供奉中西名贤的祠庙，包括中国的大诗人们都供奉在内——他是个醉心于中国文化的怪人。辛亥革命（1911）之后，此地又有一位名士学者周肇祥盖了别墅，俗称“周家花园”——此处一直是个仙境（只是后来变得太厉害，被不懂自然美的“园林管理”者弄得奇石古木都“清理”掉了，路“加宽修平”几乎可以走车了，原来的境界荡然无存了）。

这个地方的美，让我引两部书里的描叙做证吧：一部明末人写的，一部当代人写的——

明末人刘侗、于奕正所著《帝京景物略》卷六（西山、上）“水尽头”条说：

观音石阁而西：皆溪，溪皆泉之委；皆石，石皆壁之馀。其南岸：皆竹，竹皆溪周而石倚之。燕（yān，北京地区）故难竹；至北，林林亩亩：竹，丈始枝；笋，又犹箨；竹粉生于节，笋梢出于林，根鞭出于篱，孙大于母（竹根横行，为鞭，鞭末端又派生小竹，名为孙竹）。

过隆教寺而又西，闻泉声，泉流长而声短焉：下流平也。花者、渠泉而役乎花；竹者、渠泉而役乎竹：不暇声也。花竹未役，泉犹石泉矣：石隙乱流，众声澌澌，人踏石过，水珠渐衣，小鱼折折石缝间，闻跫音则伏于苴、于沙。杂花水藻，山僧园叟不能名之……

看他写这一地方的风景，竹林和泉溪乃是两大特色。接着写春花之盛、秋叶（柿叶）之美，明朝诗人的题咏，如黄耳鼎：“鳞鳞柿辉光，实叶丹相属……每泉分一枝，为竹万竿绿。”如张学曾：“柿林影鞣鞨，竹圃声琅轩。”如李元弘：“得水竹光争日好，矜秋柿粉饱霜红。”皆可作为真实写照。

……其实山中的花事更盛于城里也。离香山不远的樱桃沟就是一个看花的最好所在。樱桃沟在卧佛寺后，寿安山下，顺着放生池大磐石蜿蜒的山路西去，就是一条南北山村夹着的山沟。沟中一条遍布大小鹅卵石的哗哗地流着清水的小河，春天沿着这条小河的河水像顽皮的孩子一样在卵石中奔腾着。两边山城上的梯田、村落、人家、缕缕的炊烟，房前屋后土墙边，到处都是果树。也不必去寻明正统年盖的什么广慧寺，也不必去问什么孙承泽的“退谷”，只是这小河、山村、泥墙、繁花，就足以使你陶醉在燕山春色中了，因而我说：看花最好是樱桃沟。

即以看杏花来说吧，放翁有诗：“小樱一夜听春雨，深巷明朝卖杏花。”人常说：“杏花春雨江南”是很美的，而在我的印象中，总觉着似乎不如北国山村中的杏花更可爱。北京西山小村庄中的杏花就是使我思念不忘的。尤其是有一次在樱桃沟偶然看到的杏花，给我留下最怡情的记忆。虽然事过几十年，但今天想来，仍然像昨天似的那样的亲切。

……经过卧佛寺外面的万松亭，直奔樱桃沟而去。那天天气很好，没有风，阳光暖烘烘的，同学们都是十七八九岁的年龄，正像“二春马驹子”一样，走在路上还要发狂、发癫。沿着沟中间的那条小河，踏着乱石，又说、又笑、又南腔北调地乱唱地走着、跳着。小河是标准的北方山村的小河，河床上的石头比水多，一条很细的水，在这乱石中淙淙汩汩地，在春日阳光中，在我们眼前，像闪光的蛇般地蜿蜒流过。我们望着沟两面不高的山上远远的人家，那些房前房后的果树，这时正是作花的时节，两三土房瓦舍，都掩映在花光之下，这又是和江南竹篱茅舍的村庄异趣的了。

……虽不十分懂得欣赏风景，但却像忘了自己的存在，和景物融化在一起了，真美啊……爬上一个山坡，来到一处几户人家的临近的一个小菜园的井台边。北方山村的井台，井口上总是有一架辘轳，旁边总有一个石槽，石槽一是饮牲口用，二是浇园子用。再有边上总有几块大石头，这是灌园人休息时坐的。围着井台，最少也有三棵五棵的树，到夏天把井口遮得绿阴阴的……抬头一看，啊——原来正好坐在一棵老杏树下，好一树烂漫的杏花呀，正迎着春阳怒放，我们不觉叫了一声：春在樱桃沟啊！这是我记忆中最美的杏花，樱桃沟的杏花，樱桃沟的烂漫的春花啊。燕京的花事，年年岁岁，更烂漫的，更自然而富有田家风韵的，不正是在樱桃沟吗？（引自邓云乡《燕京风土记》）

你看，这地方实在太美了。他写的是春光。到秋天时，则那些果树叶子都黄了，遍山一色，真是“黄叶山村”，一点儿不差。雪芹的村居，当离此不远——虽然他并不是住在山坡之上，小房子只搭在平地的水边，也许就是泉水流到谷口外聚成的那片野水的旁侧。

正如他的晚时交结的一位诗友说他：

门外山川供绘画，堂前花鸟入吟讴。

他的“晨夕风露”之苦，没有妨害他的襟怀，那花木的秀气，反而滋润了他的笔墨。

（三）

雪芹是喜欢这种山村的幽美之境的，但是贫苦之况，却也是不易忍受的，正如他自己所说：“富贵不知乐业，贫穷难耐凄凉。”他对自己原是个“浑身矛盾”的人，非常清楚。

他的好友敦家弟兄了解他，说他是“举家食粥酒常赊”，“日望西山餐暮善霞”。这前一句用的是唐代大书法家颜真卿（709—785）的典故，他穷得没米，全家已经多日只煮稀粥吃了——中国南方一般是以米为主食，米够吃时是蒸干饭，只有穷极了才喝“稀的”。后一句是借用道家练气功的用语，比喻雪芹常常没有饭吃，只好眼望着西山“吸”那云霞之气——这说得极文雅有趣，实际却是苦得很的景况。

雪芹这时以何为生？开小酒店已经是成为过去的事了，此时他的收入有两个来源：一个是卖画，一个是当村塾的老师，教一些村童们念书认字。

做塾师通常叫作“教馆”。雪芹在城内做西宾，大约也与此有关，是做先生教书，而不是管案牍的相公。还有传说他在外县教过馆——那么他到山村里，仍然借教馆勉维生活，是极有可能的。村塾的先生待遇是低极了，民间常常流传着一些名人未“发迹”时做馆师的那种可怜的寒酸境况，人们拿这题材当取笑的材料。雪芹之友说他是“司业青钱留客醉”，意思是借诗圣杜甫的诗句来比喻雪芹留客人酒饭时，只有借苏司业（苏涣）那样的可怜几个铜钱而来待客。这“司业”原是国子监的官名，在此也许就是馆师的借称了。

雪芹画得一笔好画，因此画几张画卖些钱。友人又说他“卖画钱来付酒家”，就是指他没钱时向酒铺赊酒喝，等卖了画，再一起还一笔积下的酒债。

穷困贫窘，一直紧紧跟随着雪芹，困扰他的神思才智。

（四）

乾隆九年（1744）敦诚进入石虎胡同的右翼宗学去读书了，他的哥哥敦敏入学比他自然还要早一些。到乾隆二十二年（1757）秋天，敦诚忽有一首诗从远处寄给了已在山村的雪芹。

这首诗开头先从雪芹的先世写起，叙他家门的败落，处境的艰难。然后说到他与司马相如有相似的经历，曾开小酒店为生。回忆他们在右翼宗学剪烛夜谈的往事前情，盛赞雪芹才华气概，迥异常人。次后感叹如今远隔两地，十分怀念。最后劝雪芹说：您不必再向那些富家求乞，做他们的“食客”而遭受轻贱了；最好的生涯就是在山村继续写书，这才是不朽的事业。

看来，敦诚不但对雪芹的为人是倾倒备至，就连他写书的事，也是深明一切的。敦诚并不像一般人卑视作小说是“下流”的事，表示了关切，他的其他诗句中也常常暗点出雪芹写《红楼梦》的事实。

敦诚这时是在喜峰口，那时他正随叔父在这个长城的关卡处居住。

从敦诚的诗句语气来看，雪芹此时到山村恐怕还不太久，也许还不时有回城里谋生的打算。在此前三年，即乾隆十九年（1754），脂砚已经整抄出《脂砚斋重评石头记》的前部分若干章回了。这个抄本卷前有一首诗，也很重要——

浮生着甚苦奔忙？盛席华筵终散场。
悲喜千般同幻渺，古今一梦尽荒唐。
漫言红袖啼痕重，更有情痴抱恨长。
字字看来皆是血，十年辛苦不寻常。

这首诗表达了雪芹写小说的丰富的内涵与复杂的感情，语调十分沉痛。它也揭示了到此时已历十年辛苦，那么开始写作，大约正好与敦诚入宗学的年月接近。这也许说明，过去的十年光景，正是雪芹在城内叩富儿之门、充西宾之席的日子。

在敦诚寄诗的前一年的五月初七日，脂砚已经整抄出一部到七十五回为止的《石头记》来。这回书的前面，她写了一行题记：

乾隆二十一年丙子五月初七日对清。缺中秋诗。俟雪芹。

还有两行字，是暂记的残缺的回目，很多字是空格。

这一切表明了一个事实：雪芹的写作，并不像现代作家那样幸福。由于生活条件的十分贫困和不稳定，由于性情的放浪无有拘束规律，随手信笔，乘兴而书，遇事辄止，再加上任人借阅，他的手稿的情况是十分凌乱不整的。日子稍久，每回书的首尾便弄得残破了，甚至是失散了。中间偶然遗下当时未定的空白之处，也待补齐。

这些，雪芹自己有时是忙着往下写精彩篇章，暂时顾不及前边的琐细，有时是任兴之笔，兴尽之后，搁笔投置，也不总放在心上。这样的情形，使书稿的命运常在危险之中。

于是，这些可忧可虑的事，就都落在脂砚的肩头腕下了。

这脂砚，便是那首题诗中的“红袖”——这个词语（或“红妆”）在古汉语中总是代指女子的。那“情痴”，则正是指作者雪芹了。他们二人经历了“千般”的悲欢离合，感到以往的旧事前尘，真同一场梦幻——已然渺无可寻，然而又历历在目。

（五）

有一部模仿《红楼梦》的续书，写到了雪芹早先作书时的情景，竟然是他坐在炕上，地下几个“小厮”（年轻的仆役或“助手”之类）围坐，听他口讲，做笔录。

这种“作书”的方式，听起来很离奇，似不合理，但在雪芹说来，有了人请他南酒烧鸭等美食，他兴致来了，就用口讲，像市井“说书”的艺人那样，是完全可能的。所以要用几个人记录，然后整理统一“定稿”——因此现存的抄本《石头记》中时常出现音讹的字，即汉字发音相同而实为另一个字的误写。这种情况如非由于听音记字，就很难解释了。

当然，我们并不是说《石头记》全体或大部分是这样写成的，而是说至少有若干部分、片段，确曾是这么记录成文的结果，它与作者本人亲自书写撰作的文字，有些差异的痕迹。

这应该还算是他在“顺境”中的作品，至于他在逆境困境中，那种执笔为文的艰难与坎坷，那就更非今日所能想象。这会造成他书中的残缺、断落，文字风格略显不同，情节偶失平衡照应等细小遗憾。对这些，以往的评者不止一个提出“质疑”“摘误”，那正是他们丝毫不了解雪芹的书，是在怎样的情况下写的，不能体会雪芹写作时一身所承担的沉重的负荷与多层的矛盾，有些地方那甚至是在贫病焦愁、饥寒交迫下写出的。

（六）

乾隆二十四年（1759）的秋冬之际，雪芹与脂砚的生活中发生了一次前所未有的变化：二人远离了。雪芹有事要往江南去。雪芹走后，脂砚独自经营家计和书稿的事，倍感任重而力孤。但她以很大的毅力，开始了第四次整抄《石头记》的工作，并且从这次开始，在她的朱色的批语字迹中，出现了年月记录和署名的创例。

在这次工作中，她连带也整理她历年写下的批语，有的删省了，有的文字上做了细小的润色，有些旧年的批语，她也在修改后附记了年月与署名。

她借着批点书稿的形式，有时与读者讲话，有时与书中人物（她所熟悉的故人们）“叙旧”，有时与作者“交谈”。有时兴致很高，诙谐幽默，但更多的时候是悲感思念。她的许多批语与书稿一样，是“滴泪为墨，研血成字”的。

寒闺冬夜，孤独寂寞的脂砚，克服着重重的困难，辛苦不倦地为《石头记》尽她的一切心力。

可惜，还没有一个画家肯为她画一幅“冬夜批《石头记》真图”：一支红烛，一位中年的八旗装束的妇女端坐窗前，执笔而沉思，而悲喜交织……窗外的朔风正摇撼着老树的高枝。

第三十章　“秦淮旧梦人犹在”

（一）

乾隆二十四年的冬天，横贯中国大地的扬子江，水从数千里外而来，日夜不息地流向东海。江上帆樯无数，都是来往的舟船，载着流落远行的诗人游子，和追名逐利的俗使卑商。在江北岸瓜洲古渡口，忽然有人发现了雪芹的身影。

雪芹从五岁上离开江宁，渡江北上，这是他三十年后重来了。面对着长江的逝水，不禁又想起大诗人苏东坡的名句——

大江东去，浪淘尽，千古风流人物！

不错，大江的碧涛，正在淘荡着古今的俊才奇士——包括雪芹自己，也包括着他书中的那些非凡的少女。

不巧，冬来得早，一场风雪，冻封了江，这是不多见的天气。渡船停摆了。

雪芹正感无计奈何。岸边一家沈姓老人见他徘徊愁闷之色，便很热情地邀他到家暂息。老人一家的仁厚慷慨，使雪芹非常感动。叨扰了二三日，相处得越发亲热起来。不久，天色放晴，气暖江开，雪芹要走了，转觉依依不舍。他问老人，有纸笔吗？老人捧出文房四宝，雪芹挽袖提笔在手，只听得唰唰微响。不一时，一幅《天官图》展现纸上。老人惊呆了，半晌说："我见先生风骨不凡，定非俗士——果然是位大才！"雪芹说："没有可以报谢的，我画天官，给老人家赐福吧。"

宾主作别，雪芹收拾过江去了。

这幅画，据镇江沈氏后人说，保存到很晚近的年代，可惜目下怎么也找不见了。

（二）

此番雪芹渡江何事？因何而来的呢？原来他因友人之荐，为两江总督尹继善礼聘，到江宁做他的西宾幕客。"两江"是指"江南""江西"两大省区，是全国重要的财赋之地，总督乃是本区的最高长官，权位甚重。

雍、乾之际的最有声望最得民心的地方大吏有二人：尹继善和陈宏谋。尹继善是满洲人，姓章佳氏，隶镶黄上旗，父亲尹泰，官至大学士，所以旧日文人的话是“两世平津”；尹继善的女儿又嫁了乾隆的第八子永璇，国戚皇亲，家门贵盛。他的官邸就在京师西城大护国寺和什刹海之间的定府大街，府内有园，名曰绚春。

尹继善在雍正元年成了进士，只过了五年，便升任封疆要职，其时年纪不过三十多岁。他为人材干明敏，性情宽和，在雍正朝，仕风吏习专务苛刻的时候，他能不逐流俗。据纪载说，有一次雍正对他讲授为官之道，叫他效法李卫、田文镜、鄂尔泰三个（这是雍正最赏识宠信的得意之人），尹继善却奏对说：“李卫：臣学其勇，不学其粗。田文镜：臣学其勤，不学其刻。鄂尔泰：宜学处多——然臣亦不学其愎。”他以精辟深刻的知人之衡鉴，对这三位宠臣巧妙地进行了批评，有胆有识，应对得体，连雍正也莫奈他何。

尹继善在雍正六年，就官授内阁侍读学士、协理江南河务；秋天，署江苏巡抚（次年“真除”）——这正是曹頫一家落职查抄的那一年。九年，尹继善已署两江总督。十年，协办江宁将军，兼理两淮盐政（任至十一年调职）。乾隆八年，再署两江总督，十年，实授（任至十三年）。十六年，复调两江（任至十八年）。十九年，又署两江总督，二十一年实授（任至三十年）。一生四督两江。

尹继善初到南京，曹家正好刚已北返；不过他的总督衙院，就与曹家“老宅”相邻，自己又兼着两淮盐政，也是做着和楝亭一样的官。在南京一住，才日益体会到曹家祖孙数辈、历时六七十年之久、在江南一带的深得人心，远非一般俗常仕宦可比，而他家在文学事业方面的成就与影响深远，尤为大出原来的想象之外。尹继善对曹寅，本已久所心慕，至此，宦地相同，官职联属，自己也十分喜爱诗文书史，于是有意无意之间，都在学步楝亭，也做东南半壁的风雅主持。

在这种心情之下，尹继善自然留意于访询曹家的现况，子孙的下落。

中进士以前，尹继善曾在怡亲王府做过记室；后来曹頫是雍正交与怡王“照看”的。尹继善早年就已可能与曹家相识。大约到乾隆十九年再署两江总督时，他乘着搜罗人材的机会，决意务要跟寻楝亭的后人。而雪芹此时，编述《石头》一记，已经有了脂砚抄阅再评本。意在问世传奇的雪芹，正也想为书稿谋一个乐为出资刊版的东道主。两相凑泊，事不难成，尹继善爱才好士，礼聘情重，雪芹又可借此重游童年故地，一举数得，就答应了前来请聘之人。

雪芹前往江南，似非一次，乾隆二十一年（丙子·1756）南京好像已有他的足迹，所以二十二年敦诚寄怀诗句，正劝他不必远游——“劝君莫弹食客铗，劝君莫叩富儿门。残杯冷炙有德色，不如著书黄叶村。”这显然不是一种并无缘故的闲文琐语，而这一年，乾隆有意改变对待汉族旗人的政策，准许包衣人开户出旗，可能是雪芹生平中的一次颇有关系的事件。但到了二十四年秋天，他由于生计的艰难，为了著作的传播，还是不得不下决心，再度前往。这时，有人对雪芹也加紧注意，在形势不利的考虑下，敦诚弟兄也同意了他的南游的打算，如此可以暂避风波，保全书稿，因此反而赞助雪芹料理南行的一切准备。

（三）

一到江南，雪芹的才华立即受到了尹继善的赏重，并以楝亭有此嗣孙引为欣慰。初时，宾主相得，情好甚笃。常在扬州的肖像画家云间陆厚信（字艮生）者，来游南京，曾入尹府，见到雪芹，十分倾慕，为他绘了一幅小照，并写下了五行题记：

雪芹先生洪才河泻，逸藻云翔，尹公望山时督两江，以通家之谊，罗致幕府，案牍之暇，诗酒赓和，铿锵隽永，余私忱钦慕，爰作小照，绘其风流儒雅之致，以志雪鸿之迹云尔。

这就记录了一时的景况。

可是，雪芹的处境到哪里也是复杂的。这次南来的遭遇，有几件事使他更叹命途之乖舛。

正如敦敏赠雪芹所说的：“可知野鹤在鸡群。”他的才华出众，易为人知，也易为人妒。同事中间，小人之辈，谮毁之言，久而遂多。尹继善虽然爱才好士，扬风扢雅，但全是正统一派人物，眼见雪芹的一些言谈行径，渐渐心有不乐之意。尹继善是正人，倒出于一片好心，从他自己的正统观念出发，以为雪芹落到此等境地，是因无人“导之于正”，他就要设法挽救雪芹，而雪芹对于这种“挽救”，却是道不同不相为谋，根本不能接受。这么一来，各无恶意，皆本素怀，可是误会既多，彼此都无法谅解：别人本是一片热心为他好，而雪芹看来那是不能苟从的道路；雪芹如要自行我素，不肯污于流俗，就必然被人视为狂妄无状，负义忘恩。一个不能为世人所理解的伟大的哲士文豪，越是伟大，越是孤独，越是寂寞——“都云作者痴，谁解其中味？”正是雪芹的最巨大、最深刻的悲哀。

当时南京住着一位声气极大的诗家名叫袁枚。有人介绍，想为曹、袁二人牵丝引线，以为两诗人定能投契。雪芹素知袁枚风格不高，看不入眼，拒而不往。这也得罪了南京的诗坛文苑。

雪芹本是为《石头》一记而仆仆南游的，不想最后事情也就出在这部书上。

这几年来，皇帝的主要精力是花费在武事军情的调度上，但是使他颇为心烦的也还有文字科场——“文治”方面的事情。乾隆二十年，胡中藻“诗狱”事件发生，中藻被杀还牵连了鄂尔泰家。二十二年，段昌绪因收藏吴三桂叛清檄文，并加圈评赞而伏刑，彭家屏因收藏明末野史，并其子皆处斩监候，家产籍没，家屏旋以撰《大彭统纪》赐死。更奇的是，到乾隆二十四年三月，命大学士蒋溥去向已故宠臣张照的儿子张应田家里查取张照的文字笔札，斥之为诗意怨望，文字狂诞，为一“丧心之人”，竟说：“迨至再跻显秩，叠受殊恩，苟有人心，则从前肮脏激厉之词，亦当猛有铲削，而必将此刊刻流传，其居心又可问耶！”所以，对于“人心”的问题，一时颇为风雨满城，谈虎色变。

这时期乾隆皇帝不但“外头”事多，“家里”也觉烦心，皇八子永璇年少，不守礼法，最伤脑筋，他的师傅孙灏在二十三年已然得咎；二十四年秋天，永璇的岳翁尹继善因为册送子弟乡试而不遵旨先自奏明，也受了指摘。到二十五年春天，为了加强管教，乾隆不得不亲“幸”永璇府第，意在察看。在清代，各种制度规定甚严，皇帝亲临臣子的住处，那是极为少有的特例，所以史官必书。这次临幸永璇府，就是史册可征的。

正因如此，从早流传的一个说法就极堪注目，那就是：乾隆有一次亲至某满人家，发现了《石头记》并挟其一册而去，以致某人大惧，急谋删改进呈云——显然，这是《石头记》未有刊本、流传未广时候的事情。

从年代上推考，只有幸永璇府这一事件正相合符。

当乾隆查出身有“内病”的永璇竟尔偷看这种“邪书”，自然十分震惊恼怒，决心要弄清这部“淫词小说”的一切原委。当这事的风波很快传到了永璇岳家尹继善那里，他不觉目瞪口呆——因为著书人就在他的幕席之间！由是，风声汹汹，人言啧啧，顿时大为紧张。尹继善毕竟还是厚道长者，不肯出卖楝亭的后人，就透消息给雪芹，让他赶紧托故离职，潜身他往，庶几可望避免多所株连，将关系的复杂程度尽量缩小。

于是，无可回避的雪芹，收拾行装，决意北返。

幸而永璇有力，多方弥补遮掩，设法将事搪塞过去，一时未至酿成大案。这就无怪乎敦敏在重阳节后意外地与雪芹重遇时，立即写出了“秦淮旧梦人犹在，燕市悲歌酒易醺。忽漫相逢频把袂，年来聚散感浮云”这种万分感慨、无限悲怀的句子了。

第三十一章　脂砚批书

（一）

雪芹的江南之行，不过一载有余，却使他的好友们异常想念。

乾隆二十五年（庚辰·1760）的初秋，一个阴雨连绵的夜里，敦敏闭门闷坐，自斟自饮，感怀往事，便想起曹雪芹，不相见者已一年多了。敦敏十分系念，因此在题诗时已经说：

短檠独对酒频倾，积闷连宵百感生。
近砌吟蛩侵夜语，隔邻崩雨堕垣声。
故交一别经年阔，往事重提如梦惊。
忆昨西风秋力健，看人鹏翮快云程。

重阳以后不久，他偶然到友人明琳的养石轩中去，忽然听到隔着一道院子有人高声大谈，那声音直传到这边来；敦敏立时就听出这是雪芹的语音声口，除了他，别人是再没有这种意气风度的。他于是赶紧跑到那边另院去，果然不出所料，雪芹竟然来了！彼此都又惊又喜，十分意外。他们便在明琳那里摆酒快叙，同话旧事。敦敏感而成诗一篇：

可知野鹤在鸡群！隔院惊呼意倍殷。

雅识我惭褚太傅，高谈君是孟参军。

秦淮旧梦人犹在，燕市悲歌酒易醺。

忽漫相逢频把袂，年来聚散感浮云。

只要看一下敦敏的情词之切，惊喜之深，就可知这一年多的离别，乃是他们这些年来的一次少有的离别，也是一次非比寻常的离别。

尤其引人思索的是，如此一番稀有阔别之后，意外重逢、又惊又喜之下，赶紧把袂快谈，那话题却不是别的，就是“呼酒话旧事”，并因此“感成长句”，而诗句也说明所话的内容就是和“燕市悲歌”为对的“秦淮旧梦”。这就十分清楚地透露出，曹雪芹的此次离别，是和他祖上在南京做织造时的往事有所关联的。

不但如此，从这次重逢为始，直到次年的夏秋之际，敦敏、敦诚二人同访雪芹于其山村，赋诗纪事，那诗中的主要内容也还没有离开这一点，两人异口同声地写出“燕市哭歌悲遇合，秦淮风月忆繁华”，“衡门僻巷愁今雨，废馆颓楼梦旧家”的联语来。这决不是什么偶然的现象，其强有力地证明了我们上面的推想——如其不然，如果这都是泛泛忆旧的话，那么他们相识已久，于雪芹家世谈习已多，既非近事新闻，又何至于每次相见就只是重复这个雷同的话题？那不是太频数可厌了吗？

明琳大约就是著名的将领明瑞的弟兄，是大学士（宰相级）傅恒的侄辈。明瑞军功甚伟，后来本人战死于边疆。封为诚嘉毅勇公爵。他的宅第在安定门大街南兵马司路北。这个府第是三个大宅连在一起的，院子甚多，族中人众，各居一院。明琳的养石轩，也许就是这处大宅的一个院落。安定门者，是北京城的北面两门的东边的一座大城门，与西边的德胜门遥遥对峙。在那时候，明瑞从事新疆伊犁地区的开发之后，召回京师，正做户部左侍郎（1758—1762），当时他袭着承恩公的爵位。他的一个姊妹嫁与了豫良亲王修龄，生子裕瑞——就是著作《枣窗闲笔》传述雪芹形貌事迹的那位宗室了。

看来，雪芹的足迹是常到安定门内这一带来的。

非常有趣的是，尽管明家是那么富贵，而敦诚作诗却把他家人比作一群鸡，雪芹则翩然如云霄之仙鹤一般，高不可及！这是何等的推崇钦慕啊！

（二）

在雪芹离京南下的这一载有余的时光里，脂砚也是最想念他的人了。她受雪芹重托，在二人不能相聚时，为书稿多下工夫收拾整顿。脂砚果然不负所托，到乾隆二十五年秋日，已经编整出一部四次评阅的本子。内中仍有短缺文字之处，空着等待雪芹回来。

雪芹在江南，也不会空闲，从乾隆二十一年五月初七日对清了第七十五回之后，到二十五年秋日回京，历时又已四年多的光景了，应该是又写出了不少章回，也许已经接近于全书的尾部了吧。脂砚日夜盼望着雪芹的归来——捎回来的不是财物，是一大包新的书稿！

这里，请允许我运用一点点文学的手法，用推想来补充我们所无法尽知的情景——我们可以设想雪芹临行时是把脂砚寄托在一处尼庵中，这是为了地方幽静；也是为了她的安全和工作方便。下面是想象的“镜头”——

一座尼庵的偏院，后层僻角上一间小屋。

脂砚灯下独坐，心事重重，若有所念。

忽有轻轻敲窗声。脂砚急问：

“谁？”

“我，荣儿。”

脂砚惊喜，连忙迎他进来。一个小孩童，约十二三岁，村中衣饰。手提一包，神色紧张。

“你怎么来了？你芹二叔从江南回来了吗？你没碰上坏人吧？……”一连串急切的问语。

“芹二叔前儿才来的，来了就问起您。他吩咐我，背着人把这些写的字儿带给您……”

脂砚赶紧接过包袱，打开，一捆书稿。

脂砚十分兴奋，即时把它放在橱柜里。忙找一块糕饼塞在孩子手里。

“难为这么黑夜奔了来，看你身上的土，跌了吧？”

“嗯。”

“可疼的孩子。”（给他掸土）“荣哥儿，那个坏东西还盯着你吗？”

“可不是！他还打我……”孩子委屈，说不下去，哭了。

脂砚气愤地抚慰他。

“别伤心。等我给你出气。下次可多小心！”

从脂砚的批语来推断，她与雪芹并不是能够经常聚居的。她的批书是在与雪芹不能会面时作的，那隔离着的情况，从批语口气中有明显的透露。这当然可以是因为雪芹出外南行了，但是我觉得这里面还可能有别的缘故，是被迫分开的。这也许是由于生计上的问题而不得不另作安排。但是也有可能是被迫而暂避，因为他们二人的重会在当时舆论的目光里是“不合法”的，是不光彩的事情，有人施加了压力，逼他们离开。

敦家弟兄的诗所说的“燕市哭歌悲遇合”包含着这种难言的悲剧性事故。

第三十二章　安定门内养石轩

（一）

敦家弟兄两个把雪芹的为人看得很重。他们对明瑞、明琳等，包括他们的同族上一辈富良等等这些“富儿”，却怀有看不上的意思，因此敦敏在养石轩无意中碰见雪芹，知他已从南京回来了，便在万分感慨之下写诗，抒发他悲喜聚散的情怀。他在诗中把雪芹比作一个野鹤而把别的人（主要是明家的人吧）比作鸡。鹤在中国的审美观和品格观上位置是很高的，称为“仙鹤”，即毫无尘俗之气。有一句古语：“鹤立鸡群。”对比之下，鸡就成了一伙庸庸碌碌、猥猥琐琐的“俗人”了。这对雪芹，是何等的赏爱与推崇！

但是我们仍然应该重申这首诗的内容：那除了意外相遇，特别高兴之外，最要紧的还是“呼酒话旧事”。摆上酒馔，一面畅饮，一面听雪芹讲他在南京的经历见闻，这处处牵涉着他父、伯、祖、曾祖三辈四人在南京做织造时的说不尽的“旧事”。话从雪芹口中出，格外地动听，何况讲他家的那些“比一部书还热闹”的故事，简直太迷人了。

因此敦敏又写道：

秦淮旧梦人犹在，
燕市悲歌酒易醺。

这上句即是指“旧事”，秦淮河是南京最繁华风雅的地方，所以用为代称。这个“梦”字，也就是“红楼梦”的那个梦字。这一点不难理解，可是还需要懂得下句里面暗用的一个重要典故。

这个典故出在中国最伟大的一部历史书，汉代司马迁所纂写的巨著《史记》。

《史记》纪载：周代的末年，天下分裂为很多强大的地方权力，此时代名为“战国”，因为它们互相战伐吞并。其中以秦（今之陕西地区）为最强而暴横，无人敢惹，而众皆恨之。燕（今之北京地区）之太子曾受其辱，久思报仇，遂觅得一位出奇的勇士，名叫荆轲，他竟胆敢承担入秦刺杀秦王的任务。

荆轲是一位奇人，司马迁写他是——

荆卿好读书击剑……荆轲既至燕，爱燕之狗屠与善击筑（乐器）者高渐离。荆轲嗜酒，日与狗屠及高渐离饮于燕市，酒酣以往，高渐离击筑，荆轲和而歌于市中，相乐也。已而相泣，旁若无人者。然其为人沉深好书，其所游诸侯，尽与其贤豪长者相结。其之燕，燕之处士田光先生亦善待之，知其非庸人也。

读了这段史书，可以知道敦敏的“燕市悲歌酒易醺”的内涵是多么丰富与重要，可惜的是，对于具体的抒写，敦敏是不敢下笔的，因为那时的“文字狱”非常可畏，往往因为一字一句犯了政治忌讳，就会引来杀身以致灭门的大祸。

（二）

正如燕国的名士田光先生（声望极高）看荆轲那样，雪芹也是“非庸人也”。他和荆轲有很多相似之处：好读书，好击剑，好饮酒，能引吭高歌，最恨富贵等级限人，专喜与下层社会的“贱”者交往，赏识那些沉埋于风尘中的艺术高手异才。

他形迹上放浪佯狂，似乎愁烦到不了他的头上，而实际心头藏有奇苦至郁，在起舞高歌之后，也会“已而相泣”。

然而如此一位罕有奇才，他的经历遭遇却令人为之叹恨不已。

尽管他在当时只不过是一个卑微不为人知、无足轻重的“包衣小人”，可是他的经历遭遇却永远离不开与皇家的关系。就单从写作《石头记》的角度来看，也处处留有痕迹可寻。

乾隆十年（1745），皇帝再次晋封了一些妃、嫔，并定出新典制：皇贵妃、贵妃的仪仗之内原用红缎曲柄繖，现改用金黄色缎。其次一级的妃、嫔等原无繖制，今添用红缎繖。雪芹在他的小说第十八回中，写贾元妃归省，仪仗中正有“一把曲柄七凤金黄伞（繖）”。这足以说明：他写到这回书时，已在乾隆十年之后，因为本年以前是无法预想这种制度的。

又如乾隆二十一年（1756），宣布将小公主在几岁时即指配与蒙古王公的幼子。到二十四年，又申谕宗室王公之女儿皆须指配蒙古，不准私自婚配。这种满蒙“和亲”的规矩直按影响了雪芹小说原稿中后来写贾探春（宝玉的三妹，最有才干的少女）被指配与“外藩”去做王妃的情节事迹。

若从现实生活中来看，乾隆十三年（1748）十一月，平郡王福彭病故了。雪芹的这一门最重要的至亲的家运，也发生了巨大的变化。皇帝悼念福彭是他自幼的同学密友，特例为之“辍朝”（不办公）二日，并派大阿哥（皇长子）去代祭二次。福彭原是可以成为军政上首席地位的人材，可惜由于政治原因，中途蹉跌，以后便消沉起来了。他手下的记室（秘书）方观承，后来却成为十分重要的一位名臣能吏。福彭一死，平郡王府与雪芹家的关系自然就疏远了一步。

约十年之后，与福彭最要好的慎郡王胤禧也亡故了。他是康熙帝的第二十一子，是一位著名的宗室诗人与高人，专门喜欢结交寒素的读书人，毫无富贵尘俗之气。他早年与福彭都极推重御史谢济世，也赏识过少小时的雪芹。他也就是小说里的“北静王”（胤禧无子嗣，乾隆将自己的第六子永瑢过继给他，作为他孙辈的承嗣人。雪芹借了“永瑢”的字形，造了“水溶”二字，用以代指胤禧）。

福彭的丧礼中，乾隆单单派遣大阿哥去代祭，也耐人寻味。因为正是这一年，皇帝透露出他的诸皇子，特别是大阿哥、三阿哥异常“不孝”，行为不端——他们也正像他们的爷爷一辈（康熙诸皇子）那样，已经在明争暗斗地图谋将来“继位”之份了。我疑心福彭生前曾与大阿哥的私人关系是比别人密切的。乾隆对福彭，后来有些变化，大约与此不无干系。

乾隆十九年——脂砚重评《石头记》的这年，天下无数的怡亲王祠，都悄悄地变成了关帝庙。这是一场戏剧性的政治措施。在雍正时大得褒宠的怡亲王，这时早已成了乾隆的“敌对”，因为他的儿子们曾要推翻乾隆的统治。

同一年，继以前准许在京八旗汉军人出旗为民之后，又许各省驻防汉军人“自便”了。乾隆对汉姓人日益歧视的心理屡有表现。这年，他又惩治一个满洲人名叫世昌的，只因他喜欢作诗——效法汉人的风习，诗句内容时有牢骚之语，大加指责。因此，满洲人饮酒赋诗，都不敢公然显露，需要偷偷地避人而为之了。诗和酒，正是雪芹与友人的“性命”，但是已经成为最“不肖”的犯忌的行径。

这些年来，各地已屡有饥民作乱的事情发生。到乾隆二十三四年间，天又大旱，皇帝又征求臣僚“进言”（改善政治）了。米价昂贵起来，百姓的生活出了麻烦。更有一事使雪芹苦恼的，就是因粮贵而不准造酒！对雪芹来说，少吃几口饭可忍，没有酒则万难忍受。正因酒不易得，一得必致狂饮过量，这无疑大大损伤了他的健康。

（三）

在艰难困苦中，不料也会有“运气”忽然降临。

一个是乾隆帝重举南巡之典，这才使他获得南游的机会。一个是年届三十五岁的“少壮不努力，老大徒伤悲”的雪芹，终于因有才学被拔举为优贡生了。

乾隆平生有一志愿，是事事仿效祖父康熙。康熙帝曾六次南巡，成为空前的“盛典”，数十年后还流传于众口，像“说书”一样热闹。因此乾隆也要照办。近年来，西北两路都有军事，如前文叙到的富察氏豪族的明字辈的明瑞，就是二十一年升为副都统前往西路军营的。到这年的闰九月，因两路军功胜利，就宣布明年要去南巡，开始一切准备。在二十二年正月出发了，三月间，巡至江宁。江宁的行宫，就是当初的织造府——曹家的老宅。有趣的是，乾隆也学康熙那样去视察了织造机房。

这次刚刚完毕，到二十三年的九月，两江总督尹继善就又题奏了，说是天下太平，五谷丰登，官民都“望幸”（盼帝驾再巡），请于次年再举南巡。这回没有马上答应，说是再推一年。但到次年，仍未实现，又推到二十五年。

由此可明，雪芹由二十四年秋日南下，正是因为江宁的尹继善又要经营接驾的大事，千头万绪，忙得不可开交，而且上一次办理有欠妥之处，这次人们建议必须再请康熙年间经历过的内行人家来协助才好。于是，有人想到了邀请大才的曹雪芹。

可巧，雪芹也刚刚成了拔贡先生，有了一点“身份”，不免借此良机，到南京去看看老地方，听听老故事。

这就是敦敏在二十五年秋日写出“忆昨（去年）西风秋力健，看人鹏翮快云程”的原由了。大鹏是个极巨大的神鸟，曾从北海向南飞行，是《庄子》里的一个寓言故事，因此有“鹏程万里”这个颂词，祝人远游与高迁。

第三十三章　“傲骨如君世已奇”

（一）

这个时期，经过了康熙、雍正两朝的积累，国力非常殷富。这使得乾隆能以从三大方面大兴举动：一是军事费用；二是大兴土木建筑园苑；三是南巡游幸。当时那种规模之巨大，铺张的豪奢，早已不是后世人所能想象的了。其后果是朝廷显贵、八旗人员的生活习俗日益奢靡无度，贪贿的歪风百倍盛行，以致种下了无穷的后患。小民们则越来越苦，各地的“乱民”渐渐滋生蔓延。这一切，与康熙时代大大不同了，康熙时的风气还都是十分俭朴的，康熙帝憎恶奢侈，没有人敢逾分而行。这一点，在清宫服务十几年的外国传教士们，如法国的马国贤等，有忠实的记录可做证明。

当然，乾隆帝在军事上还是有功，他维护了统一，保障了国土。他待负责的将领异常严厉，如误了军机，败了战事，不管以前多么有功与宠任，也是决不宽贷的。军前正法的名将，是震慑军心的。那时的满洲兵将，仍然勇敢善战，而且忠诚不渝，以战死为荣。

这时期的西北两路军营，是为了征服新疆和四川边境金川地区的叛乱。这两路的军事，形势都极复杂，战役都极激烈，付出的代价既极巨大，换来的战果也至为艰苦。到乾隆二十三年上，总算都初告胜利了。于是皇帝除了准备庆祝（包括南巡），还想出一个奇特的纪念方式：皇宫内苑的中海东岸，有一处建筑叫作紫光阁，把它重新修缮，要依照古代凌烟阁的故事，也把功臣的画像陈设在阁中。可是，古代凌烟阁的功臣只有十几位，现在决定要给一百位文武功臣画像，而且四壁还要有巨幅的战场的景象。这样一来，便生出了一项十分重大的任务：须到各地方各层次去寻访技艺精能的好画家——于是，功臣之首、身为大学士、封为公爵的傅恒和他族内“明”字辈的人，便都想到曹雪芹身上来了。

雪芹自从江南走了一趟，他的诗才画艺之高，渐渐传于众口了，恰好他回京来了，皇家的如意馆（专门掌管宫内书画之事的机构）便马上搜访他的踪迹。人踪罕到的山村一带，也不止一次有人来寻问他的名姓和地址。可是他住的地方十分荒僻，使得他们大费奔波之苦。连那“跌死猫”的樱桃沟，也不得不去踏探了好几次。

（二）

雪芹在内务府充当笔帖式、堂主事时，也曾有机会看到过紫光阁。他知道那是一个重要的所在，它和武事的关系密切，上三旗侍卫较射，取武进士，赐宴外藩的王公，都在这儿。

紫光阁在西苑太液池旁。西苑就是紧对紫禁城西华门的皇家苑囿。雪芹记起，祖父（曹寅）诗集里有不少写西苑景色的诗，那时爷爷是常常值班夜宿于此的。苑中有丰泽园，就是康熙帝种育御田胭脂米的地方，这米赐给曹、李两家，也为李煦种了祸根（雍正追查）；雪芹把此米也写进了《红楼梦》。丰泽园之西有春耦斋，是为皇帝学耕田而设的地方。由此斋循池之西岸往北走，就到了紫光阁。此阁建自明代，现又修葺一新了。

傅府里派的人终于找到了雪芹家。雪芹躲起来不接待他，烦一位老者替他看家待客。来的这个人假谦恭而真倨傲地向老者说明了来意，口里称着“公爷”（傅恒封为忠勇公）的美意，请曹二爷出山去宫里画像，画成之后，圣上是要赏给官职的，从此可以不再受这穷苦了。

那人头一次扑空了，第二次又来了。这回雪芹在家，接待他进来。听了再述来意和那套“恩赐”的话后，雪芹微微一笑说道：我刚写了一幅字，您抄回去替我回禀公爷吧。说毕取出一轴字幅，展开悬在墙上，看时，那字写得风流潇洒，上题一诗，道是——

捐躯报国恩，未报身犹在。
眼底物多情，君恩或可待。

那人是个不通的人，看了不懂，只得抄写回去。傅恒家人们看了，不禁雷霆大怒，说：这个该杀头的，如此不识抬举，竟敢说出这种狂悖的话来！明儿绑了他来，让他去尝尝刑部狱的味儿！

后来脂砚等亲人知道了，无不替雪芹暗捏一把汗。

大约有人说了好话：他不来，没这福分，就算了，何必为这么一个下流人费手脚。

因此，幸而没有遭到狂言招祸的大麻烦。

这时，他已认识了一位也在郊外村中教馆的旗人张宜泉，二人有时互访唱和。张宜泉十分佩服雪芹的人品才艺，当他闻知这一回拒绝召聘的经过，他感而题诗相赠。那诗写道——

爱将笔墨逞风流，庐结西郊别样幽。
门外山川供绘画，堂前花鸟入吟讴。
羹调未羡青莲宠，苑召难忘立本羞。
借问古人谁得似，野心应被白云留。

这第五六两句分用唐朝大诗人李白与大画家阎立本的典故：李白被召入皇宫，受到宠幸，作诗称美了杨贵妃（中国的四大美女之一），她亲手调制一碗羹汤赏给李白。阎立本被召入宫为功臣画像时，在皇帝的命令威严下，匍匐于地上，辛苦备尝地画那些他不愿画的大人物们的肖像，他愤懑极了，回家告诫儿辈说：你们千万不可再学这种技艺，学得有过人的本领，只不过换来我这种耻辱！

张宜泉的话，说得正是曹雪芹心坎里的感慨。

稍后，敦家弟兄们也闻知此事，不禁拍案称奇，大家传为少有的新文异事。因此，敦敏在雪芹画的一幅巨石之旁，题一首七言绝句，诗曰：

傲骨如君世已奇，

嶙峋更见此支离。
醉余奋扫如椽笔，
写出胸中磈礧时。

“磈礧”，通常写作“块垒”，比喻人心中有不平之事，郁结难消。如今敦敏特取“石”字偏旁，是特意关合画石的主题，也是把雪芹比作嶙峋的石头，十分巧妙。

至于脂砚，自然更是赞叹不绝——《红楼梦》中史湘云借菊花诗写道：

数去更无君傲世，
看来唯有我知音。

傲世也应同气味，
春风桃李未淹留。

她两次特点“傲世”二字，都非泛泛之笔。

到此，雪芹的傲骨，更是人人尽知，个个称异了——当然也引起了仇视者的更大嫉恨。

（三）

乾隆二十五年的三月，皇帝的第四个女儿和嘉公主（1745—1767）下嫁，给了福隆安（1743—1784）做妻子。

福隆安又是谁呢？

他就是当朝首位的大学士（宰相）忠勇公傅恒的第二个公子。傅恒本人的妹妹是乾隆的首席皇后，照中国礼法，他是皇帝的“姻兄”，俗语叫作“大舅子”。和嘉公主是皇帝的四女儿。1758年，福隆安进宫当了御前侍卫，乾隆就把四女儿许配了他。到1760年，只过了两年，就举行婚礼了。公主下嫁，女婿俗称“驸马爷”，他家又是天下出名的生活奢侈之家，那种礼仪的盛大豪华，是令普通人咋舌的。傅恒的府，在东单牌楼二条胡同（1900年八国联军进攻北京时，头条胡同的南一侧的房屋全部被炮火毁掉了，成了长安街的“边道”了，二条就变成了东单第一条胡同了）。他这次子的新府在皇城之北大马神庙，俗称“四公主府”（1898年成立京师大学堂，即后来的北京大学将此府址作为理学院的所在。现今是教育出版社）。福隆安做过数不清的高官要职，包括总管内务府大臣、俄罗斯佐领、理藩院（大略与后世“外交部”相当）尚书，后来袭了傅恒的公爵，也画入了紫光阁。

雪芹对于这些“富儿”之门，是再也不想去叩了。这一门首富极盛之家，在满洲贵族之中，恐怕是与文学艺术关系最疏远的人家了。雪芹与他们不是“一路人”。他拒绝“苑召”的傲骨令人起敬，可是正因为此故，紫光阁内没能保有雪芹的画幅，这却使我们从另外一个角度而不能不深感遗憾。

正在这时，另一大府里也出现了一桩惹人注目的异事。乾隆皇帝忽然驾幸永璇府——此事前文略曾叙过。

永璇（1746—1833）是乾隆的第八子，封仪亲王。他娶的是大学士、两江总督尹继善的女儿。尹继善上世是辽东的满洲人，姓章佳氏，和傅家一样，属于八旗中的最高一级的镶黄旗（与皇家同旗）。他家三世出宰相：他本人和父亲尹泰、儿子庆桂。皇帝赐给他的一个花园叫绚春园，在西郊圆明园附近（那一带有很多很多名园，都被八国联军烧毁破坏了）。他家住在西城的定府大街（距原法国教会所立的辅仁大学很近）。尹继善也就是因为江宁办南巡接驾而聘请雪芹的大人物。

皇帝亲到皇子府，是一件罕有的特例，并非是无事故的闲游。据纪载透露，永璇少时有“内疾”，有些言行令他父皇十分心烦，并且间接地降罪于永璇的业师孙灏。孙灏恰巧早先是敦家弟兄的宗学教师。这样，他必然也认识雪芹，知其为人。永璇在上书房读书时的老师都是名诗人、学者、文家，号称“澄怀园八友”，其中也有与雪芹有关之人。永璇虽然日后是亲王从政者（在嘉庆朝1796—1820），但他天性是一位诗人。他的诗集题名是《古训堂诗》，现藏美国国会图书馆，存十四卷，正从本年抄起的（可惜我还没有机会参考这部书）。

有一个传说：乾隆帝某日忽到某满洲人家，值本人不在，皇帝在他书房发现了一部小说叫作《石头记》，他事事都要深入了解的，要弄清这是部什么书，于是不声不响，挟走了其中的一册，登舆回宫而去。

等到那人回家，闻知此一大事，再发现《石头记》少了一册时，简直吓坏了！于是赶忙设法弄出一个“删削”的本子，上呈于皇帝。由此世上才出现了不完整的《石头记》抄本。

我认为，乾隆所“幸”（驾临之义）的这个某府，就是皇八子永璇家。他是偷偷地欣赏着雪芹的这部迷人小说的贵家子弟之一，或者可说是“代表”。

（四）

尹继善家世三代宰相，应该很富有，但因与皇家结了亲，那礼节应酬的巨大花费是平常人所难想象的，因此他身后很快就败散落了，他的儿子辈大多变成了出名的穷旗人，穷得连应备的可以见人的衣服都没有。但他们却是诗人一流。其中一个还是个小说作家，写了一部《萤窗异草》，是模仿《聊斋志异》（清初最有名的短篇故事集，影响极大）的。他自然难与雪芹相比，但实在也还是一位才子。他名叫庆兰，字似村，号浩歌子。他和傅家的明字辈人有交往。

有趣的是上文提到的明亮，后来也穷困了，儿子都死了，住在一个很小的胡同里，凄凉得很。旗人的贫富贵贱之间的变化，常常是又快又巨大。

雪芹好友敦诚的妻子是和邦额的女儿。巧得很，和邦额也是一位小说家，作了一部短篇小说集叫作《夜谭（谈）随录》，也很有名，其性质大略与《聊斋志异》都相仿佛。和家也是内务府人，诗文也有造诣。由此可以理解那时旗人的文学风气。

但是，谁也无法比得上雪芹，敢于创作一部百万言的长篇巨著，把几百人物组织在一部书里，写一个大家庭的故事。

第三十四章　柴扉晚烟薄

（一）

乾隆二十六年（1761）是雪芹生活处境比较稳定平妥的一年。这一年中可记的事，只有朋友的来往，诗篇的唱和，稍稍留下了一点痕迹。

凡是和雪芹相交的人，没有不被他的魅力“迷”住的，有些日子不见，便想念得很了。敦家弟兄，更是这样。加之自从雪芹自隐山村，不同昔年都在城里，见面还不太难，如今则相距数十里之遥，真是空劳梦寐。

敦家两兄弟有一天实在耐不住了，商量说：咱们还没见过芹二爷的新家是什么样子，趁着天气好，索性到西郊去看看他。

计议已定，二人起个大早，雇了一辆骡车，出了阜成门（北京西面二门的坐南一门），一口气奔到海淀。从畅春园往东，绕过一处大园子，有一个小小的村落名叫陈府村（后来则写作“成府”，即在原燕京大学今北京大学新址的东门外），找到了内务府三旗包衣的营房（为御园服务当差的包衣住所），打听雪芹的住处怎么走才找得着。大家都答不上来，最后一个年老的提供了一点线索，让他们去寻看。

从海淀再往香山脚下走，路还很远，天色也不早了，弟兄二人一面心里有些拿不定，怕找不着败兴而返，一面欣赏着西郊的风景之美，大自然的美加上人工的美——无数的御园、名园、名寺，红墙碧瓦，雕梁画栋，隐现在绿树长河之左右，真是画所不如。

可是，雪芹不住在这种“画”里。渐渐人烟稀少了，西山越来越近在眉睫了。他们往冷僻的地方去找去问，费了好大的周折，终于来到了雪芹的门前。

敦敏、敦诚生长在京城，第一次眼见这种地方的景象。雪芹住屋的那种简陋贫寒之状，是他们在城里穷人家也看不到的。二人不觉一阵难过，面显凄然之色。

雪芹迎出来，却爽朗地高声大笑说，今儿可真是贵人天降！怎么也想不到你们会来，难为你们怎么“摸”到这地方的？

进屋看时，倒也别有一番意致：小窗糊着雪白的新纸，颇为明亮。墙上挂的是一把直垂的弦子（三弦竖弹乐器），一把斜着的宝剑，枣红的穗子显得十分潇洒。小桌上就是笔砚，还有一些大大小小的碟子——绘画的颜色，和两个水盂、笔洗。

这都不稀奇。稀奇的是桌上几上到处摆满了奇姿异态的石头，墙上贴着画的大石头，一个古装的人向着石头躬身施礼。

“芹二爷，”敦诚抢先说话了，“您真不愧是石头下凡，满屋子都是石友呀！”

这时恰好脂砚也来在这里，彼此见过了，各自悲喜交集，真是说不完诉不尽的话。他们的话题，包括着雪芹在南京的见闻感慨，目下北京的新闻怪事，一面畅叙衷肠，一面嬉笑怒骂，谈笑风生，无所顾忌——比在城里“自由”多了。

敦家弟兄早觉饿了，脂砚下厨做饭，雪芹去打酒，兴致高极了。

他们的谈话，我们无从知道了——就是有人记录下来，我们也大部分看不懂的，因为那当中的政治社会内容、文化习俗内容，我们都无法尽知了，但我仍不妨运用一点推想来模拟几句，以助谈兴。

“芹二爷，您怎么就离了富家呢？”

“嗐，他家的先生，哪里是人当的？你不记得富良的老子说过‘我雇的这些先生都太不好，等我花钱买一个，准比这强’，您想给这种混帐人家当先生，还能是人？简直是‘货’了！”

屋里的几个人一齐哄堂大笑。

“听说他们还给您加了罪款，下了逐客令，是吗？又是怎么回事，什么罪名？”

“什么罪名？——叫做‘有文无行’。”

敦敏、敦诚大吃一惊，“这是怎么说？！”

“嗐，还不是那两件：一是说我写小说讲故事，这不是当先生该做的。二是我听见他们家待丫环们太狠毒、太不当人了，我想方设法地搭救了两个，逃出了火坑。她们后来偏要来谢我，也太多余。可就让主家知道了，就说我是安着邪心，勾引他家的使女。你说说，在这世界上，做点儿好事都是犯法的！”

说毕，一声长叹。大家默然。

芹二爷，我一想起您，就想起诗圣老杜给李白的那首诗，我只改两三个字，就移赠给您，最是恰切了！您听——

> 不见曹君久，佯狂真可哀。
>
> 世人皆欲杀，吾意独怜才。

敏捷诗千首，飘零酒一杯。

西山著书处，相约好归来。

“您看如何？！”

雪芹一声拍案，把酒震洒了，一面起身大笑，拉住敦诚的手，“你改得好！真好！可我怎比李太白？当不起，当不起！”

敦敏忽见雪芹腰间系着一块古玉佩，形极古雅，光莹可爱，便说道：“芹二爷果然不愧是世家，穷到这个份儿上，还有这么少见的古玉挂在身上呢！”雪芹笑道：“哪里哪里。我可难与城里那家贵公子相比，穷得饭都吃不上，桌上一个大绿玉盘盛东西，那玉润得像一汪水。洗脸是一个乌乌突突的旧盆，沉甸甸的压手。有一天他的老丫环高起兴来，打磨了一下，吓了一跳——原来是个金的！我拿什么比人家？这玉是去年在南京有人给的，他说受过先祖父的恩德，无可为报，送给我做个念心儿的。”

“南京还有人记得你们吧？”

“嗬——我原先也不知道我们曹家这号人值几文钱，可一到南京，传开了，几乎天天有人请我去吃酒，谈先祖时的事情。那真像‘说书’一样！他们没想到还有个我这不成器的子孙后代，倒把我当了宝贝，轮流着请。我倒省了饭钱盘缠。声气大了，也引起了别人的猜忌，我就住不下去了……”

大家伙儿听入了神。

雪芹太兴奋，酒也比平常加倍地痛饮起来。后来有些醉了，那狂放之形，惊人之语，越觉与往日不同。大家担心他酒太过量了，劝住了他，让他内屋去卧憩，他不肯。

“芹二爷，您画人像是绝技，紫光阁的事，正可大展奇才，让世人一惊。怎么就不去？”

“我有那工夫画这群人的像？他们哪一个脸长得让我爱看，画上一笔？”

“听说是画一百人呢，这也可算是‘百骏图’了，您画马还是拿手的活呀！”

“我什么都画，就只不画驴。什么‘百骏图’？我明儿画一张‘百驴图’你们瞧，准比那些人好看些。”

又是一场哄堂大笑。

“芹二爷，您该罚多少？他们为国家出生入死，肝脑涂地，也不容易，您怎么能这样骂他们？我是要打抱不平的。”

“你说得是，我该罚。”满饮了一杯，“我也并不是真与他们有什么过不去。我只说，要捧谁，捧上天，别人都入地，都得当他的奴才。我当奴才还没当够？怎么又伺候他们？！骂两句，痛快痛快。况且那些人里头真有不像话的：骄横欺人的，到处勒索地方钱财的，还干别的坏事，也要骂上一骂！”

敦家弟兄听了都叹口气，说：“这就是您的脾气了，到处说话得罪人，怎么怨得人家恨，要整治您呢？”

…………

敦家弟兄这次来会，留下了诗篇。其中有句云：

满径蓬蒿老不华，举家食粥酒常赊。
衡门僻巷愁今雨，废馆颓楼梦旧家。
司业青钱留客醉，步兵白眼向人斜。
阿谁买与猪肝食，日望西山餐暮霞。

碧水青山曲径遐，薜萝门巷足烟霞。
寻诗人去留僧舍，卖画钱来付酒家。
燕市哭歌悲遇合，秦淮风月忆繁华。
新愁旧恨知多少，一醉𨁾𨁾白眼斜。

诗里“废馆颓楼梦旧家”隐隐暗指《红楼梦》的写作。“司业”是国子监（国家的太学）的官职，借指雪芹是贡生（属太学）——此典出于杜诗。“步兵”则指晋朝最有名的狂傲之士阮籍，他见了对意的友人，用“青眼”（黑眼珠儿正视），见了讨厌的俗人就用“白眼”，即“正眼也不看”的极端蔑视的态度以待之。

（二）

这年的冬天，敦敏又来山村相访。

这一次不像上次那样是起大早出城专访，他在西郊有些别的事，又为到卧佛寺进香，庙里用了午斋，事毕再觅雪芹居处，天色已晚。

虽然来过一回，山径毕竟不熟，加上难走。及至寻到门前，太阳已是平西了。山村里的冬日，暮色来得更早，阵阵寒鸦，从东边飞来，一群群地落到树上去了。远处一缕清瘦的炊烟，升上寒空。是外出的人回家晚饭的时刻了。

敦敏奔到屋前叩门。半晌，无人出应。方知来得不巧，雪芹不在家中，未知何往。

敦敏伫立在门外，瑟瑟的朔风渐紧。他望着门前的那片野塘，已结了冰。水边的枯苇正在迎风沙沙作响。

他对此景象，深有所感。这种荒寒孤寂的境界，就是这位奇才的生活之处。他无法抑制自己的心绪，不禁口吟五言一首——

野浦冻云深，柴扉晚烟薄。

山村不见人，夕阳寒欲落。

敦敏永远也忘不了这情景在他心头印下的痕迹。

（三）

雪芹住的这地方看似够幽僻的了，可是今年从正月起，这儿也不宁静。每日鼓角之声震天。这是怎么回事呢？

原来，这是健锐营的云梯兵在练武。传出消息，不久皇帝要亲自检阅。整个大营盘闹腾起来了，远近四邻，都在鼓噪声中。

健锐营是乾隆十四年才设立的一处巨大的兵营，设置在香山以东寿安山以南的一大片平地上，也就是西北两面被峰峦包围着。这一处兵种与众不同，是专门爬高梯攻打碉堡的特种兵，本领高强得很。原来是为了征服四川金川叛乱才设置的，那地方有一千多个坚固无比的高山碉堡，几乎是无法攻打的阵线。因此健锐营周边的小山上，也建起了七十多座仿造碉堡，以供训练。大平地上还有一座小圆城，是皇帝的阅武楼，很是威武。

转眼四月初夏了，皇帝果然来了。这一带地方，满是军兵将士，旗帜如林，戒备得铁桶一般。这下子，雪芹想游游寺庙，樱桃沟，买买东西，都不能通行，更不要说进城了。

敦家弟兄是过了这一场阅兵之后，才敢来相访的。但到了冬天再来时，却又给雪芹传来了新闻消息：朝廷上治完了武事，又转向文事上来了，已经惩办了几桩“文字”案；到十一月仲冬，竟又出了一桩新案。

“暮年晚遇，人亦谨愿无他”的长洲沈德潜，不肯老老实实地“在家食俸”，忽然异想天开，这年冬天，特地进京，把他选刻的《国朝诗别裁》拿给乾隆看，并且求为题辞，以邀光宠。沈德潜满以为自己在皇帝面前很得脸，不料却碰了一鼻子灰。乾隆对他的“选政”大加吹求批评，连江苏地方大吏尹继善、陈宏谋都吃了挂累：为什么不好生看管着沈德潜“安静居乡”，“不至多事”！结果，沈德潜获得了“身既老愦”的考语，那部《别裁》因“断不可为学诗者训”，也遭到了“命内廷翰林逐一检删，为之别白正定”的待遇。

沈老先生，不用说，是兴尽而返，就连我们此刻，也是为之败兴非常的，因为这部诗选，现在所能得见的，就只是经过如彼处理后的版本了——不过也有了好处：我们却有机会看到，不但钱牧斋第一个恭遭“检删”，跟在他后面的许多诗家都荣膺“正定”，给我们留下了那个时代文学史上的特种痕迹。

从这桩“诗案”回溯到七十年以前，也曾有过一桩“剧案”，那就是洪昉思的《长生殿》传奇所引起的一场轩然大波。赵秋谷、查初白，皆因此被累放废。这些诗人的遭遇，又引起了同时多位诗人的感怀吟咏，如《莲坡诗话》《两般秋雨庵随笔》等书所记，久在人口；赵秋谷的“牢落周郎发兴新”，查初白的“摇手休呼旧姓名”，朱竹垞的“薏苡明珠谤偶然”诸篇，尤盛脍炙。只是有一首佳作，独独不见称引，向以为憾事（也是怪事）。今录于此，聊当表白：

惆怅江关白发生，断云零雁各凄清。
称心岁月荒唐过，垂老文章恐惧成。
礼法谁尝轻阮籍，穷愁天亦厚虞卿。
纵横捭阖人间世，只此能消万古情。

这首诗本是雪芹令祖曹楝亭为洪、赵二人而作，见于《楝亭诗钞》卷四。沈德潜在他的《别裁》里，一共只收了楝亭两首诗，而这首就居其一。不能不说是有心和具眼。

然而，问题也出在这首诗上：翻开现在的《别裁》本卷二十，赫然在目，其诗竟如下作：

惆怅江湖白发生，断云零雁各凄清。
称心岁月荒唐过，垂老文章忧患成。
礼法世难拘阮籍，穷愁天亦厚虞卿。
纵横捭阖人间世，只此能消万古情。

此刻所能说的则是：不管是由于内廷翰林诸公，还是由于沈老先生，乃至是由于楝亭诗集的改刊者，总之，这首诗之经过“正定”，是昭然若揭的了。“江关”之变而为“江湖”，显然是为了避免北朝庾信“暮年诗赋动江关”的麻烦；“恐惧”之变而为“忧患”，这理由就更不待讲了；至于“世难拘”，反又比“谁尝轻”硬软不同——看来，这首诗的两种版本，分明是经过了不同“人次”的打磨，分别把某些“圭角”切磋得圆了一些。而由于小心未到，又各自保留了未曾磨净的一些“碍手”之处。

雪芹后来也得知这书里还收录了他爷爷的这首诗，那是写给名剧作家洪昇的，洪昇写了一部剧叫作《长生殿》，演的是唐玄宗和他宠妃杨贵妃的悲喜剧故事，这个剧本轰动了北京城，王公贵家争着排演，可是后来因为政治纠纷，被人控告了，得了罪，从此一蹶不振。此诗原来也兼寄赵执信的，赵就是上文叙过独敢作诗怀念李煦的那位著名的山东诗人。

雪芹自己想：爷爷这首诗，简直就像知道我要写一部《石头记》，是预先为我而作的，说的句句是我的形景，可真是一段奇事。

他这时仅有的几部书，却有一部爷爷的诗，是南京旧人送他，带回来的。他想，爷爷殁后，门人们立即集资把诗集刻齐了，是爷爷一生的心血，也是史绩。我自己也作了这么多的诗，自不存稿，都给了敦诚。他是个穷宗室，刻不起书——也没那个胆量。宗室的胆子最小，经验告诫他们，出一点儿文字的麻烦，那要家破人亡，比老百姓更担不起这些事。看来，我这一生的诗，恐怕是终归于鼠啮蠹钻，再不然就是兵火一炬而已……

雪芹的诗，果如他所忖度：到今日，只留下了两句和一个诗题。朋友们威赞高许的一位奇才大诗人，竟然没有一篇保存下来。

第三十五章　太平湖畔　风雨高歌

（一）

乾隆二十七年（1762），五十三岁的乾隆皇帝因为西北太平无事，便以巡视浙江省海宁地方的海塘为名义，又于春天举行了“南巡大典”，三月里到了以西湖风景闻名天下的杭州。江南的大大小小的官员，知道这次是皇帝心满意足、兴致格外高升的势头下而来的——从江南总督尹继善在1759年就奏请算起，已是推迟了三个年头了，准备应当更是充足才行的，于是为了讨“圣上”的欢心，江南这个素来的第一等繁华富丽之地，就像发狂一般地扑腾起来了！大概是弄得太出格了，以致皇帝回来之后，特别告诫各省督、抚大吏，以后不可如许争奇斗胜，耗费金钱。那情况就可想而知了。这自然是他心里欢喜，表面又须做出“圣君”关怀民瘼的缘故。

这一回，刚刚立了大功的“富儿”们的有势力的人们，沾亲带故之辈，又都享了一回大开眼界之福，也发了一笔“南巡财”，捞回来金银不算，还有江南的好东西，奇玩异货，夸耀亲朋。但没有这种福分的不走运气的人，却平添了更多的负担，加派了许多差使苦累，稍一不合上意，还立即招来罪谴。这也罢了，最令人气愤的是，越是这样年头，越是“小人得志”，一大批坏家伙借机兴风作浪，专门跳哏生事，欺侮老实人。雪芹骂他们“狗仗人势”，喝多了酒，天天气愤填膺，放言狂论。他说：这一回，又多少家发财致富，又是多少人倾家败产！

脂砚很担心他这样越来越容易激动的情形。劝慰自是不免，但对雪芹这个人，一般的陈言腐语，大道理，都是没有多大效用的。

从春天起，脂砚又早早地动起笔来，又开始她的“五评”了。

这一回，她从春天一直批到九月。今夏又是个多雨之季，她常常在“雨窗”起笔抒怀。

从今年起，她不用脂砚这个署名了，改换了一个新别署，叫作“畸笏”。“畸”是从《庄子》里取来的，“畸人”即零落不为世容的人。“笏”是从宋词人吴文英的“棠笏”一语取来的，上面隐着一个“棠”字，暗指海棠。笏是指砚的形状的一个比喻，说到底，还是从脂砚二字化出来的。她自己说，年龄大了，不宜再用脂粉的字样了——而且也是为了避人的耳目，怕人从这个名字上识破了她的真身份，惹出更大的麻烦。为了掩饰耳目，她还时常在“畸笏”之下加上“老人”或一个“叟”字，正像在题诗中称作“脂砚先生”一样，都是一种伪装的手法。

她这次批书一直批到九月间，忽然中断了，九月以后的痕迹，半字难寻。在九月初九，中国的一个重要节日“重阳节”，她在书上写下了一段十分奇特的——与小说内容全然无关的文字：

赵香梗先生《秋树根偶谭》内：兖州少陵台有子美祠，为郡守毁为己祠。先生叹子美生遭丧乱，奔走无家。孰料千百年后，数椽片瓦，犹遭贪吏之毒手，甚矣才人之厄也！因改公《茅屋为秋风所破歌》数句，为“少陵遗像太守欺无力，忍能对面为盗贼！公然拆充作己祠，旁人有口呼不得。梦归来兮闻叹息，白日无光天地黑。安得旷宅千万间，太守取之不尽生欢颜，公祠免毁安如山！”读之令人感慨悲愤，心常耿耿！壬午九月，因索书甚迫，姑志于此，非批《石头记》，为续《庄子因》数句，真是打破胭脂阵，坐透红粉关，另开生面之文，无可评处。

脂砚为什么要在此处记下这段读书感想？原来这背后正隐现着雪芹本年秋日的新遭遇。生遭丧乱，奔走无家，数椽片瓦也遭恶吏之毒手，才人之厄一至于此，这些话正都是为雪芹而发的。

壬午（1762）年的九月，雪芹的那处惨淡经营了五六年的小房屋，被这儿该管的官儿找了个借口，要他限期迁走，把雪芹弄得无一块立足之地。而且更重要的是又有一个来头命他限期将所写的书稿全部交出。

雪芹心里清楚：这个事故的发作不是下边小官儿的威福妄动，它是从上边来的，那来头是很大的。这得认真对付，却不同儿戏之事。

他先是回答搬家等找着地方，书等从借阅的友人那儿收回来，尽快地照办。这样支吾了一下眼下的紧急限令，但也知道是不能久拖的。和脂砚计议，赶快进城去找几个至交，商量和求助。

（二）

秋深了，离冬日的到来是不太远了。

北京的秋，是最美好的季节。它不像春天那样匆匆即逝，而且特多风霾巷地：也不像夏天那样虽然花木葱茏茂密却被骄阳晒得神疲意倦。北京的秋，特别的晴明轩爽，喘口气都是舒服的。花木也好看极了，秋花比春花更为明丽。抬头总是白云碧空，净如水洗。西山的秋色那更醉人了。可是雪芹已无心吟赏，打点打点，赶着进城来了。

等他到了槐园——敦敏的住处时，那天气忽然变了，雪芹心知，这是俗话说的“闹立冬天气”了。

他找到敦敏，向他叙了新发生的事态，请他帮着拿个大主意。敦敏说：“书是非让它就势儿见了天日不可吧，一向偷偷流传，终究不是妥当办法，必然出事情，因为仇人坏人放不过您。依我之见，赶快整出一部问世的本子，把要紧有妨的地方收拾收拾。免了祸害，倒可以卖它几个钱使用。您找地方儿搬家也离不开用点钱，这事急，先从我这儿拿一些，多了我虽没有，五六十两还现成。您看如何？”

雪芹觉得有理，心下踏实了一步，非常感激好友的心意。

敦敏又提到可以找找至亲平郡王府上和佟府上。雪芹叹口气说："平郡府上是不行了，且慢说大表兄一死情分上差了一层，就是不差，他家又出了乱子，上边很恼怒，大约还是西北军营的事，已经传命罚俸十年了——这可不是小罪名了，差点儿要出大事呢！"

二人计议初定，雪芹歇在槐园。窗外风声不停，似乎已经下起雨来了。他翻来覆去，怎么也难入睡。

（三）

槐园就在太平湖边上。太平湖是一带美丽异常的地方，紧靠着内城西南角内，两面的大城高墙环抱着它，那一座角楼，虽然够不上"九梁十八柱"，也大约总够"七梁八柱"吧，亮琉璃瓦，丹碧焕彩的斗拱，好看极了！湖周尽是高柳。往日晴天，夕阳在楼背后，衬出满天的红霞，再倒映在湖水碧波里，那景色简直没法用文字来形容。这一切雪芹是不陌生的。可这回偏赶上闹天，一夜没睡好，再也躺不住了，起来一看，淅淅沥沥的秋雨下个不住，满园里还都没起床呢。开门一试，那寒风冷雨，秋气逼人，立时觉得衣服穿得不够了。

满怀的愁绪，满园的愁景，满天的秋霖。

雪芹觉得又冷又饿。心想，这时候找谁去弄碗热酒来？真难哪！

正在百般的无计奈何，忽听园门一响。看对面，却有一人冒雨打伞而来，雪芹不看则已，一看，却是敦诚！

他开了屋门，冲雨跑出来，一把揽住了敦诚，敦诚一怔。

“芹二爷？您……您怎么在这儿？”

“嗐，一言难尽。进来，慢慢说。”

“进去？有什么意思？咱们走——太平街旁背影里有个小酒馆至友轩，咱们往那儿去。”

雪芹一下子由十分愁闷变成了十分高兴。

（四）

二人冒雨走去。远远望见一处小屋，门口挂着一个葫芦，拴着一条红布——酒幌子！脚步加快了。

这个小酒馆在北京是最“低级”的一类，俗称“大酒缸”，因为照例不设桌椅，只一间小屋摆着大酒缸。这儿缸上盖的不是木盖，却是一律滚圆的青石板。小凳子上一落坐，就在石板盖上摆酒了。

这是穷苦人进来歇脚避风雨、冬日挡寒的地方，掌柜的只一人，客人“自助”，进门把钱向柜台上一放，说买几角酒。那酒一概是“白干儿”烧酒，力量很大，一般人只买两角酒就行了。

可是敦诚到柜台时，一摸身边，一文钱没带着。这可为了难！后来，他急忙把腰刀解下来，说：“凭刀押酒，一会儿拿钱来赎刀就是了。”

雪芹最爱这种小酒馆，像他自己在西郊开过的一样。数杯下肚，雪芹的诗就被酒激荡起来。他用筷子敲着石板盖，敲得那瓮缸嗡嗡响亮——只听雪芹吟唱道：

娲皇采炼三百六十亿兆年，
众石剥裂崩败罅漏天。
冷雨又淋灰下土，
人其为鱼屋其渊！
鳌足跛瘇地维折，
大块漂荡如萍莲。
被发晞阳那可得，
褰裳涉辙来湖边。
湖坐西南凤城角，
角楼榱桷神工作。

倒影常时涵碧波，
夕阳衔堞胭脂色！
今朝何意名湖荒，
西风凄紧关河窄。
人谓杜康功解忧，
滴沥难消万古愁。
逡巡忽见园门动，
此际谁移舴艋舟？
园主者兄来者弟，
惟诚则明豪杰士。
松亭寄诗墨犹新，
而立行年忽将至。
把臂绝叫惊四邻，
万筹未卜晨见君！
爱君佳句常濡沫，
悲歌燕市酒徒醺。
惆怅歌成竟无酒，
渴极自问汀边柳。
宝刀亦可赠佳人，
喜敲磐石铜鲸吼。

我诗荒落久难吟，
可怜无古亦无今。
为君更吸升复斗，
刀寒酒煖敌黄金。
君不见少陵诗泣鬼神人皆妒，
共悲曹霸穷途暮。
风吹茅尽屋亦无，
苍茫饮罢归何处——呜呼饮罢归何处？

敦诚开头也是兴致甚豪——听到歌尽，却不禁泪下。然而此刻他还不知道昨晚敦敏所听知的那些事故。

敦诚也是捷才，乘着酒兴，也即席吟成长歌一首。听他吟道——

我闻贺鉴湖，不惜金龟掷酒垆。又闻阮遥集，有卸金貂作鲸吸。嗟余本非二字狂，腰间更无黄金珰。秋气酿寒风雨恶，满园榆柳飞苍黄。主人来出童子睡，斝干瓮涩何可当？相逢况是淳于辈，一石差可温枯肠。自外长物亦何有？鸾刀昨夜磨秋霜。且酤满眼作软饱，谁暇齐鬲分低昂。元忠两褥何妨质，孙济缊袍须先偿。我今此刀空作佩，岂是吕虔遗王祥。欲耕不能买犍犊，杀贼何能临边疆。未若一斗复一斗，令此肝肺生角芒。曹子大笑称快哉，击石作歌声琅琅。知君诗胆昔如铁，堪与刀颖交寒光。我有古剑尚在匣，一条秋水苍渡凉。君才抑塞倘欲拔，不妨斫地歌“王郎”。

雪芹听罢，连饮两杯，直说：“当不起！你把我比作老杜赞王郎的奇才，翻风动日，跋浪开溟，真当不起！你这篇长歌不全像老杜，中有李太白的气势。你劝过我‘莫叩富儿门’，你怎么又要拔我‘抑塞磊落之奇才’呢？”

二人又复大笑，笑了又叹。因为敦诚还不曾得知雪芹的现况更难，诗中强调的仍然是大才而不得其用的感慨。他们二人的谈话，也没有离开诗。敦诚抱憾学李白总是学不好。雪芹则以为，向来评价李白是诗仙，杜甫是诗圣；诗圣尚可下大工夫学步，力追其一二，诗仙则没有他的天赋仙才，学之则“画虎不成反类犬”——

“李白只是一派才气，读了痛快舒畅，到底不如老杜余味深厚。作诗须让人回想才行。学李白？怎么能学到？学不成诗仙，倒学成了‘诗犬’呢！”

说得敦诚哈哈大笑。

“您说得是。但我仍然爱读他那篇《答王十二寒夜独酌有怀》，说得真好，淋漓痛快之极！我常想，那句句说的就是您！”——

吟诗作赋北窗下，万言不值一杯水。

世人闻此皆掉头，有如东风吹马耳。

鱼目亦笑我，谓与明月（珠）同。

骅骝拳跼不能食，蹇驴得志鸣春风。

雪芹听到此处，也开心得高声大笑，惊得当垆的酒家娘子不知出了何事——她铺子里从来没见来过这样衣冠的酒客，说的话一句也听不懂！

敦诚接着背诵李白的那首诗：

一谈一笑失颜色，苍蝇贝锦喧谤声。

曾参岂是杀人者，谗言三及慈母惊。

与君论心握君手，荣辱于余亦何有？

…………

雪芹的笑声渐敛，面容变得严肃起来，最后怆然泣下。

第三十六章　文星之殒

（一）

转眼已是乾隆二十八年（癸未·1763）。

前年去年，连着是两年雨涝；今年又反过来，春旱异常。虽然皇帝“祷雨”，又“蠲诏无虚辰，常平百万石，度支千万缗”，开设十厂，表示赈济，那不过是“贪墨臣”们中饱的好机会到了，小民何尝有多大好处到身？粮米如珠，百物腾贵，穷人更难活了。当时人纪载情况是：“是时饥民去（离开）乡邑，十室已见八九扃。犁锄抛弃付渚泽，榱栋折辇来神京。”雪芹为了这种日月，也更加烦恼。他的身体，也觉不如往年，精神颇见委顿。

因此，当春暖花开，每年要和朋友们赏花聚饮、图咏纪盛的，今年却一次也没有提起这种兴致来。

三月初一，是敦诚的生辰。今年又恰值是敦诚的三十整寿。敦敏的意思，要给爱弟正式过个生日，才对得起这个“而立”的大节目儿。还要邀几位至交，到期热闹热闹。本家人不用说，外人中间，先就会想到雪芹。敦敏体谅雪芹的处境，他是应酬不起的。雪芹虽穷，却也不肯失礼不情（旗人最是不肯使礼数有缺的）；若明言请他来吃寿面，他一定又得为寿礼作难。于是敦敏就想出一个变通办法，先期数日，派人送给雪芹一纸便柬，上面只有一首小诗，别无他语。那诗是这样写的：

> 东风吹杏雨，又早落花辰。
> 好枉故人驾，来看（平声）小院春。
> 诗才忆曹植，酒盏愧陈遵。
> ——上巳前三日，相劳醉碧茵。

敦敏这里的苦心密意真是不同寻常。

敦敏费的苦心自是不小，然而哪里瞒得过聪明绝顶的雪芹的心眼去？他一看就明白了。

去年闰了一个五月，今年的节气便都在月份上特别显早。去年祭灶日前夕就立了春，今年二月二十二已到清明；三月初八就是谷雨，二十四就立夏了：这和去年二月二十五才交春分、三月十二才到清明相比，简直差了二十天。“现时才当二月杪，去年这时花还没影子，而今年遍山桃杏，已将开遍了，花期真早，但为什么特要我三月初一必到那里呢？哦，原来是敬亭的三十整寿啊！”

若在往常，说什么雪芹也兴兴致致地践约而至了。今年，雪芹竟没有到场。因此当敦敏说“阿弟开家宴，樽喜北海融”时，就只有“会者此七人，恰与竹林同”，这七人就是他的叔叔额尔赫宜，弟弟宜孙、敦奇，朋友朱渊、汪苍霖，加上敦诚，和他自己。

雪芹之所以竟不能来，贫病忧煎，一切原因，敦敏、敦诚两人也就洞若观火了。

俗语说：“福无双至，祸不单行。”大概真有这种现象吧，不顺心的时候，竟然真是一事不了一事生。

从今年春末夏初起，北京城厢郊区，出了一桩百年未有的大事：痘疹成为惨祸。

原来，接种痘浆的办法，是嘉庆年代以来才开始的；在此以前，出痘是人生一大关，必须过了这一关，生命才算有几分把握，不但小孩，大人也如此。传说中“五台山出家”的顺治皇帝，实际就是出痘死的。满洲大将们往往不死于战场刀箭，却丧命在痘灾上，因此满洲人畏之尤甚（例如蒙古王公，出过痘的才许入京“觐见”，叫作“熟身”。否则不许，叫作“生身”）。出痘，本是年年有、家家有的事，但到本年，却酿成一场空前的大惨剧。

这一年，从三四月起，直到十月止，北京内外，儿童死于痘祸的数以万为单位计，诗人蒋士铨特为作诗纪叹，说：

三四月交十月间，九门出儿万七千。
郊关痘殇莫计数，十家襁褓一二全。

敦诚也记下了：“燕中痘疹流疫，小儿殄此者几半城，棺盛帛裹，肩者负者，奔走道左无虚日。”“初阿卓患痘，余往视之，途次见负稚子小棺者奔走如织，即恶之！”可见这次痘灾情势之剧是骇人的。

雪芹的友人家，遭此痘灾的，单是敦家一门就是五口：“阿卓先，妹次之，侄女继之。司痘者何物？三试其毒手耶！”然后又死阿芸。“一门内如汝姑、汝叔、汝姊、汝兄，相继而殇，吾心且痛且恶，竟无计以避，汝亦终遭此荼毒耶！”敦诚因此是“即以目睫未干之泪，续之以哭……私谓自兹以往，可净睫痕，不意索泪者相继于后……泪有几何？宁涔涔无已耶”！张宜泉家兄弟两支中小孩也是四口剩一。

雪芹只有一个爱子，是前妻所遗，孩子又好，又怜他失母无依，所以特别珍惜，也是雪芹穷愁中唯一的一点挂心悦意的骨肉。在痘疹猖狂的今年，家家小孩不保朝夕，遍地惶惶。雪芹为此，真是忧心如焚——不要说进城以会亲友，简直百事俱废。

可是，哪里有雪芹幸逃的"命运"在？他最怕的事终于临头了：他的爱子染上了痘疹。雪芹哪里又有力量给孩子"饵牛黄、真珠无算"？只有眼看病儿日近垂危。其时约是秋天，竟然不救。

我们这里不禁也象敦诚一样，要呼问："司痘者何物？！"这位"凶煞"，夺去了雪芹爱子的生命，也就夺去了雪芹的生命！

儿子殇后，雪芹悲痛万分，据传说，每天要到小坟上去瞻顾徘徊，伤心流泪，酒也喝得更凶了。虽经友人劝慰，也不能解。这恐怕是传说者的一种想象，总之，忧能伤人，再加上各方面的煎迫烦劳，不久雪芹自己也就病倒了。

"举家食粥"的人，平时岁月已不易捱；病卧在床，营养皆无，医疗药物，更是分外之想。朋友中间或者尚能小助，但今年敦家丧祸连绵，泪眼不干，自顾不暇，哪里还顾得及数十里外远在西山脚下的曹雪芹？可能连消息也不知道。雪芹的病，其病在心，外境重以拶逼，如何望好？他的病情由秋天起，日益严重下去。

乾隆二十八年癸未的除夕（实已入公历1764年，当2月1日），别人家正是香烟爆竹、笑语欢腾的时刻，雪芹却在极其凄凉悲惨的情境下离开了人世！

我们用什么话才能对这一位伟大的文学家，在这个节日里贫病而死的崇敬悲悼的心情呢？真是词意俱尽。试以一首小诗来结束这段叙述吧：

哀乐中年舐犊情，卢医宁复卜商明？
文星陨处西山动——灯火人间守岁声。

（二）

新年（乾隆二十九年，1764年2月）的正月初二，敦诚家的门上人来禀报主人，说有一老者求见，是曹二先生家里打发来的。敦诚心中甚喜，雪芹总是礼数周到，还想着大老远的来人拜年，遂忙命快请进来。

进来一位农村打扮的老者，却是一身蓝布新衣裳，新鞋帽，见面先行下礼去，口说叩头，新春大吉大利！敦诚连忙搀起，作揖谢道：老人家您辛苦了，大远地进城来。话未说完，只见老者从怀中掏出一个素白的信封，吓了一跳，先不接信，忙问：怎么是白纸的？

老者忍不住，泪滴于手，“曹二爷没了。”

敦诚脸变了颜色，接信的手在颤动着。

“怎么就不行了？哪天的事？——可留下什么话？”一连串，急切地问。

“芹二爷是年三十儿夜里没的。他家里昨天就让我送信来，我说大年初一，谁没个忌讳？就推到今儿才来。”

“怎么就偏赶大年夜这个日子？”

“他是病缠久了，又贪几口酒，不肯在意保养。过年了，谁家不添点儿酒饭？大年夜又是守岁的时节，他新得了酒，可就没了捆拘了。太过量了，人一下子就禁不住了……”老者说不下去了。

“临危有什么说的吗？”

“听说是来不及说什么就不行了。只听说他说过，书给毁了，还没弄齐，死也闭不上眼哪。”

“家里呢？”

“家里——任什么也没有，真叫可怜！病重时，也没钱买副药调治调治……”

敦诚像木头一样站着。接过白信封儿的那右手，还在颤抖。

（三）

西山的一个隐僻处，一小片平地，远远望去，也可以辨出那是一座小坟头，土还是崭新的，上面插着一枝白纸的铭旌幡，在寒风中飘动着。

“这就是一代奇才曹雪芹的归宿吗？上次见面还欢活的人哪！……”敦家弟兄从城中赶到此地，一见这景象，忍不住放声痛哭。

敦诚回来所作的两首挽诗留给了后世，作为雪芹抱恨而终的见证——

其一

四十年华太瘦生，晓风昨日拂铭旌。
肠回故垄孤儿泣（前数月伊子殇，因感伤成疾），
泪迸荒天寡妇声。
牛鬼遗文悲李贺，鹿车荷锸葬刘伶。
故人欲有生刍吊，何处招魂赋楚蘅？

其二

开箧犹存冰雪文，故交零落散如云。
三年下第曾怜我，一病无医竟负君。
邺下才人应有恨，山阳残笛不堪闻。
他时瘦马西州路，宿草寒烟对落曛。

这年的春天，雪芹后来认识的那位张宜泉，因怀念他而寻其故居，也写诗哀悼：

谢草池边晓露香，怀人不见泪成行。
《北风图》冷魂难返，《白雪》歌残梦正长。
琴裹坏囊声漠漠，剑横破匣影铓铓。
多情再问藏修地，翠叠空山晚照凉。

朋友为他流泪，在他故居徘徊不忍离去。雪芹的诗、画、琴、书，诸般绝艺，都不可寻了，唯有壁上的鞘里的那口宝剑，还似闪闪吐光——象征着雪芹的英灵不灭，才气犹刚。

（四）

敦诚《佩刀质酒歌》的结尾，用的是诗圣杜甫晚年赠给王司直的一首诗里的话，将雪芹比为同样的坎坷不得志的奇才。他的挽诗里又把雪芹比作“八斗之才”的魏朝诗人曹植，那也是一位公认的奇才，人人拜服，万不可及。

这样的一位旷世奇才，正像他自己比喻的：是一块遗弃在荒山下的补天大用的奇石，终日悲号惭愧。他一生的结局是脂砚所说的，如同杜甫一样：“生遭丧乱，奔走无家，数椽片瓦，犹遭贪吏之毒手。甚矣才人之厄也！”也是归结到一点：天生才人，一生受尽了厄运的折磨、摧残和陷害。

凡是深知此情的，无不为之同声一哭。

敦诚有一位幼叔，名叫额尔赫宜，由他把《石头记》的一部钞本借给了永忠。永忠是谁？就是前面叙过的，被雍正阴谋篡夺了帝位继承权的胤祯的孙儿。永忠读了之后，感动得不由自主，写下了三首诗哭吊雪芹。他说：“可恨同时不相识，几回掩卷哭曹侯！”表示了极大的钦慕与憾恨——此乃雪芹殁后五年（1768）之事。

也是上文叙过的，傅家的“明”字辈有一个叫明义的，一生在上驷院（御马圈）当差。他读了《石头记》钞本，写诗二十首，其末后两首尤为重要——

莫问金姻与玉缘，聚如春梦散如烟。
石归山下无灵气，纵使能言也枉然。

馔玉炊金未几春，王孙瘦损骨嶙峋。
青娥红粉归何处？惭愧当年石季伦。

可知明义所见钞本是雪芹原著，与现今流传的一百二十回假全本不同。全书的一条主线是大观园中众女儿由聚而散，荣国府之家亡人散，是政治关系的惨局。

再后，到乾隆四十几年上，新封睿亲王淳颖得读《石头记》，也感叹作诗，说雪芹的书是“英雄血泪几难收”——这是第一个这样提法的例子，异常之重要！淳颖本是豫亲王多铎的后裔（与裕瑞为同祖宗），顺治时老睿亲王多尔衮得了罪，削了爵，直到乾隆四十三年才命令恢复了这个王爵，让淳颖过继承袭爵。淳颖的母亲正是佟佳氏——前文叙过的“佟半朝”佟家的一个后代女子，深通文墨，教养儿子成了一位高明的诗人。

我们由这儿看到一个极有意味的历史现象：清代的皇家贵胄，对本来是他们的卑贱的奴仆身份的曹雪芹，佩服得五体投地，对着他的书，为他流泪抱恨，作诗抒感，思欲一识。并且开始认识，这不是一位一般的文家才士，而是一位英雄人物！

曹雪芹的意义与价值，并不是清朝帝制被推翻以后，由近代“新人物”们的吹捧而“抬高”的。

（五）

上面所叙的这些人，是有福气的，他们还能看到雪芹的原著真相，从那以后，情况就不同了。亿万读者所能看到的，是一部真伪杂糅的拼配补续之本。

在此以前，《石头记》只有钞本，价钱很贵，而且犯忌讳，不敢公然流传，有办法得到的，也只能避人偷看。有一位宗室，与乾隆是堂兄弟，名叫弘旿，是位著名的画家，也能诗文，他就明白表示：“闻《红楼梦》之名久矣，终不欲观——恐其中有碍语（政治妨碍的话）也。”可见当时人对此名著的认识是很复杂的，是有原因的。

但奇怪的是，到乾隆五十六年（1791），忽然出现了一部木活字排印的“全本”，长达一百二十回，号称是曹雪芹原著散佚之后，幸而复得其后半四十回残稿的“厘订”（整理修改）的“全本”。这个本子不但公开传布，而且卷头公然声称是“名公钜卿”的“鉴赏”之书！此本一出，立时风靡天下。凡读书的知识分子以及学者名流，几乎人人案头有此一书。

这个一百八十度的大转变，极为惊人。这毕竟是什么力量能造出这样一个“斡转乾坤”的局面呢？

原来这背后有一段重大的秘密经过。

乾隆朝的最伟大的文化工作是下令收集全国的书籍，编纂一部规模浩大，包罗万象的《四库全书》。这原本是一件好事，但皇帝出于政治顾虑，害怕世人还能看到金代到明代的满汉两族之间的历史矛盾而引起分裂情绪，因而将很多有“碍语”之处暗暗地删、改，抽换若干部分，最不容许留存的则全部焚毁，宫内武英殿设有专门焚书的大炉。这种不正当的阴谋做法，不但对历史纪载之书册如此对待，就连民间剧本、小说也是同样严厉办理。曾下令于各省地方大吏，彻查奏报。这个主意，是皇帝的一个宠臣名叫和珅提醒和建议的。和珅后来充当了大学士，《全书》的总裁，权势极大，而品行不端，贪赃狼藉。他就是那个“名公钜卿”，是指挥制造假全本《红楼梦》的总后台。据宋翔凤的传述，《红楼梦》是经和珅“呈上”，并且获得皇帝“然之”的——这是指什么而言呢？是说最后和珅将删改、拼配的真伪杂糅的假全本呈与皇帝，得到了首肯，认为可以过得去了（即“碍语”都删掉了，内容精神改变了），命用皇家武英殿修书处活字版的办法印制了，公开流传。

这是一个十分“高明”（阴险）的不动声色、偷梁换柱的毒手段，用以消灭雪芹的真原本。

这件事，乾隆时代不少人知道，但不敢明白纪载，仅仅隐约其词地暗示于题记之间，以便后世人还可以考察知悉事情的真相。

这个毒计并不是雪芹殁后开始的。壬午九月的“索书甚迫”，已然与此有关。雪芹、脂砚已在设法，考虑如何对付这个严重的局面。第二年的雪芹之病重以至下世，虽然爱子夭亡也是一个伤害健康的原因，但更悲愤的还是有人要毁坏他一生的心血。脂砚终于没有办法保护全稿，只勉强将友人处分借的书稿凑齐了，可是已有“狱神庙五六稿，为借阅者迷失”了！零残的细节，更不计其数，她一力苦撑，做了一些力之所及的补缀工作，勉强弄出了一个八十回的本子，以求问世。

雪芹临终的死不瞑目，正是这位奇才的深仇大恨。敦诚挽诗的“邺下才人应有恨”“目岂瞑”，也正是指此而言。

（六）

雪芹殁后的十二年，乾隆三十九年甲午（1774）的八月，脂砚在她自己手藏的一个钞本上的开头处批道：

（针对书中正文“满纸荒唐言，一把辛酸泪。都云作者痴，谁解其中味”？这首诗）能解者方有辛酸之泪哭成此书。壬午除夕[1]，书未成，芹为泪尽而逝。余常哭芹，泪亦待尽。每意觅青埂峰再问石兄，奈不遇癞头和尚何？怅怅！

今而后，惟愿造化主再出一芹一脂，是书何幸！余二人亦大快遂心于九泉矣。甲午八月泪笔。（重点号引者所加）

这就是脂砚下世之前的最后所写的一段沉痛的批语，即可作绝命词来看了。她流着泪祈祷。她表明雪芹泪尽而亡，抱

---

① 脂砚甲午年（乾隆三十九年，1774）泪笔批语中记云“壬午除夕”是雪芹逝世之时，这是因十余年后追记，误写了“干支”，实应作“癸未除夕”，这是经过严密考证而得的正确结论。欧洲法文译本《红楼梦》的介绍作者的文章中已采用“癸未除夕”（1764年2月1日）的论点了。脂砚误写的原因或系壬午年诸事予雪芹以打击最巨，因以致疾，所以印象中总记得“壬午”。

恨的就是“书未成”，而所谓“书未成”，并非是说书未做完——不敢直言全稿之后半已遭破坏不全，只能说“未成”。也不敢说希望真本必须永存天地之间，不容阴谋破坏，而只能说：“再出一芹一脂，是书何幸！”多么令人悲愤的深冤至苦啊！

“一芹一脂”，就是“余二人”，余二人即是夫妻的声口语气。这一对苦命夫妻，为这部书，苦斗了一生。最后留下了这几行痛心无比、抱恨无穷的泪墨。

曹雪芹的一生，并不是一本传记所能表达的。如果要为他镌刻碑文，最好的文词应该就是脂砚的泪笔写下的这一段可歌可泣的铭记。

第三十七章　抱恨千秋

（一）

脂砚的那句奇特的话“哭成此书”，是汉文的语法，很难直译成其他文字。有一个古钞本上的批语说此书是“滴泪为墨，研血成字”“多少眼泪洒向此回书中”，又有批语说是“一字化一泪，一泪化一血珠”！在中国的文学语言中，有“血泪”这个词语。形容人有极端深切巨大的悲痛时，也说是“泪尽，继之以血”。雪芹正是在这样的心境之下而执笔为文的。他在前半书中写了许多表面上像是繁华热闹、良辰美景的赏心乐事，实则那也正是流着泪的笔迹——那手法上是为了反衬后半部的完全相反的凄凉悲惨的情景（全书前后处处有“呼应”对照的布局结构）；写欢乐写盛景，骨子里却是一种难以名状的巨大悲感（可惜，这种原来的结构已被后续的四十回伪书完全破坏了）。

他的主题和象征是“花落水流红”。他自创的新词则是“沁芳”，此二字是全部书的点睛之笔。雪芹正如书中的主人公宝玉那样，每逢春暮花残，落红成阵，他会站在一片花落水流的地方，为之百感交集，悲怀难抑。他会独自泪痕满面，或与花鸟“对话”谈心——旁人见之，以为他不过是疯疯傻傻，有点“神经失常”的人，莫能理解，只知嘲谤。

正因如此，正确深切地理解他的小说的真意本旨，也就成了一个很大的问题。

这对世界上各国读者来说，自然不例外。由于中国的文化传统、历史背景、民族特点、精神结构等等复杂的原因，中国人在接触西方文学之前，对小说这种文学形式和性质的观念、概念、创作意图及手法、审美与社会价值等等一系列的理解认识，与西方都是差异很大的。因此，除了汉学专家、“中国通”、曾有特殊到过中国或了解中国历史文化的外国的文学爱好者，想要理解这样的中国清代作家与作品，困难是多层次的。首先是对曹雪芹这种类型的人物的理解上的困难，是对中国妇女的历史处境的理解上的困难，是对汉字文学的极大特异性的理解上的困难。其他的，还有很多的环节也是很费解说而不易说清获解的事情。因此致使在对这部闻名世界的中国古代长篇小说的研究讨论中，出现了一种称之为“文化冲突”的巨大课题。对于这个课题有所了解，倒确实是一种很能有助于深入理解曹雪芹与《红楼梦》或《石头记》的种种语文上、文化上的障碍。比如拿最简单的一个例子来看看它的简单的外貌下所包藏的精微的文化内涵吧——这部小说的题名《红楼梦》三字毕竟怎样讲解？仅仅这，就需要知道一些有关的中国历史事物和风习、生活与感情：红，在中国是最美丽的颜色，它常常代表欢乐喜庆，代表花，代表美人，因为美女的打扮就也叫作“红妆”。然后，须知道“红楼”是唐代诗人用来指称富家妇女的住处：红是建筑的颜色，楼是中国古式的两层精美的小楼——这“楼”完全不同于西方的多层的内向封闭式的现代住所，它有富于诗意的雕镂的门窗，楼当腰有精美的栏杆可以凭眺。有文化素养的中国读者看见“红楼”一词，立刻会引起一种至美的诗境之想象：“美人一笑搴珠箔，遥指红楼是妾家。”“美人情易伤，暗上红楼立。”“长安（唐代都城）春色本无主，古来尽属红楼女。”等等诗句。至于“红楼梦”三字连文，其实也是唐代诗人写过的：“滴干紫塞风前泪，惊破红楼梦里心。”这是写子规鸟的啼声——中国传统把它当作美丽的春光即将逝去的“标记”，因为当你听到它的声音时，良辰美景已到终结之时，引人无限流恋伤情。诗人笔下的那所谓红楼梦，指的是楼中之美人因为怀念远征到“紫塞”（即长城）的丈夫而梦中相会……

试问这一切的历史背景、文学联想，那种中国特有的境界与气氛，却让从小生长在欧美文化中的一般读者们有什么办法去获得起码的（且不说充分的）理解与欣赏感受呢?

其实这个“红”，在这部小说里尤居重要而特殊的地位：作者曹雪芹的书斋叫作“悼红轩”，主人公贾宝玉的住所叫作“怡红院”，他一生有“爱红”的癖性……“红”是这部书的一个特大的标志性的色彩与光辉。然而，英国的一位翻译者却把“怡红院”的“红”改译为“绿”字了！理由是欧西的人对红色的观念与中国人不同，所以必需改换了它！

试举此一小例，让你来体会一下，涉及《红楼梦》的文化冲突，是多么的激烈吧！

中西文化的差异与距离是巨大的，这是事实。但我们并不应该因此而停止工作——努力沟通，一步一步地比以往更加互解互知，曹雪芹这位有巨大代表性的中国作家巨星以及他的小说，一定能够变成欧美读者们最心爱珍视的人类文化遗产之一部分。

（二）

根据台湾的一位专家教授的辛勤搜索，我们知道在1830年已有戴维斯（John Francis Davis）英文介绍《红楼梦》的先声了。1830是清朝第六代皇帝道光十年。如前所述，印本《红楼梦》始于1791年，两年后即传至日本长崎了。约又过了30年，欧西人材第一次听到这部小说的名字。但是似乎由于地跨欧亚与中国接壤的原因，俄国人却更早注意和传播了这部小说的讯息和书本，并且做出有相当认识水平的评介。据苏联汉学家们的研究介绍，我们得知了几点异常重要的情况：

一、1821年，俄国的第十届传教团在北京购得了两部《红楼梦》钞本，一部四函装，花去白银八两（这是很昂贵的价格，因为那时的白银非常值钱，购买力很高），一部也是四函，只花了一两五钱白银。

二、其购书单上注明的字样：于第一部下注的是“描写一个清朝豪门家族兴衰的讽刺小说”；于第二部下则注的是“爱情故事”（此一现象极堪瞩目，下文再及）。

三、1821年传教团团长名叫卡缅斯基，俄科学院院士，他早在1794—1807年就曾在中国，精通中文。他在一部上述1791

年活字印的一百二十回真假拼配本上写有题记：

“道德批判小说。宫廷印书馆出的。书名《红楼梦》。”卡缅斯基细读了此书，做了眉批，也让别人读过、批过。他还读过有关《红楼梦》的曲本。

四、1830年的第十一届俄国传教团中的两名学者，也对《红楼梦》兴趣甚浓。其一名叫科万科，是矿业工程师，他写了一份报告给他的上司，说为了了解中国，读了《红楼梦》，书中写了中国人的一切生活风俗、宫廷、官吏、太监、奴婢的情状，甚至包括迎接已做了妃子的女儿回家的场面。如将此书译为俄文，对希望了解中国的人实在裨益匪浅。另一位名叫库尔梁德采夫，他带了一部八十回钞本回国——就是现在名闻世界的苏联列宁格勒藏本，已于1986年由中苏联合影印出版。

《红楼梦》实际上是当时俄国来华的宗教与外交团体的“华语课本”，其原始目的是为了学习华语，因为皆知此书的语言既标准又优美。但很自然地会从单纯的语言角度而进入到文学以至文化的层次中去。这在欧洲其他国家也是如此。开头为了学语言，却惊讶地发现了这是一部极了不起的中国“百科全书”。

俄国学者们的那几点看法中，也包含着重要的史料。其中最有意义的是他们当时尚能得知：流行于世的印本（即拼配了假续四十回的一百二十回本）是由皇家宫廷之内的印书馆印制的——武英殿修书处。这就证明《红楼梦》的删改和拼配假续本的印行，是皇帝和当时主管文化工作的宰相和珅安排策划的。当时的中国人却是不敢这样明文纪录的。

再看一个饶有兴趣的问题——仅仅从上面粗引的资料来看，那时俄国人对这部小说的理解，就有了三种不同的表述：

（1）它是一部叙写家庭兴衰的书；

（2）它是一部爱情故事；

（3）它是一部道德批判小说。

从这里已可看得分明：外国人看《红楼梦》，从一开始已经发生有了不同角度、层次的三种认识。这必然引起读者之问：三者以何为正确？我在此刻的任务，还不是回答这个提问而做出我个人的硬性“规定”。为什么一部小说会有如此不相同的（事实上还有多得多的）解释？我只想在此指明，除了“爱情故事”恐怕是受了1791年印本的影响之外（此本把原书的结构和本旨改变了，将读者引向一个单线的“三角恋爱”式的狭隘圈子里去了），“家族兴衰”与“道德批判”两点已然抓住了曹雪芹《红楼梦》的几个重要意义中的两大重要方面。

1840年至中国一住十年的瓦西里耶夫（1818—1900）后来

写道：

《金瓶梅》通常被当作（中国）小说的代表作，其实《红楼梦》更高一筹。这本书语言生动活泼，情节引人入胜。坦率地说，在欧洲很难找到一本书能与之媲美。据说，这部小说是在一个王府里写成的，小说出版之前，其钞本售价十分可观。

这里，除了文学鉴赏评论之外，还记录了他在中国听到的关于作者雪芹的事迹，说此书之撰作与一个王府相关联。这就重要极了！

于此，我们不能不联想到在1919年一位名叫柯纳培的发表了一篇文章题作《红楼梦的秘密》，其中提到，在中国人人都读《红楼梦》：

《红楼梦》显然是一部真正的小说……这部小说虽然很长（约有4000页），但它对于最有教养的中国人来说，正如《哈姆莱特》之对于英国读者。在中国人看来，小说中很多人物的生活和活动，正如他们很多熟悉的朋友的生活和活动。

小说结局十分悲惨，所以至少相继出版了七部续集（指后来别人作的“续书”）。

这位作者还追索了曾曹雪芹的作书动机与遭遇。他写道：

原作者的情况如何呢？他愿意在文学方面付出如此巨大的精力来写这么一部伟大作品的很有魄力的动机（如果他有动机的话）是什么呢？这是很多学者提到的问题。

小说对很多人物（共约四百人）做了生动的描写，每个人都不与别人类同。由此人们得出结论，说这位作者一定是首都某王室的一位私人秘书，他的小说取材于现实生活。至于说到他写小说的动机，那么流行的看法是，这位私人秘书因与某婢女通奸而失宠。他所以写这本书是为了进行报复，揭示除她以外的所有人的缺点，最后使整个家庭遭受穷困和毁灭——他衷心希望在不久的将来，他们确实会遭受这样的命运。

我们现在看到的该书第一回介绍部分，说曹雪芹是一个把该书“增删五次”的早期编辑者。这样做的原因是《红楼梦》被政府禁止出版。这道禁令对这部“增删”过的作品一再重申,所以在许多年内,在市场上的出售的唯一稿本,取了一个愚蠢的名字:《石头记》。这里产生了一个最有意思的问题:一个如此显要的家庭究竟是北京的哪一家呢?它的后裔怎么能在每个世纪内一次再次地让政府出面禁止出版一部牵涉到这个家庭祖先生活情况的小说呢?在清朝统治时期,没有一个人敢于公开回答这个问题。

这些,只要能重新认识其中的有价值的部分,也是十分可贵的史料,因为与前文提到过的为某相府做西宾,因“有文无行”而被逐,正是一回事。当然,所谓与婢女“通奸”不过是世人不理解雪芹同情救助不幸女子的崇高的仁爱之心而做了歪曲的理解,从而流传成为诬谤之词。这正是雪芹的悲剧性的一生的真正关键之一点——自然也是正确理解他的小说的关键之一点。

也由于错解,很多人以为雪芹写那书是为了“报复”和“糟踏”那一姓府主。这自然是荒谬的,因近代中国最伟大的文豪与学者如鲁迅,早已指明作者只是自叙,而非讥讽。近年欧美学者的论著中,也晓悟了此书乃是一部“伪装了的自传”的写实小说。

还必须提到,德国人对《红楼梦》的认识是不同凡响的。

远在1902年（光绪二十八年），格鲁勃就对芹书有肯定的评论，到1926年，又有一位名唤理查·威廉的，说《红楼梦》“像《绿衣亨利》是一部自传体小说，提供了一幅大清帝国文化历史图画”。再到1932年，又有一位名叫恩金的，说《红楼梦》与《金瓶梅》不同，写的是一种有教养的生活，说雪芹不知何来神奇力量，把日常琐事写得如此生动，说读过《红楼梦》，才知道中国人有权对他们的优秀文化感到自豪——欧洲人是从未达到如此高度的！

从这些中西人士的认识来综合而言之，我们完全可以称此奇书为中国的第一部文化小说。

（三）

本书是以马可·波罗来到北京为引子而叙起的。曹雪芹的传记，作为一个“个体人”来看待，没有多大意义可言，而且也是更难为外国读者所领会的。所以必须从中国历史文化的大整体中去观察和评量这位奇才异人。我们开头以后，叙及了清初的顺治皇帝、纳兰公子，明末的李卓吾、金圣叹，等等人物，就是为了让读者从多角度多层面的视野来认识中华民族到这一时代所产生的异样的人物——曹雪芹称之为“正邪两赋而来”的人。这种人感情极丰富、感受力极敏锐、思想极活跃自由、文才极高超精妙、胸怀极博大、抱负极崇伟——可是难为人解，难为世容，大抵最后落于一个非常不幸的结局。人、人材，他们的得用与否，是曹雪芹最关心的问题，如何将“己”与“人”的关系提到最高境界，更是他一生奋斗写作的真目的。认识到他的“自叙”而非谤人，正是看到了他本身所体现的那一“大我”的博爱精神。他为自己的这种为人笑骂的文学事业苦撑了一世，不畏任何强大势力的迫害阻挠，所以又被人称为英雄——甚至是比胆敢去刺秦王的荆轲还更勇敢、更无畏。

他的正义感极强，批评力极猛，但非常公正，不溢美，不隐恶。这是科学家的准确性与历史家的洞察力的结合。

从他的书来看，他对宇宙万物，人生社会，一切一切，都思索过，领悟过，是个大哲学家。他几乎无所不通，知识之丰富与深刻使人惊为难以置信。

这些优长之处，还比较容易为外国读者所逐步认识。还有一层难为他们理解的，是曹雪芹的本质是一位大诗人，他的书虽然以长篇章回小说为形貌，而实质却是一篇很长很长的东方的诗（中国诗是抒情诗，没有欧洲的史诗）。他的艺术手法和境界韵味，都是中国“诗的”，而不是“散文”的，与西方传统文艺观念中的“描写”“刻画”以及“叙事”“结构”等等，很不相同。

这，其实也是中西文化交流中的一个巨大的课题，有待相互努力沟通交汇。

沁芳，残红万点，落花成阵，被流水漂往葬地——一幅美丽而悲痛的主题画卷。“千红一哭”“万艳同悲”，是曹雪芹心灵深处的巨大伤痕，也是他的小说乐章的主旋律。过去和现今很多人把这种伟大的头脑与心灵的产物隘缩为一男一女的爱情悲剧故事，虽然也是由于1791年假全本的影响所致，但未能深刻了解曹雪芹的一切，也是一个重要原因。

要想了解曹雪芹，实际上几乎是必须要了解中国历史文化的同义语。这本小书，只能是提端引绪，开荒筑路，暂时弥补一下空白。中国的文学艺术在为人写照的时候，讲究的并不满足于形似，而更注重传神。写一个人，要能使他活起来，常说此人“呼之欲出”，我深愧远远没有做到这种令人神往的境界。

第三十八章　传后余音

（一）

传后，想附说三点：

第一是名作家老舍先生50年代在北京西郊香山稍东南的一个小山名叫万安山的脚下村居时，听村民说：山上原有法海寺，曹雪芹在寺里当过和尚。法海寺今仅存遗址，一片瓦砾，但顺治十七年（1660）御书大“佛”字碑及康熙时大碑文，皆完好。

雪芹出家是可能的。他的小说里也有暗示，脂砚批语也有明文。但敦家弟兄诗文中却寻不到痕迹，所以我未写入传中。如出家属实，或时间不长，又已还俗；或他本是“寻诗人去留僧舍”的人，暂住寺中，假称出家，戏对人言，也很有可能。

再者樱桃沟往深处走，有古代废寺，名曰广泉寺，雪芹曾憩此作诗，这是可考（张宜泉有和韵诗可证）的。

总之，雪芹曾与很多寺庙有来往，可惜已难尽知了。

当时的出家者，原因不一，却并非都因笃信佛教。有的无家可归托迹空门。有的避祸。有的如李卓吾，明言出家是“受不得世间管束”，希望自由。有的因政治原因，消极反抗，断绝“君臣之义”。对雪芹的出家，不可轻率评论。

第二是雪芹有无后裔的问题。我所知道的，有两件当代人的口述，说是有过的。据言他独子亡后，另有一个婢女所生的儿子活下来，但家族不肯承认，因此隐姓埋名，知者极少。此人后来寄居于北京尚家（平南王尚可喜的诸子都是康熙时的官员，内务府人），最后流落卒于天津。又一线索说还有二少女，其家庭是北京最早兴办女学的，此二女一亦流落天津，沦为贱业早卒，另一在某“高干”家做保姆，尚在。

第三是关于雪芹真书与伪续的问题。学界公认，雪芹原书只传下来八十回，以下的四十回是高鹗所续，伪称“全本”。此假“全本”是乾隆后期由宠臣和珅阴谋策划，得到皇帝默许的——篡改雪芹的本旨精神的。此书后由宫中武英殿修书处用木活字排印，1791年问世，原来的禁书马上风行天下，说明了是一件有政治背景的文化行为。乾隆末年1794年就来到北京的俄国宗教使团团长、汉学家、俄国科学院通讯院士卡缅斯基，在一部这种新印本上记下一行重要的字：

“道德批判小说。宫廷印刷馆出的。”

此本正是收藏于原列宁格勒大学东方图书馆的一部高鹗伪续的一百二十回本。

这个铁证据，使得许多不肯、不愿相信假全本《红楼梦》是当时官方策划并予以印制出版的人，再也无法寻找“反对”的说词了。

事情就是官方设法将雪芹原书一百〇八回的最后那一部分（约三十回书）毁掉，而篡改成为那一百二十回的样子的。这个假全本歪曲了雪芹的本旨精神，变成一部“三角”式的“爱情悲剧”故事。原来的为妇女普遍命运悲悼的博大无私的心灵境界，为妇女人材埋没屈枉的愤慨胸怀……连当时俄国学者曾经知道那是“道德批判小说”的这个原由，都一概消失了。

曹雪芹是一个悲剧性人物。他的著作内涵是悲剧性的，书的命运也是悲剧性的。这是我们读雪芹传所不能忘记的一点。比如仍以李卓吾为例，他首先称赞卓文君、红拂这类向来被视为“淫奔”、受人轻贱的女子。李卓吾认为她们能巨眼识英豪，自择良人，是女中豪杰。雪芹爷爷曹寅就写过两个剧本，一为红拂，一为蔡文姬。可见雪芹的见识与心怀，是有极博大的眼界与心愿的，是为“千红”“万艳”的不幸而流泪著书的。但这却成了“异端邪说”，是不允许存在的——必将它改掉，变成“佳人材子”的婚姻不幸事件（由于一二个坏人破坏了的原故），这才可以默许公开印行问世。曹雪芹的悲剧，最后集中到这一点上，使我们为之深思长叹不已。

曹雪芹是一位奇才，也是一位英雄人物。这种英雄并非“武人”之义，他大智若愚，大勇若怯。为了别人，不惜一切牺牲，从不考虑自己。他用真情深情去对待一切世人认为不值得、不应该钟情的人、物、事。他用情又极真挚极执着，中国汉语里有一个字形容这种情叫作“痴”——它本义是傻呆，是“低智”“不慧”。但高级文学艺术家喜欢这个字，将骂人的恶语变通为自赞赞人的美词。从顺治皇帝就用这个字来称他自己了！这种痴人，就是诗人型的本质，其价值观念常与世俗人相反，因此被常人看作傻瓜与呆子，十分可笑。

这种人的精神境界是最高的：他的一切得失利害的价值观，不是从自己出发，而是从别人出发的。这是最不懂得什么叫“自私”的人。他与万物为友，推自己的赤诚之心以待万物，认为它们与自己无别。这就是人间最博大、最崇高的情——亦即人与人之间的最高级的互待关系和理想道德。这也就是中国文化的一种精神的升华。

末后，再补说两点：

一是雪芹离开京城前往西郊的原由，成稿后获得一个新线索，就是乾隆二十年胡中藻、鄂昌二人唱和的诗狱一案，有可能是雪芹被此案牵连。鄂昌为鄂尔泰之侄，获罪“赐自尽”，抄没，家属避居西郊香山一带。鄂昌之子鄂实峰，靠做西宾为生，晚年娶香山富察氏女，遂移家健锐营附近。其女日后得入荣郡王府，成为荣贝勒奕绘的侧室，即文苑奇才满洲女词人西林春（鄂家本姓西林觉罗氏）。而西郊外三营旗家盛传《红楼梦》写的即是奕绘与她的故事。这虽然年代后先颠倒讹传附会，可是却曲折地反映了雪芹与鄂家或有关联的迹象。再者，香山传说雪芹有友名曰“鄂比”，是一案获罪之人。我在隆福寺买得的“快绿怡红”古印，读者鄂宝珍先生来函见告：此印是经他祖父收藏过的文物。此鄂氏也许即是鄂昌后人，但是我没把这些补入本书，因为还希望出现更多的佐证（或反证）。

其二是雪芹的山村居处确切地址的问题。其友张宜泉挽诗曾言“谢草池边晓露香，怀人不见泪成行”。而元人宋褧早有过咏谢草池的诗，说它在平坡山，即翠微山，在香山西南，离万安山较近。如此，则有可能是雪芹最后又迁徙到了此地，乃是更为幽僻之处，城内人是不易寻见的。

此二事，我均另有较详的考论，非本书体例所能容纳，只粗记要点于卷末，可供研者探讨。

雪芹史料极为稀缺，我所写入的，为了照顾“可读性”，有时必须运用一些细节上的推理和想象，或者可说是带上了点滴的“文学手法”，但其主要事迹，都有史实，或一定的文献依据及线索，纯是虚构的大关目是没有的。这一点需要重申一下。

最末附一世系简表——这是多年来几经多家研考和修改辨正而得出的最新结果（其中对“颡”字的推考，是张加伦先生的意见），而我以为是接近史实的——

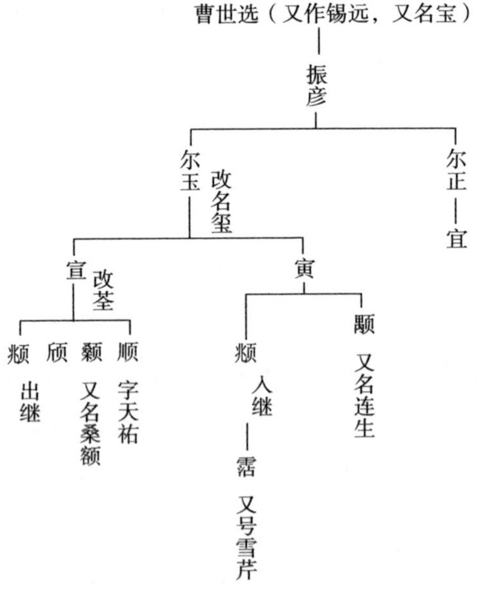

尔正、尔玉，原排“尔”字，因康熙帝误将“尔玉”连书为一个“玺”字，遂改此“御赐名”了。宣，后改名荃，因避康熙“玄”字的嫌讳（音同、音近）。顺，字天祐，典出《易·大有》与《系辞》。颀，即寅诗称能继其父宣之画艺的“三侄颀”。

尔玉为长房，见于旧年东北故老的一项传述。我以为是对的，因为寅诗言及“零丁摧亚子，孤弱例寒门”。可见早亡的玺与宣，都是次子。

鄂家西林春的一项线索，我是得自金启琮教授所著《漠南集》，他是荣郡王的后裔，所叙最为信实可据。此世系表的新考订，得自研红友人张加伦的启示与指正。

周汝昌

国家新闻出版广电总局
首届向全国推荐中华优秀传统文化普及图书

‖大家小书书目

经典常谈	朱自清　著
语言与文化	罗常培　著
习坎庸言校正	罗　庸　著　杜志勇　校注
鸭池十讲（增订本）	罗　庸　著　杜志勇　编订
古代汉语常识	王　力　著
国学概论新编	谭正璧　编著
文言尺牍入门	谭正璧　著
日用交谊尺牍	谭正璧　著
敦煌学概论	姜亮夫　著
训诂简论	陆宗达　著
金石丛话	施蛰存　著
常识	周有光　著　叶　芳　编
文言津逮	张中行　著
中国字典史略	刘叶秋　著

古典目录学浅说	来新夏　著
闲谈写对联	白化文　著
怎样使用标点符号（增订本）	苏培成　著

诗境浅说	俞陛云　著
唐五代词境浅说	俞陛云　著
北宋词境浅说	俞陛云　著
南宋词境浅说	俞陛云　著
人间词话新注	王国维　著　滕咸惠　校注
苏辛词说	顾　随　著　陈　均　校
诗论	朱光潜　著
唐诗杂论	闻一多　著
诗词格律概要	王　力　著
唐宋词欣赏	夏承焘　著
槐屋古诗说	俞平伯　著
词学十讲	龙榆生　著
词曲概论	龙榆生　著
中国古典诗歌讲稿	浦江清　著 浦汉明　彭书麟　整理

唐人绝句启蒙	李霁野　著
唐宋词启蒙	李霁野　著
古典文学略述	王季思　著　王兆凯　编
古典戏曲略说	王季思　著　王兆凯　编
唐宋词概说	吴世昌　著
宋词赏析	沈祖棻　著
道教徒的诗人李白及其痛苦	李长之　著
闲坐说诗经	金性尧　著
陶渊明批评	萧望卿　著
舒芜说诗	舒　芜　著
名篇词例选说	叶嘉莹　著
唐诗纵横谈	周勋初　著
楚辞讲座	汤炳正　著 汤序波　汤文瑞　整理
好诗不厌百回读	袁行霈　著
山水有清音 ——古代山水田园诗鉴要	葛晓音　著

门外文谈	鲁　迅　著
我的杂学	周作人　著　张丽华　编
论雅俗共赏	朱自清　著
文学概论讲义	老　舍　著
中国文学史导论	罗　庸　著　杜志勇　辑校
给少男少女	李霁野　著
鲁迅批判	李长之　著
英美现代诗谈	王佐良　著　董伯韬　编
三国谈心录	金性尧　著
夜阑话韩柳	金性尧　著
英语学习	李赋宁　著
漫谈西方文学	李赋宁　著
历代笔记概述	刘叶秋　著
笔祸史谈丛	黄　裳　著
古典诗文述略	吴小如　著
有琴一张	资中筠　著
鲁迅作品细读	钱理群　著
唐宋八大家——古代散文的典范	葛晓音　选译

红楼梦考证	胡　适　著
《水浒传》与中国社会	萨孟武　著
《西游记》与中国古代政治	萨孟武　著
《红楼梦》与中国旧家庭	萨孟武　著
《金瓶梅》人物	孟　超　著　张光宇　绘
水泊梁山英雄谱	孟　超　著　张光宇　绘
《红楼梦》探源	吴世昌　著
《西游记》漫话	林　庚　著
细说红楼	周绍良　著
红楼小讲	周汝昌　著　周伦玲　整理
曹雪芹的故事	周汝昌　著　周伦玲　整理
古典小说漫稿	吴小如　著
三生石上旧精魂 ——中国古代小说与宗教	白化文　著
《金瓶梅》十二讲	宁宗一　著
古体小说论要	程毅中　著
近体小说论要	程毅中　著
文学的阅读	洪子诚　著
中国戏曲	么书仪　著

中国史学入门	顾颉刚 著 何启君 整理
秦汉的方士与儒生	顾颉刚 著
三国史话	吕思勉 著
史学要论	李大钊 著
中国近代史	蒋廷黻 著
民族与古代中国史	傅斯年 著
五谷史话	万国鼎 著 徐定懿 编
民族文话	郑振铎 著
史料与史学	翦伯赞 著
唐代社会概略	黄现璠 著
清史简述	郑天挺 著
两汉社会生活概述	谢国桢 著
中国文化与中国的兵	雷海宗 著
两宋史纲	张荫麟 著
明史简述	吴 晗 著
北宋政治改革家王安石	邓广铭 著
从紫禁城到故宫——营建、艺术、史事	单士元 著
史学遗产六讲	白寿彝 著

司马迁之人格与风格	李长之 著
司马迁	季镇淮 著
唐王朝的崛起与兴盛	汪 篯 著
二千年间	胡 绳 著
论三国人物	方诗铭 著
考古发现与中西文化交流	宿 白 著
中国古代国家的历史特征	张传玺 著
艺术、神话与祭祀	张光直 著 刘 静 乌鲁木加甫 译
中国古代衣食住行	许嘉璐 著
中国古代史学十讲	瞿林东 著

黄宾虹论画	黄宾虹 著
中国绘画史	陈师曾 著
和青年朋友谈书法	沈尹默 著
中国画法研究	吕凤子 著
桥梁史话	茅以升 著
中国戏剧史讲座	周贻白 著
俞平伯说昆曲	俞平伯 著 陈 均 编

新建筑与流派	童　寯　著	
论园	童　寯　著	
拙匠随笔	梁思成　著	林　洙　编
中国建筑艺术	梁思成　著	林　洙　编
沈从文讲文物	沈从文　著	王　风　编
中国画的艺术	徐悲鸿　著	马小起　编
中国绘画史纲	傅抱石　著	
中国舞蹈史话	常任侠　著	
海上丝路与文化交流	常任侠　著	
世界美术名作二十讲	傅　雷　著	
中国画论体系及其批评	李长之　著	
金石书画漫谈	启　功　著	赵仁珪　编
吞山怀谷——中国山水园林的艺术	汪菊渊　著	
中国古代音乐与舞蹈	阴法鲁　著	刘玉才　编
梓翁说园	陈从周　著	
旧戏新谈	黄　裳　著	
民间年画十五讲	王树村　著	姜彦文　编
民间美术与民俗	王树村　著	姜彦文　编

长城史话	罗哲文　著
中国古园林概说	罗哲文　著
现代建筑奠基人	罗小未　著
世界桥梁趣谈	唐寰澄　著
如何欣赏一座桥	唐寰澄　著
桥梁的故事	唐寰澄　著
园林的意境	周维权　著
万方安和 ——皇家园林的故事	周维权　著
现代建筑的故事	吴焕加　著
中国古代建筑概说	傅熹年　著
国学救亡讲演录	章太炎　著　蒙　木　编
简易哲学纲要	蔡元培　著
大学教育	蔡元培　著 北大元培学院　编
老子、孔子、墨子及其学派	梁启超　著
中国政治思想史	吕思勉　著
天道与人文	竺可桢　著　施爱东　编

春秋战国思想史话	嵇文甫　著		
晚明思想史论	嵇文甫　著		
新人生论	冯友兰　著		
中国哲学与未来世界哲学	冯友兰　著		
谈美书简	朱光潜　著		
中国古代心理学思想	潘　菽　著		
民俗与迷信	江绍原　著	陈泳超　整理	
佛教基本知识	周叔迦　著		
儒学述要	罗　庸　著	杜志勇　整理	
希腊漫话	罗念生　著		
佛教常识答问	赵朴初　著		
大一统与儒家思想	杨向奎　著		
孔子的故事	李长之　著		
西洋哲学史	李长之　著		
乡土中国	费孝通　著		
社会调查自白	费孝通　著		
经学常谈	屈守元　著		
墨子与墨家	任继愈　著		
汉化佛教与佛寺	白化文　著		
中西之交	陈乐民　著		

出版说明

“大家小书”多是一代大家的经典著作，在还属于手抄的著述年代里，每个字都是经过作者精琢细磨之后所拣选的。为尊重作者写作习惯和遣词风格、尊重语言文字自身发展流变的规律，为读者提供一个可靠的版本，“大家小书”对于已经经典化的作品不进行现代汉语的规范化处理。

提请读者特别注意。

北京出版社